한국행정학 50년
문헌검토를 중심으로

나남출판

■ 저자 약력

백 완 기
서울대학교 문리대학 정치학과 졸업
서울대학교 행정대학원 행정학 석사
미국 Florida State University 대학원 정치학 박사
한국행정학회 회장, 고려대학교 행정문제연구소 소장
한국사회과학연구협의회 회장 역임
현재 고려대학교 행정학과 명예교수

저 서
《한국정치론》, 《한국정치행정의 체계》
《한국의 행정문화》, 《제 3세계 연구》(II), 《행정학》
《민주주의 문화론》, 《성경과 민주주의》
Korean Administrative Culture 등

나남신서 1098

한국행정학 50년
문헌검토를 중심으로

2005년 6월 10일 발행
2006년 9월 20일 2쇄

저자_ 白完基
발행자_ 趙相浩
디자인_ 이필숙
발행처_ (주) 나남출판
주소_ 413-756 경기도 파주시 교하읍
       출판도시 518-4
전화_ (031) 955-4600 (代)
FAX_ (031) 955-4555
등록_ 제 1-71호(79. 5. 12)
홈페이지_ www.nanam.net
전자우편_ post@nanam.net

ISBN 89-300-8098-7
ISBN 89-300-8001-4 (세트)
책값은 뒤표지에 있습니다.

나남신서 · 1098

한국행정학 50년
문헌검토를 중심으로

백 완 기

나남출판

The Fifty Years of Korean Public Administration Study : Literature Review 1956~2004

by

WanKi, Paik

NANAM
NANAM Publishing House

서 문

먼저 이 책을 쓸 수 있도록 건강과 학문에 대한 열정을 계속해서 주신 하나님께 감사를 드린다.

필자는 한국정치학회 주관으로 《한국정치학회 50년사》를 간행할 때에 그 중에서 행정학 분야를 집필한 일이 있다. 그때에는 시간과 지면의 제약으로 교과서 일부와 연구서 중심의 단행본만 선정해서 문헌검토를 통해 《행정학 50년사》를 집필하였다. 그때 연구의 중심이요 본 영역이라고 할 수 있는 논문을 빠트려 아쉽게 여기고 있다가 결단을 내려 기존의 연구를 조금 더 보강하면서 논문을 새로 보태어 《한국행정학 50년》을 간행하게 되었다.

그러나 일을 시작해 놓고 보니 쉬운 일이 아니었다. 중간에서 포기할까 하는 마음도 여러 차례 갖게 되었다. 우선 논문의 선정작업이 쉬운 일이 아니었다. 단행본의 경우는 그래도 할 만하였다. 단행본의 경우 교과서는 계몽적인 역할을 한 예외적인 경우에만 선정하였고, 연구서의 경우는 계몽성, 자료성, 적용성 및 창의성의 네 가지 기준에 맞추어 선정하였다. 그러나 논문의 경우는 좀 달랐다.

우선 어느 학술지에 실린 논문을 뽑느냐이다. 학술지도 수없이 많다. 지방학회지까지 포함하면 수십 종에 달한다. 여기서 몇 개의 학술지로 한정하기로 하였는데 검토대상의 학술지는 《한국행정학보》, 《한

국정치학회보〉, 《한국행정연구》, 《행정논총》, 《정부학연구》 등으로
정하였다. 앞의 학술지들은 창간호부터 2004년의 마지막 호까지 논문
하나하나를 전부 검토하였고, 《행정논총》의 경우는 주로 1998년 이후
최근 몇 년간의 것만 다루었다.

　논문 선정의 경우도 단행본의 경우와는 좀 달랐다. 물론 단행본의
기준이 논문 선정에도 적용되었지만 그 이외의 기준도 고려하게 되었
다. 예컨대 기존의 연구에 대해서 도전하고 반론을 제기한 논문은 비
록 분석의 수준이 얕더라도 논쟁의 장을 만들었다는 의미에서 뽑았다.
남이 하지 않는 분야를 개척해서 연구한 논문도 선구적 역할을 하였다
는 의미에서 뽑았다. 지식을 축적하는 역할을 한 논문도 뽑게 되었다.
논문 자체가 아름답고 깨끗하게 빠졌을 때에 세련된 논문이라는 점에
서 뽑았다. 문제의식이 철저하고 주제에 대해서 집요한 공격을 보일
때에도 뽑았다. 그런가 하면 특이한 방법으로 문제를 접근할 때에, 예
컨대 수식으로 문제를 접근할 때에도 연구방법의 지평을 넓혔다는 의
미에서 뽑았다. 그러나 유행병처럼 너도나도 덤비는 주제들, 예컨대
신공공관리론, 거버넌스 연구, 시민단체 및 NGO 관계에 관한 연구
등은 특별하다고 생각되는 경우를 제외하고는 의식적으로 피하였다.
논문 하나하나를 검토할 때에 어느 때는 현기증마저 느끼게 되었다.
이렇게 고생해서 선정했지만 정말 행정학 발전에 기여한 논문을 제대
로 뽑았을까 하고 스스로 물어볼 때에 '그렇다'라고 자신 있게 대답하
기는 어렵다. 단지 '최선을 다했다'라고 할 수 있을 뿐이다.

　이 책을 쓰면서 신세를 진 사람들이 너무 많다. 일일이 열거할 수가
없으나 그 중에서 몇 사람들을 언급하면 강신택, 윤재풍, 이종범, 정
정길, 김현구, 남궁근, 유재원, 조경호, 배득종, 문신용 등의 교수들

이다. 이들은 필자가 의문이 나서 수없이 전화를 걸 때마다 친절한 상
담자의 역할을 하여 주고, 때에 따라 논문의 선정작업의 객관성을 높
이는 데 도움을 준 분들이다. 예컨대 이종범은 전반적으로, 정정길은
정책학 분야에서, 남궁근은 방법론 분야에서, 유재원은 지방행정 분
야에서, 배득종은 재무행정 분야에서 선정작업을 하는 데 적지 않은
도움을 주었다. 그러나 선정작업은 전적으로 필자의 책임과 판단하에
서 이루어졌다.

　끝으로 출판사정이 어려운 이때에 시장성 확보가 쉽지 않은 이 책의
가치만을 굳게 믿고 발간을 승낙한 나남출판의 조상호 사장과 편집부
제위에게 감사드린다. 그리고 필자의 건강을 챙겨주고 항시 옆에서 학
문에 대한 열정이 식지 않도록 격려해주는 아내 오정희 교수에게도 고
마움을 표시하는 바이다.

2005년 5월
백 완 기

나남신서 1098

한국행정학 50년

문헌검토를 중심으로

차 례

- 서문 / 7

제 1 장
서 론

'학사(學史)' 하면 글자 그대로 학문의 역사를 이야기한다. '학문의 역사' 하면 학문적 이론들의 성립과 그 발전 및 변천과정을 체계적으로 정리하는 것을 이야기한다. 따라서 학사는 이론들의 생성과 그 발전과정을 전제로 한다. 이러한 이론들을 중심으로 학파가 생성되고 또 이러한 학파를 중심으로 여러 가지 이론들이 파생된다. 여기서 학사는 학파 중심으로 이론들을 정리하고 연구하는 것을 이야기한다.

한국에서 행정학사(行政學史)를 쓰게 되면 이러한 학파와 이론중심의 학사를 엮는다는 것은 불가능하다. 왜냐하면 행정학 50년의 짧은 역사에 이와 같은 자생적인 이론들과 학파들이 생성될 수 없었기 때문이다. 따라서 여기서 엮는 한국의 행정학사는 과거 50여 년 동안 외국의 이론, 특히 미국중심의 현대 행정이론들이 어떻게 도입되어 한국의 행정학계에 적응하면서 뿌리내리게 되었는가를 살피는 것으로 족해야 할 것이다.

한국의 행정학 연구의 출발은 1955년도 정인흥의 《행정학》(제일문화사, 1955) 출간과 더불어 생각하는 사람들이 많다. 물론 그 이전에도 여러 대학에서 행정학을 개설해서 강의하는 경우가 있었다.[1] 그러나 행정학의 본격적인 연구는 1955년을 기점으로 삼는 것이 일반적인 견해인 것 같다. 1955년을 전후로 여러 대학에 행정학과가 설치되고[2] 1959년, 서울대학교에 행정대학원이 설치되면서 행정학은 학문 역사에 유례가 없을 정도로 발전에 발전을 거듭한다. 발전의 원동력에 대해서는 다음 장에서 상술하게 될 것이다.

　행정학의 역사를 다루는 데에도 여러 가지 접근방법들이 있을 수 있다. 우선 방법론이나 연구주제의 변천과정을 중심으로 다룰 수 있고, 학문의 성숙화 과정을 중심으로 다룰 수도 있고, 이론가와 그들의 이론을 중심으로 다루는 경우도 있겠다. 어느 방법이나 모두 장단점이 있겠으나 이 글에서는 학문발전에 기여했다고 생각되는 연구물들을 선정해서 그것들을 중심으로 행정학의 50년 역사를 더듬어 보기로 한다.

---

1) 예컨대 1940년대 말 신도성은 서울대학교 문리대에서, 정인흥은 법대에서 행정학 강의를 개설하였고, 1953년 조효원은 서울대학교 문리대와 연세대학교에서 행정학에 관한 강의를 개설한 바 있다(이한빈, 1970; 김운태, 1969a).

2) 1946년에 서울대학교에, 1948년에 부산대학교에, 1955년에 고려대학교와 중앙대학교에, 1958년에 연세대학교에, 1959년에 건국대학교에 각각 행정학과가 설치된다.

제 2 장
행정학 발전의 요인들

　앞에서 지적한 대로 한국의 행정학은 양적인 면에서는 물론 질적인 면에서도 경이적인 발전을 거듭하여 왔다. 우선 양적인 면에서 발전의 규모를 먼저 살펴보기로 한다.

　먼저 학회 회원수만 보더라도 1956년 학회창립 당시(창립당시의 명칭은 '한국행정연구회'로 하였는데 1961년에 '한국행정학회'로 개칭) 80명으로 출발하던 것이 1967년 《한국행정학보》 창간 당시에는 200여 명 내외에 이르고, 1990년대 와서는 1천 명이 넘게 되었으며, 2004년 현재 1,481명에 이른다(한국행정학회, 1996; 2004, 회원명부).

　학회 수의 경우 모 학회인 한국행정학회를 위시해서 각 지역마다 지역학회가 설치되고 학회지도 발간하고 있다. 모 학회 내에서도 조직, 인사, 재무 등의 분야로 분과학회가 설치되고 논문발표도 활발하게 이루어지고 있다. 뿐만 아니라 1993년에는 정책학회가 독자적으로 설치됨으로써 한국행정학회에 버금가는 대규모의 학회가 된다. 이어서 정책분석학회도 설치되고, 행정사학회도 발족되며, 아울러 학술지도 발간된다.

학술논문집 간행상황을 보면 1967년에 한국행정학회의 《한국행정학보》가 창간된다. 《한국행정학보》는 1984년에는 1년에 두 번씩 나오게 되고 1991년에 와서는 계간지로 발전하게 된다. 한국행정학보에 이어서 각 지역학회마다 학회지를 발간하여 한국행정학회를 중심으로 각 지역학회에서 간행되는 학술지를 전부 합치면 매년 10개 이상이 된다. 1992년에 정책학회가 창립되는데 여기서도 《한국정책학회보》가 계간지로 발전 간행된다. 이보다 1년 앞서 1991년부터 《정책분석평가학회보》가 발간되고 있다. 이외에도 한국지방자치학회에서 1989년부터 발간하는 《지방자치학회보》가 있다. 그리고 한국행정사학회에서 1년에 1회씩 발간하는 《한국행정사학지》가 있다. 뿐만 아니라 국가기관인 한국행정연구원에서 1992년부터 《한국행정연구》라는 학술지를 계간으로 발간하고 있다.

대학에서 나오는 학술지로는 서울대학교 행정대학원에서 발간하는 《행정논총》이 있고, 고려대학교 정부학연구소에서 발간하는 《정부학연구》라는 학술지가 있다. 특히 서울대학교 행정대학원에서 1962년부터 발간하는 《행정논총》은 한국행정학계에서 학술지의 효시로서 학문발전에 지대한 공헌을 하였다고 할 수 있겠다. 지금까지 언급한 것은 학술지의 대강만을 살펴본 것이고, 이 외에도 학술지 및 학술지에 준하는 간행물이 수없이 나오고 있다.

다음에 양적 팽창의 또 하나의 예로서 행정학과의 증설을 들 수 있겠다. 1960년까지만 해도 한국에는 행정학과가 10여 개 정도밖에 없었다. 그러나 2002년 현재 145개 대학에 행정학과가 설치되어 있다. 세계 어느 나라보다 행정학과 수가 많을 뿐 아니라 모 과학이라고 할 수 있는 정치학보다 훨씬 많다고 할 수 있다.

지난 50여 년 동안 발간된 행정학 교과서는 분야별 교과서까지 합치면 수백 종이 넘는다. 이는 행정학의 발상지인 미국보다 훨씬 많은 수치이다.

행정학의 질적인 면에서의 발전이란 발표된 간행물의 이론적인 수준을 이야기한다. 이론적인 성숙화도 여러 가지 의미를 담고 있다. 우선 간행물이 어떠한 모습으로 나타나느냐, 다시 말해서 교과서 위주냐 아니면 연구서나 논문 중심이냐에 따라 학문의 성숙화의 모습이 달라진다. 간행물들이 교과서 위주로 나타날 때에 학문의 성숙화는 기대하기 어렵다. 초창기에는 전적으로 교과서 위주이던 것이 차츰 세월이 가면서 1980년대를 기점으로 논문이나 연구서도 큰 비중을 차지하면서 간행물의 모습도 달라진다. 특히 1990년대를 넘으면서 논문 위주의 모습을 보이고 논문의 내용도 질적으로 향상된다.

《한국행정학보》에 발표된 논문들을 중심으로 우선 접근방법들을 보면 초기에는 주로 역사적이고 제도적인 접근방법들이 지배적으로 사용되었으나 1980년대를 지나면서 실증적이고 처방적인 방법들이 우위를 점하게 된다. 사용되는 통계기법도 단순 통계기법에서 세련된 통계기법으로 전환된다. 연구의 출발점도 초기에는 주로 외국이론이나 외국제도였던 것이 차츰 우리의 것으로 변화되어 1990년대 이후로는 절대다수의 논문들이 우리의 현실문제들을 다루고 있다.

그런데 여기서 짚고 넘어갈 것은 이러한 변화들이 왔다고 해서 한국행정학이 창의적인 성숙화의 단계에 접어들었다고 이야기할 수는 없다는 것이다. 이론의 질적인 변화와 성숙화 과정은 앞으로 계속해서 각고의 노력을 요한다.

그러면 지금부터는 이러한 발전의 요인들은 무엇인가를 검토하여 보기로 한다. 한국행정학의 발전동기에 대해서는 이미 1969년에 김운태(1969a)에 의해서 제기되고 있다. 김운태는 행정학 발전의 동기를 4가지로 들고 있는데, 첫째는 대중민주제의 대두로 인한 국민의 행정에 대한 비판적 자세의 제고이고, 둘째는 미국의 대한원조의 일환으로 행해진 행정기술의 도입이고, 셋째는 국민들의 행정에 대한 관심의 고조와 행정의 전문적 기술에 대한 수요의 증가, 넷째는 초창기 학자들과 실무가들의 학구적 활동이다. 발전의 동인들은 정용덕(19996)에 의해서 보다 심층적이면서도 체계적으로 추적되고 있다.

정용덕 역시 발전의 동인들을 4가지로 나누어 설명하고 있는데, 하나가 지적-제도적 요인들이고, 둘째가 기능-진화적 요인들, 셋째가 정치-제도적 요인들이고, 넷째가 지배적인 이해관계적 요인들이라고 지적하고 있다. 두 사람의 지적은 용어사용의 차이는 있으나 논의상의 차이는 없다.

한국행정학의 발전동인들은 여러 가지가 있을 수 있으나 가장 큰 동인은 근대화의 도구로 이용되었다는 것이다. 위에서 지적한 대로 미국으로부터 행정학을 도입한 것은 애당초부터 근대화를 위한 기술적 도구로 사용하기 위함이었다. 이렇게 기술성과 도구성을 지닌 행정학이 박정희 군사정부와 100퍼센트 궁합이 맞았던 것이다. 광복과 더불어 군대사회는 어느 기관보다 관리적 기술을 먼저 도입 활용하여 행정관리적 기술이 몸에 배어 있었던 것이다. 박정희 정부는 근대화를 추진하는 데 전적으로 행정력에 의존하였다. 아울러 체제와 권력을 유지하는 데에도 행정력에 의존하였다. 그는 정치력을 거부하고 말살시킴으로써 행정력의 강화 속에서 그의 체제를 다지게 된다.

여기서 정치, 경제, 문화, 사회 심지어 사법기관까지 모든 분야가 행정에 의해서 조종되고 좌우됨으로써 행정만능현상이 벌어진다. 행정만능사상의 풍토하에서 행정현상을 연구하는 행정학은 팽창과 발전의 길을 밟지 않을 수 없었던 것이다. 행정학이 발전할 수 있는 모든 여건들이 조성되었던 것이다. 이러한 논의에 대해서 박동서는 행정기능의 확대로 인한 행정국가화가 자동적으로 행정학의 발달을 가져오지는 않는다고 주장한다. 1)

---

1) 박동서는 행정기능의 확대나 행정국가화는 행정학 발전의 필요조건은 되어도 충분조건은 되지 못한다고 지적하고 있다. 그 근거로 2차대전 전의 일본이나 우리나라나 중국이 중앙집권적인 통치체제와 거대한 관료체제를 가

그러나 한국사회에서 군사정부의 등장과 이들의 행정학에 대한 우호적인 접근과 활용의지는 행정학 발달에 초석의 역할을 하였다는 것을 부정할 수 없다. 특히 군사정부가 1970년대를 전후로 수출을 주도하고 새마을 사업을 일으킴으로써 근대화 작업을 주도할 때에 발전행정(개발행정)과 행정관리는 전위부대 및 안내자의 역할을 하다시피 하였다. 이러한 행정주도 현상은 행정학이 자라고 발전할 수 있는 비옥한 토양을 제공하고 마련하여 준 것이 사실이다. 여기에다 1959년부터 행정학이 행정고등고시 필수과목으로 채택됨으로써 행정학은 달리는 말에 날개를 달아주는 격이 되었다.

또 하나 행정학의 발달에 결정적으로 기여한 것은 1959년에 설립된 서울대학교 행정대학원이다. 교과과정의 개발, 학술지 《행정논총》 발간, 교수들의 연구활동, 교수들의 배출, 행정개선에서 참여와 자문을 통한 매개체 역할 등 행정대학원의 공헌은 아무리 강조해도 지나침이 없다. 특히 이러한 공헌은 초창기 10년과 20년에 더욱 두드러지게 나타났다(김운태, 1969b; 유훈, 1979; 김운태, 1979; 김신복, 1979).

지고 있었으면서도 행정학은 발달하지 못하였음을 든다. 여기서 박동서는 행정학이 발달하려면 민주정치와 책임정치가 아울러 발달하여야 한다고 밝히고 있다(박동서, 1968).

제 3 장
행정학사에 대한 선행연구들

　행정학 50년사에 행정학이 어떠한 모습으로 변천 발전되었는가에 대한 글들이 수없이 많다. 이러한 성찰적 자세는 이미 1960년대부터 시작되어 2000년대에 이르기까지 수많은 학자들에 의해서 계속되고 있다. 이는 행정학의 도입과 더불어 오늘에 이르기까지 행정학의 발전 및 변천과정이 학자들의 지대한 관심이 되어왔음을 말해준다.

　행정학사에 대한 선행연구들을 보면 여러 가지가 있다. 첫 번째로 연구주제 및 내용의 변화와 접근방법의 변화를 중심으로 다룬 연구가 있는가 하면, 두 번째는 기존의 연구에 대해서 비판적 자세를 취하면서 앞으로의 방향을 제시하는 글들이 있다. 세 번째는 한국행정학의 학문성을 제고하고 이론화에 기여하였다고 생각되는 작품들을 분석하면서 학사를 정리하려는 입장이고, 네 번째는 분야별로 분석한 것이다. 네 가지 선행연구들을 나누어서 좀더 구체적으로 살펴보기로 한다.

24

1. 연구주제 및 접근방법의 변화에 대한 연구

이러한 연구는 안병만(1986), 강신택(1987), 신무섭(1996), 권경득(1996), 주상현(2002) 등에 의해서 이루어졌다. 이 중에서 강신택만이 설문지를 통해서 조사하였고, 나머지 교수들은 학회지에 발표된 논문들을 시간적 간격을 두고 분석하였다.1) 이 중에서도 안병만의 연구는 이 방면의 최초의 시도이지만 빼어난 연구분석이라고 할 수 있다. 이들이 사용한 분류방법이나 명칭들이 달라서 내용들을 비교하는 데 약간의 혼란을 일으키고 있는 것이 사실이나 이들의 연구내용을 다음과 같이 요약할 수 있다.

첫째로, 1960년대에서 1970년대를 거쳐 1980년대 중반에 이르기까지 지배적인 연구분야는 정책과 비교·발전 분야라는 것이다. 이것은 미국의 연구동향과 일치하고 있다. 1960년대부터 후진국의 발전문제가 미국학계의 주 관심의 대상이 되었고, 1970년대부터는 정책연구가 주류를 이루었다. 미국에서의 연구동향은 약간의 시간의 차이를 두고 한국학계에 결정적으로 영향을 미쳤다. 1990년대부터는 지방자치가 본격적으로 실시됨으로써 지방 및 도시행정 분야가 지배적인 연구영역으로 등장한다.

둘째로, 연구방법을 살펴보기로 한다. 연구방법은 그 명칭들이 서로 상이하여 혼란을 불러일으키고 있으나 크게 나누어 전통적 접근방법(규범적, 제도적, 서술적 방법 등)과 현대적 접근방법(경험적, 행태적, 실증적, 통계적 방법 등)으로 나눌 수 있다. 1960년대에서 1970년대에 이르기까지는 전통적 접근방법들이 압도적으로 우세하였으나

---

1) 안병만은 1967~1985년, 신무섭과 권경득은 1967~1995년, 노화준·최성락은 1991~2000년, 주상현은 1995~2001년의 기간 동안을 분석하고 있다.

1970년대 말부터는 통계기법들을 사용한 현대적 접근방법들이 고개를 들기 시작하여 1990년대에 들어와서는 지배적인 접근방법으로 자리를 잡아가고 있다. 현대적 접근방법에 사용되는 통계기법도 1970년대에서 1980년대에 이르기까지만 해도 주로 초보적인 단순통계가 사용되었으나 1990년대에 들어와서는 변량분석, 다중회귀분석, 경로분석, 요인분석, 시계열분석 등 세련된 통계기법들이 사용되고 있다.

셋째로, 연구의 초점에 관한 것인데 1960년대에는 전적으로 외국이론, 특히 미국 이론이 물밀듯이 들어와 연구의 초점이 주로 미국의 행정이론에 관한 것이었다. 이 무렵에는 연구의 출발점이 미국의 행정이론이요 미국의 행정현상에 관한 것이었다. 이 당시 우리 학계는 불모지요 진공상태였기 때문에 미국 이론의 무비판적인 도입과 수용은 불가피한 현상이었을 것이다. 1970년대에 들어와서는 이러한 미국 일변도의 연구편향이 서서히 약화되기 시작하여 1980년대에 와서는 급감하기 시작한다. 1980년대에 들어와서는 한국행정학은 본격적으로 한국의 행정현상에 연구의 초점을 맞추기 시작하였다.

미국의 행정이론이 연구내용의 주류를 이루다 보니 인용되는 문헌도 주로 미국문헌이었고 국내문헌은 예외적으로 인용되는 상황이었다. 이러한 미국문헌 일변도 인용은 1980년대부터는 조금씩 약화되고 있으나 여전히 의존도는 높다고 할 수 있다. 1990년대 이후로 국내문헌 인용도가 높아져 외국문헌 인용의 심화는 줄어들게 된다. 이러한 현상은 한국행정학자들 중에서 미국에서 공부한 학자들이 압도적으로 많다는 것과, 또 하나는 국내학자들이 동료 국내학자들의 논문이나 연구서를 읽지 않는다는 것으로 설명될 수 있다.

연구의 내용들도 초기에는 이론에 대한 단순한 소개가 주류를 이루고 있었으나, 시간의 흐름과 더불어 현실적용의 내용과 창조성을 띤 내용물들이 서서히 증가하고 있다.

2. 기존의 연구에 대한 비판적 자세로 방향모색을 하는 연구

여기에 속하는 연구들은 주로 과거의 연구내용이나 연구자세에 대해서 비판적 자세를 취하면서 새로운 연구분야나 방향 또는 대안을 모색한다. 비판점이나 방향모색이 연구자마다 다르기 때문에 연구자별로 간단히 검토하여 보기로 한다. 우선 특기하고 싶은 것은 이문영, 김운태, 박문옥, 박동서 등은 이미 1960년대에 오늘의 한국행정학의 연구에도 절실히 요구되는 교훈을 제시하고 있다는 것이다.

이문영(1963)은 행정학이 도입된 지 불과 몇 년 안 되는 1960년대 초에 이미 당시의 연구동향을 뼈아프게 지적하고 있는데 그 주요 골자는 첫째, 제도의 소개보다는 그 뒤에 숨어 있는 원리를 설명해야 하고, 둘째, 한국행정 현실을 정확하게 진단하고 실현가능한 모델을 탐색해야 하며, 셋째, 교수들은 재산축재와 명예획득보다는 본업인 연구에 열중해야 한다는 것이다.

김운태(1969a)는 기존이론을 비판하면서 다음과 같은 점을 주장하고 있다. 첫째는 행정학 연구에서 가치의 중요성, 둘째는 한국적 이론 개발의 필요성, 셋째는 행정학 연구에서 종합과학성의 필요성, 넷째는 연구의 혼란을 피하기 위한 개념의 정리이다.

박문옥(1969)은 행정학의 발달과정을 독일과 미국을 중심으로 심도 있게 고찰하면서 여러 가지 문제점을 지적하고 있다. 그 요점은 첫째, 미국의 기술 위주의 행정학은 한국의 행정현상을 설명하는 데 한계가 있고, 둘째 한국행정 현상을 설명할 수 있는 변수들을 찾아내어 주체적인 이론모형을 만들어야 하며, 셋째 어떠한 이론이나 토착적인 생태 상황을 고려해야 한다는 것이다.

박동서(1968; 1978; 1988; 1992)는 1960년대부터 1990년대에 이르기까지 대단히 비판적이고 성찰적 자세로 행정학의 방향에 대해서 논

의하고 있는데 그 내용을 간단히 요약하면 다음과 같다. 첫째는 천편
일률적인 미국이론 중심의 교과서에서 벗어나 우리의 행정현상을 연구
대상으로 삼아야 하고, 둘째, 한국행정학의 뿌리가 되고 있는 행정인
에 대한 연구가 없고, 셋째, 이론형성 능력이 없고, 넷째, 책임행정을
확보하기 위해서는 행정학이 행정법과 상호보완관계 속에서 연구되어
야 하고, 다섯째, 정책결정을 제대로 이해하기 위해서는 기술관리적
시각보다는 권력관계적 시각에서 보아야 한다는 것이다.

유종해(1984)는 외국이론의 무비판적인 수용을 경계하면서 다음과
같은 주장을 내세우고 있다. 첫째, 토착화를 통해서 적실성 있는 이론
을 개발해야 하고, 둘째, 현실에 부합되는 이론을 개발해야 하며, 셋
째, 행정의 중요한 개념들, 특히 생산성 문제 같은 것이 연구에서 소
홀히 되었고, 넷째 국제화에 대응할 수 있는 행정학이 탐색되어야 한
다는 것이다.

백완기(1978; 1987)는 한국행정학이 기술성에서 벗어나서 과학성을
높여야 한다고 역설하면서 다음과 같은 것들을 제안하고 있는데 첫째,
현실에 대한 진단작업을 토대로 개념이나 모델 및 이론의 개발, 둘째
한국행정의 특이성 탐색, 셋째 연구자들의 일관성이 있는 시각을 토대
로 한 창의성이 있는 연구서나 논문의 활발한 발표, 넷째 다양한 학술
지의 간행 등이다.

안병영(1979; 1982)은 한국행정의 방향을 거시적 차원으로 유도하
면서 다음 사항들을 지적하고 있다. 첫째, 도입된 이론과 전통문화 간
의 갈등해소와 조화가능성 모색, 둘째, 저차원의 처방과 그것의 남발
로 인해 행정학이 정부용역학으로 추락할 위기에 놓임, 셋째, 자아준
거적 자세의 부족, 넷째 민주주의・공익・사회적 형평 등 규범적 문제
에 대한 무관심 등에 관한 우려이다.

이종범(1979)은 문화적 차이의 인식 속에서 행정의 특수성을 지적
하고 있는데, 첫째 학문의 발전단계를 단순모방기, 적응모방기, 창조

태동기, 학문성숙기로 나누고 한국의 행정학은 1970년대 말부터 적응모방기에 들어섰다는 것, 둘째 한국행정학계가 외국이론의 특수성과 보편성을 구별하지 않고 도입했다는 것, 셋째 특수성이란 양국간 문화적 차이를 밝힘으로써 그 도출이 가능하다는 것, 넷째 형식주의, 기술부적합성 개인연계 등은 특수성의 예라는 것임을 밝혔다.

김광웅(1986)은 기존의 정통행정학이 내용 면에서나 방법론상으로 결함이 많아 본질적인 문제를 푸는 데 역부족이라 주장한다. 여기서 헤어나는 길은 행정에 가치와 철학을 부여함으로써 행정학의 규범성과 능동성을 찾는 것인데, 이것을 가능하게 하는 것이 비판행정학이라고 본다. 이러한 입장은 한국행정학에 대한 비판이라기보다는 기존의 정통행정학에 대한 비판으로 구미학계에서도 이와 같은 입장을 취하고 있는 학자들이 적지 않다. 그러나 김광웅의 주장에는 우리 학계에도 성찰을 울리는 메시지가 담겨 있다.

김석준(1988) 및 김정수(1994)는 기존의 이론들은 미시적 이론들로서 한국의 행정현상을 설명하는 데 한계가 많은 이론들이라고 비판하면서, 새로운 패러다임으로 국가적 시각에서 거시적 행정학을 제창하고 있다. 그 요점은 첫째, 한국의 행정현상은 '정치화된 행정현상'인데 여기에 적합한 분석방법은 거시적이고 동태적인 방법이라는 것, 둘째, 한국행정을 주도한 세 가지 주요 변수는 세계체제, 국가, 사회계급이라는 것, 셋째, 활동의 주체는 국가인데 이때 국가는 '살아있는 개방체제'라는 것이다.

김현구(2000)는 오늘의 한국행정학을 위기의 상황으로 인식하고 행정학의 위기를 행정학 자체의 이론적 위기에만 국한하지 않고 행정과 행정학과에 연장해서 설명하고 있다. 김현구는 이론성 위기요인으로 패러다임, 자아준거성, 역동성을 들고 이러한 요인들이 제자리를 잡고 발전의 터를 다질 때에 이론성의 위기는 극복되리라고 주장한다.

정승건(2000)은 오늘의 한국행정학이 위기에 처한 것은 1960년대의 발전행정의 논리가 오늘에 이르기까지 고집스럽게 통용되어 오다가 급기야 영·미에 유행하는 신자유주의의 물결에 휩쓸려 적실성 없는 행정개혁의 덫에 걸리고 말았다는 것이다. 다시 말해서 한국사회가 민주화의 진전, 시민단체의 활성화, 세계화 및 정보화의 확장 등 많은 면에서 변하였는데 1960년대 시작한 발전행정의 논리를 고집하면서 스스로 변하지 않다가 전혀 적실성 없는 신자유주의에 토대를 둔 신관리주의적 개혁의 덫에 걸리게 되었다는 것이다. 앞으로 한국의 행정학과 개혁의 방향은 한국의 사회변동에 맞추어 변화를 끌어안으면서 변화의 길을 가야 한다는 것이다. 미국식 일변도의 한국행정학은 사회과학으로 위상정립을 하지 못하였다는 것이다.

정성호(2001)는 오늘의 한국행정학을 보다 전면적이고 근본적인 입장에서 도전과 더불어 비판을 가하고 있다. 우리가 다루고 있는 행정학은 모더니즘을 토대로 실증주의적 과학성, 합리적 통제 중심주의, 효율적 기술주의, 미국행정학에 대한 지나친 의존성으로 특징되고, 이러한 모더니즘적 행정학은 미국식 훈령체계, 군사독재 정권하의 금지기호 및 현존하는 지적 규율체계의 삼각관계망에 의해서 다져지게 되었다는 것이다. 이러한 행정학은 실용성과 실천성을 결여하는데, 이 실천성과 실용성을 되찾으려면 미국식 훈령체계와 금지기호 및 지적 규율체제의 삼각관계망이 해체되어야 한다는 것이다. 여기서 필자는 포스트모더니즘적 접근방법을 제안하고 있다.

김홍회(2003)는 서구문화의 이원론적 인식론에 뿌리를 둔 정치-행정 이원론으로 특징되는 미국행정학은 정치학으로부터 벗어나서 경영학 쪽으로 기울어지면서 기술성, 능률성, 경쟁성 등을 강조하면서 민주성, 대응성, 형평성, 시민성, 공익, 헌법정신의 수호, 정권의 가치 등 가치적 문제를 소홀히 다루게 되었다는 것이다. 이러한 이원론적 행정학은 분열증적 학문으로 자리잡기 시작하여 오늘의 신공공관리론이나 정부재창조론을 펼치는 데 사상적 토대가 되고 있다는 것이다.

이러한 분열증적 미국의 행정학이 그대로 역사적, 사회적, 문화적 전통이 전혀 다른 한국에 직수입되어 한국의 행정현상을 설명하는 데 적실성이 없는 학문으로 비판의 대상이 되었다는 것이다. 이에 필자는 이러한 분열증적 행정학은 해체되어야 한다고 주장하면서, 여기에 대한 대안으로 동양사상의 음·양이론, 하버마스(Habermas)의 이상적 대화론 및 조직간 협동이론의 상호보완 속에서 만들어지는 담론적 접근방법을 제시하고 있다.

김정렬·한인섭(2003)은 오늘의 행정학의 위기를 과거의 학문적 위기나 패러다임적 위기와는 다른 면에서 찾고 있는데, 그 다른 면이란 신공공관리론의 행정 및 행정학에의 침투 및 파괴공작으로 전통적인 행정학의 정통성과 유용성의 무력화라는 것이다. 여기서 겪는 행정학의 위기란 신뢰성 위기, 규범적 위기 및 자신감의 위기이다. 이에 대한 처방대안으로 소극적 대안과 적극적 대안이 제시되는데, 소극적 대안에는 ① 민간부분의 우월성에 대한 재검토, ② 시장논리의 기본가정에 대한 재검토, ③ 행정책임과 윤리에 대한 재검토가 포함되고, 적극적 대안으로는 ① 공공성의 재인식, ② 행정개혁의 토착화, ③ 거버넌스의 체계화를 들고 있다.

3. 이론적 연구물을 중심으로 한 연구

연구업적에 대한 언급은 박동서(1967)에 의해서 시작된다. 박동서는 1966년까지 출간된 교과서를 비판적인 시각에서 검토하고 있다. 박동서는 우리 학계에서는 우리보다 긴 행정학의 역사를 가진 일본보다 훨씬 많은 교과서가 출간되었다고 지적하면서 다음과 같이 비판하고 있다. 첫째로 교과서들이 아무런 체계 없이 씌어지고 중요한 내용들이 다루어지지 않고 있으며, 둘째, 내용들이 우리나라에서 절실히 요구되는 문제들보다는 미국 교과서들을 자기 취향대로 발췌해서 엮어 놓은 것에 다름 아니며, 셋째, 특수분야에 대한 교과서가 아직 나오지 않고 있다는 것이다.

연구물에 대한 평가는 안병영(1982)에 의해서 계속된다. 안병영은 1980년대 초까지 연구동향을 시대별로, 연구분야별로 소상히 다루면서 해당분야에 기여하였다고 생각되는 연구물들을 거론하고 있다. 이 연구를 통해서 누가 어떠한 분야에서 어떠한 연구업적으로 학문발전에 기여하고 있는가를 대략적이나마 시대의 흐름 속에서 지적하고 있다.

이러한 작업은 윤재풍(1999)에 의해서도 이어지고 있다. 윤재풍도 행정학 일반에 걸쳐 그 동안의 연구동향을 연구물을 중심으로 살피면서 특기할 만한 연구물에 대해서 언급하고 있다. 그러나 안병영과 윤재풍의 연구업적물에 대한 평가는 특기할 만한 작품이라고 이름만 거론하는 수준이었지 구체적인 평가작업은 아쉽게도 없다.

연구물에 대한 본격적인 평가작업은 강신택(1971)부터라고 할 수 있다. 강신택은 1970년에 벌써 상당히 세련된 접근모형을 마련해서 이 당시 한국행정학의 발달과정에서 주의를 끌 만한 네 사람(김운태, 이한빈, 이문영, 박동서)의 작품들을 분석 평가하고 있다. 그러나 이때는 행정학이 본격적으로 도입된 지가 10여 년밖에 되지 않아 한국을 중심으로 한 연구물은 희귀하여 연구물 중심의 연구는 서설적 시도에 그칠 수밖에 없었다.

이러한 연구물 중심의 연구는 한동안 뜸하다가 백완기(1987)에 의해서 재시도된다. 그 사이 15년 이상의 세월이 흘렀기 때문에 한국문제를 중심으로 한 이론화의 노력들이 축적되어 연구대상물들이 확장된다. 여기에서 다루어진 연구물은 한국행정을 중심으로 한 이론화의 작업들인데, 논의의 대상이 된 저작들은 이한빈, 《사회변동과 행정》(박영사, 1968), 박동서, 《한국 행정론》(법문사, 1972), 이문영, 《한국행정론》(일조각, 1980), 조석준, 《한국행정학》(박영사, 1984), 안해균, 《한국행정체제론》(서울대 출판부, 1986), 박명수, 《한국 행정론》(대왕사, 1986), 백완기, 《한국의 행정문화》(고려대 출판부, 1982), 이종범, 《국민과 정부관료제》(고려대 출판부, 1986), 윤우곤, *Korea Public Bureaucracy*(성균관대, 1982), 김번웅, "Korea: Political Culture, Administration, and Democratic Elitism"(Claremont Graduate School, Ph. D. Dissertation, 1976) 등이다.

연구물 중심의 연구는 다시 안병영(1994)에 의해서 이어진다. 안병영은 분석대상을 한국행정론에 한정시키고, 그 중에서도 조석준의 《한국 행정학》, 이문영의 《한국 행정론》, 안해균의 《한국행정체제론》을 선별해서 심도있게 분석 평가하고 있다. 안병영은 이 책들이 안고 있는 장점과 한계를 지적하면서, 한국행정의 이론화에 큰 자취를 남긴 작품들이라고 평가하고 있다.

4. 분야 중심의 연구

분야별로 선행연구가 1990년대에 들어와서 활발하게 이루어지고 있는데 이것은 그만큼 연구물이 쌓였다는 것이다. 여기서 이야기하는 분야별이란 조직, 재무, 인사, 정책, 지방행정 등이다. 분야별로 간단하게 살펴보면 다음과 같다.

1) 조직론 분야

조직분야는 조석준, 김병섭, 박통희 등에 의해서 다루어지고 있다. 연구자별로 나누어 언급하여 보기로 한다.

조석준(1985; 1999)은 1960년대 초부터 1984년까지 조직론 교과서 6권과 1985년부터 1996년까지의 조직론 교과서 10권을 선택해서 이 교과서들이 주로 어떠한 주제들을 다루고 있고 이러한 주제들이 어떻게 변화되었는가를 분석하고 있다. 조석준은 한국의 교과서들이 한국문제를 다루기보다는 주로 미국의 이론들을 성실하게 소개하는 데 그치고 있다고 지적한다. 아울러 1980년대 후반부터는 한국문제를 다루는 논문이 양산되고 있다고 언급하고 있다(1999, p. 435).

김병섭(1995)은 기존의 여러 학술지에 발표된 조직에 관한 모든 논문들을 수합하고 아울러 박사학위 논문들까지 전부 모아 접근방법을 중심으로 분석하고 있다. 여기서 사용된 접근방법들은 구조적 접근방법, 인간관계론적 접근방법, 정치권력적 접근방법이다. 각 접근방법을 다시 세분해서 비교적 상세하게 분석하고 있다. 김병섭은 아울러 어떠한 분야가 더욱 연구되어야 하는가의 미진한 연구분야도 지적하고 있다.

박통희(1996)는 논문이나 연구서를 제외하고 조직론 교과서에 한정해서 다루고 있다. 박통희는 15권의 교과서를 선정해서 여섯 가지의 평가기준 — 체계성, 포괄성, 균형성, 일관성, 분석의 심도, 이해의 용이성 — 을 토대로 분류 평가한 후, 많은 교과서들이 교과서의 모습을 갖추고 있지 않다고 말한다.

2) 재무행정 분야

재무행정 분야는 하연섭, 강신택, 박영희, 신무섭 등에 의해서 검토되고 있다. 하연섭(1996)은 1990년 이후에 출판된 10권의 재무행정 교과서[2]를 분석대상으로 삼고 있다. 그는 기존의 교과서들은 아직도 그 구성이나 내용 면에서 1956년의 Burkhead의 *Government Budgeting*에서 크게 벗어나지 못하고 비판한다. 하연섭의 분석결과는 우리나라의 재무행정론은 법적·제도적 차원에 기반하여 예산에 관한 제반 개념의 소개와 중앙정부 차원의 예산과정 및 예산개혁을 중심으로 논의가 이루어지고 있다고 지적하고 있다. 하연섭은 재무행정론이 포함되어야 할 내용으로 정부예산과 재무행정, 정부예산론, 지방재정론, 재정분석론, 재무관리론, 조세행정론을 들고 있다.

강신택(1997)은 한 나라의 예산운영체계는 분석적 내용, 정치·행정의 제도적 맥락, 그리고 회계 및 관리정보체계라는 세 개의 부분으로 구성되어 있다고 지적하고 이러한 틀 속에서 기존의 연구물을 평가하고 있다. 모든 연구물을 검토의 대상으로 삼고 있지는 않으나, 선정된 연구물에 대해서는 비교적 심도있게 다루고 있다. 강신택이 다룬 연구물은 주로 논문들이다. 강신택의 연구결과에 의하면 예산과정에서 가장 활발하게 경험적 연구가 이루어지고 있는 분야는 예산심의 분야라는 것이다. 그 나머지 분야, 예컨대 편성, 집행, 회계검사 등의 분야에서는 연구가 활발하게 이루어지지 않고 있다고 말한다.

---

2) 여기에 포함된 교과서는 강신택, 권연옥, 김수영, 나중식, 박영희, 신무섭, 유훈, 이문영·윤성식, 이종익, 황윤원이 집필한 것들이다.

박영희(1999)는 유훈의 《재무행정론》(법문사, 1963) 이후 오늘에 이르기까지 어떠한 저서들이 나왔는가를 시대별로 점검하고 있다. 저서만을 다루다 보니 논문이나 연구서는 제외되었다. 저작물의 내용에 대해서는 일체 언급이 없고, 누가 어떠한 교과서를 집필하였는가만을 밝히고 있다. 아울러 연구영역과 분야가 시대별로 어떻게 변천되었는가를 간단히 언급하고, 연구과제로 재정적자 문제와 통합예산을 들고 있다.

신무섭(2001)은 1960년대부터 2001년에 이르기까지 간행 또는 발표된 저서와 논문들을 거의 망라하면서 시대적으로 구분해서 소개 및 설명하고 있다. 이 연구는 재무행정을 연구하는 교수들이 연구와 교육 및 실무개선에 어떻게 기여했는가와 앞으로의 과제에 대해서 정성스러운 자세로 접근하고 있다. 신무섭은 재무행정연구는 시대의 요구에 부응해서 당면한 문제들을 해결하기 위해서 노력해온 것이 사실이지만 아직도 논문의 수준은 모방의 수준을 넘어서지 못하고 있고, 전문적인 연구서적은 거의 없다고 지적하고 있다.

3) 인사행정 분야

인사행정 분야에 대한 선행연구는 하태권, 유민봉, 김신복에 의해서 이루어지고 있다.

하태권(1995; 1999)은 두 번에 걸쳐 선행연구를 분석하고 있는데, 그 중 하나는 《한국행정학보》를 위시한 주요 학술지들[3]에 게재된 인사행정에 관한 논문 50편을 골라서 분석하는 연구이다. 다른 하나는 박동서의 《인사행정론》(1962)으로부터 1997년의 유민봉의 교과서에

---

3) 《한국행정학보》이외에 《한국정책학회보》, 《지방자치연구》(한국지방자치학회), 《행정논총》(서울대학교 행정대학원), 《연세행정논총》, 《사회과학논집》(고려대학교 정경대학)이 포함된다.

이르기까지 기존의 교과서를 망라하면서 평가하는 것으로, 이 분야에 연구서가 없는 것이 평가의 이유라고 설명하고 있다.

하태권이 논문들을 대상으로 한 첫 번째 분석은 일반적인 연구경향과 주제별 연구결과를 중심으로 하고 있다. 아울러 연구방법과 내용상의 특성들을 고찰하고 여기서 향후과제도 도출하고 있다. 하태권의 연구초점은 연구주제별로 어떠한 논문들이 나왔는가를 점검하고 평가하는 것이다. 연구주제의 분야는 관료제의 구성, 공직분류, 인력계획, 임용, 능력발전, 사기관리, 행동규범 등이다. 여기서 나온 종합적 평가는 첫째, 인사행정에 대한 연구가 활발하지 않다는 것, 둘째, 사용한 통계기법들이 단순빈도분석 수준에 그치고 있고 정밀한 분석이 결여되어 있다는 것, 셋째, 연구주제나 내용이 비교적 시대적 요구에 부응하고 있다는 것, 넷째, 기존의 연구가 전문성 제고에만 치우치고 있는데 앞으로는 국정지도력, 사회적 형평, 공무원의 권익보장 등에도 관심을 기울여야 한다는 것이다.

하태권의 두 번째 연구인 교과서 중심의 검토는 다음과 같은 몇 가지로 요약된다. 첫째, 외국이론을 백화점식으로 나열하고 있고 관리기술적 관점에 치우쳐 중요한 문제들인 가치갈등이나 권력배분의 문제들을 소홀히 하고 있다는 것이다. 둘째, 한국적 상황에 대한 분석이 부족하다는 것이다. 셋째, 새로 도입되는 제도들, 예컨대 인력감축제도, 개방형 임용제도, 성과급제도, 민간전문가의 공직파견제도, 계약직제도, 연봉제도 등에 대한 깊은 성찰적 분석이 부족하다는 것이다. 넷째, 지방공무원제도에 대한 연구가 미흡하다는 것이다.

유민봉(1996)은 인사행정에 관한 교과서 8권[4]을 골라 구조와 내용의 측면에서 평가작업을 하고 있다. 구조 면에서는 교과서의 전체적인 체계성을 파악하고, 내용 측면에서는 주제의 동질성과 다양성 및 독창

---

4) 강성철 외(1996), 김중양(1994), 김홍기(1991), 박동서(1990), 박연호(1996), 오석홍(1993), 이상윤(1991), 장지호(1992)의 저서들이다.

성과 최신성을 다루고 있다. 유민봉은 이러한 기준에서 8권의 교과서를 개별적으로 검토하고 있으며 전반적으로 체계성과 독창성이 부족하다고 지적하고 있다. 아울러 유민봉 나름의 체제론에 입각한 내용구성의 대안을 제시하고 있다.

김신복·사공윤(2001)은 1996~2000년의 5년 동안 주요 학술지인 《한국행정학보》, 《한국정책학회보》, 《한국정치학회보》, 《행정논총》(서울대 행정대학원), 《정부학연구》(고려대), 《한국행정연구》(한국행정연구원)에 발표된 인사행정에 관한 논문만을 대상으로 분석하고 있다. 연구주제는 하태권의 분류에 따라 가치정향, 공직분류, 인력계획 및 정원관리, 임용, 능력발전, 사기관리, 행동규범 등으로 분류하고, 연구방법은 통계분석, 설문조사, 사례연구를 어느 정도 활용하였는가를 분석하고 있다. 아울러 각 논문의 주요 내용을 살펴보고 결론적 요점을 제시하고 있다. 분석결과, 연구들의 관심분야는 민주화, 개방형 임용제도, 작은 정부의 구현 등 시대적 요구에 부응하고 있다는 것이다. 그러나 분석의 방법에서는 다양한 방법을 개발하지 못하고 있고 계량적 분석의 세련화도 미흡하다고 지적한다.

4) 지방행정 분야

지방행정 분야는 이승종과 이달곤, 도시행정 분야는 김성배에 의해서 다루어지고 있다.

먼저 이승종(1996)은 지방행정론이 포함해야 할 핵심내용을 7가지로 지적하고 이것을 분석의 틀로 삼아 기존의 교과서들만 분석대상으로 삼고 있다. 핵심내용이란 지방행정의 목적과 이념, 지방행정의 개념, 지방행정환경, 정부간 관계, 지방정부와 민간관계, 지방정부의 기구 및 지방정부의 기능이다. 이승종은 기존의 교과서들이 내용의 구성 면에서 상호 체계성이 약하고, 대체적으로 지방정부의 운영 및 정부간 관계에 초점을 맞추어 다루고 있고, 정부와 주민관계, 정책산출 부분, 권력구조에 대해서는 소홀히 다루고 있다고 지적한다.

이달곤(1997)은 이승종과는 대조적으로 학술지에 발표된 논문들과 박사학위 논문들만을 분석대상으로 삼았다. 즉, 1969년부터 1994년까지 중요 학술지인 《한국행정학보》, 《한국정치학회보》, 《지방자치연구》에 실린 지방행정에 관계된 286편의 논문들과 박사학위 논문 71편을 대상으로 검토하고 있다. 이달곤은 지방행정 분야의 연구는 1980년대 말부터 활성화되었다고 지적하면서 그의 분석결과를 다음과 같이 요약하고 있다. 첫째, 지방자치영역에서는 지방의회는 정당정치의 영향을 많이 받고 있으며, 정당의 영향은 부정적 효과를 미치고 있고, 의원들은 전문성이 약하고, 단체장에 대한 의원의 자율성이 약하고, 주민참여가 활발하지 않다는 것이다. 둘째, 중앙과 지방 간의 관계에서 권한이 중앙에 집중되어 있고, 지방행정조직은 정보화·산업화에 적합하지 않으며, 지방공무원은 전문성이 낮고 비민주적이고 부패와 관련이 많다는 것이다. 셋째, 지방재정 영역에서는 예산결정은 점증적으로 결정되는 경향이 강하고, 지방재정조정제도는 본래의 의도와는 달리 중앙정부의 지방정부에 대한 통제수단으로 이용되고 있고, 지방세입은 지역간의 불균형이 심하다는 것이다. 지역정책 영역에서는 정책과정에서 주민의 참여가 활발하지 않고, 지역의 실정에 맞는 환경정책이 이루어지지 않고, 지역간 정보화의 격차가 심하고, 사회복지 행정서비스가 제대로 제공되지 않고 있다는 것이다.

이달곤(2000)은 이어서 지방행정에 관한 교과서만을 대상으로 그 특징들을 검토하고 있다. 여기에 동원된 교과서는 무려 30권으로 한 권만을 제외하고는 모두가 1990년대에 초판 아니면 개정판으로 나온 책들이다. 이달곤은 분석결과를 다음 몇 가지로 지적하고 있다. 첫째로, 지방행정에서 지방자치로 연구의 관심을 돌리고 있다는 것이다. 대부분의 교과서가 외국의 제도를 그대로 소개하는 단순모방이나 유추

모방의 수준에 있다는 것이다. 셋째, 모든 교과서들이 지방재정과 재정운용을 다루고 있는데, 경제학이나 재정학의 이론적 기초를 바탕으로 하지 않고 단순한 제도와 현황을 소개하는 데 그치고 있다는 것이다. 넷째, 동태적인 의사결정과정이나 지방행정의 운영원리 또는 행정자원들간의 상호작용을 다루지 않고 국가관리체계 내에서 지방제도를 설명하는 데 그치고 있다는 것이다. 다섯째, 대부분의 교과서가 중앙의 시각에서 지방자치 문제를 보고 지방의 관점에서 지방의 문제를 보고 있지 않다는 것이다.

김성배(1996)는 도시행정에 관한 교과서 5권을 선정해서[5] 분석대상으로 삼고 있다. 김성배의 분석을 요약하면 다음과 같다. 첫째, 도시행정의 고유영역이 무엇이고, 그것이 지방행정과는 어떻게 다른가에 대한 설명이 없다. 둘째, 필자의 이념적 기반 없이 이론들을 무질서하게 나열하고 있다는 것이다. 셋째, 내용간에 상호연계성이 없다는 것이다. 김성배가 지적하는 도시행정의 본질은 공간과 입지의 문제라는 것이다.

5) 정책 분야

정책분야 하면 정책의 전체적인 과정으로서 결정, 집행, 평가가 다 포함된다. 이 분야에는 많은 학자들이 관여하고 있는데 강민, 정정길, 송희준, 김인철, 김준한, 김행범, 홍성걸·김종범, 이시원·정준금, 노화준·최성락, 목진휴·박순애 등이다.

강민(1978; 1979)은 1960년대와 1970년대를 나누어 연구경향을 살펴보면서 1960년대는 학자들이 관심을 갖는 시기로서 몇몇의 학자들

---

5) 여기서 선정된 교과서는 김원(박영사, 1993), 박병식(대영, 1995), 박수영(박영사, 1994), 박종화(대영, 1994), 이성복(법문사, 1994) 등의 저서들이다.

이 정책결정에 대해서 초보적 소개를 하고 있고 깊이 있는 학구적 연구는 없었다고 지적하고 있다. 그러나 한편으로 이 무렵 이용필의 《정책결정원리》(일조각, 1963)가 출간되고 있는 것을 지적한다. 1970년대에 와서는 연구가 활발하여지고 연구의 범위도 다양성을 띠게 되어 정책결정에서의 참여의 문제, 정책과학의 지향성, 정책과정의 연구, 한국적 모형의 모색 등에 연구가 진행되고 있다고 지적하고 있다. 1970년대까지의 연구자료를 검토하고 강민은 다음과 같은 결론을 내린다. 첫째, 외국이론의 무비판적 도입으로 학문의 자율성이 없고, 둘째, 정책학에 대한 논문이 《한국행정학보》에는 전체 논문의 20% 정도가 되지만 《한국정치학회보》나 《국제정치논총》에서는 거의 전무하고, 셋째, 방법론상의 문제점이 많은데, 우선 접근방법이 너무 단조롭고, 비교연구가 부족하며, 경험적 연구가 부족하다는 것이다. 넷째, 정책문제의 형성, 집행 및 평가분야의 연구가 미흡하고, 다섯째 정책문제를 다룰 때 기존의 시각들보다는 보다 넓은 시각인 국가론적 시각에서 정책문제를 다루어야 한다는 것이다.

정정길(1979)은 선행연구에 대한 분석보다는 한국의 독자적 정책이론의 성립가능성을 모색하고 있다. 정정길은 한국의 정책연구를 이론적 측면과 실용적 측면으로 나누어 고찰하고 있다. 그는 정책과정의 특수현상을 밝히고 이에 대한 실증적 연구를 많이 하여 우선 가설적 이론을 정립해야 한다고 주장한다. 기존의 이론들 중에는 가설적 수준에 이르는 이론들이 적지 않게 있는데 이것들이 수정 및 보완되면서 그 외연적 타당성을 확장시킴으로써 독자적 이론으로 성립되고 일반이론의 정립에 기여할 수 있다는 것이다. 정정길은 실증적 연구가 실천적 연구에 기초가 된다고 하면서 실증적 연구를 강조한다.

송희준(1992)과 김인철(1992)은 똑같이 1960년대부터 1990년대 초반까지 정책에 관한 기존의 연구들을 분석하고 있다. 차이가 있다면 송희준은 저서와 학술지에 발표된 논문들을 함께 다루었고, 김인철은 행정학보와 정치학회보에 실린 논문들만을 분석대상으로 삼았다는 것이다. 송희준은 기존의 연구를 연대별, 정책과정별, 정책분야별, 연구방법별로 나누어 분석하고 있다. 송희준은 1960년대를 도입 및 개념화시기로, 1970년대를 정착 및 확산시기로, 1980년대 이후를 내실 및 다양화시기로 분류하고 있다. 과정별 검토에서는 집행 쪽이 결정이나 평가 쪽에 비해서 연구가 미흡하고, 분야별 검토에서는 시대적 요구에 따라 분야가 다양화되고 있다고 지적한다. 앞으로의 과제에 대해서는 한국적 모형의 모색과 정책학의 과학성 추구, 규범과 실증의 균형적 연구, 분야별 연구의 활성화와 전문가 집단의 형성, 연구결과의 활용 등을 제시하고 있다.

김인철은 연구성향과 그 특징을 정리하고 그와 같은 성향을 가져오게 한 이론적 정향과 방법론적 성격을 분석하였다. 정책학 지식체계를 세 가지 측면, 즉 이론적 투입면, 방법론적 전개면, 지식의 산출면으로 나누고 이들간의 상관관계를 추적함으로써 지식생산의 인과적 경로를 밝히고 있다. 김인철은 연구분야의 학제성이나 협업성이 부족하고 연구자의 임의적 선택에 의해서 연구주제가 결정되고 이것이 특화된 방법론에 맞게 재구성되어 연구영역이 넓어지지 못하였고, 연구의 초점들이 능률성의 관점에서 처방적 대안모색에 치중되고 있다고 지적한다.

김준한(1996)은 1990년대에 발간된 10여 종의 정책학 교과서만을 대상으로 분석 검토하고 있다. 그의 분석결과는 대부분의 교과서들이 다양성을 결한 채 외국이론의 소개에 치우쳐 있고, 일관된 관점이 없이 이론들을 나열식으로 설명하고 있고, 독자들에게 문제의식을 심어주지 못하고 있다고 비판적 시각에서 지적한다. 내용의 서술에서 세심한 취사선택보다는 포괄성을 중시하였고, 우리나라의 사례를 들어 이론과 실제를 연결하는 작업도 부족하다고 지적하고 있다.

이시원·정준금(1996)은 정책과정 중에서 정책결정 분야에 한정해서 연구결과들의 내용과 연구동향을 살펴보고 있다. 분석대상은《한국행정학보》, 《행정논총》, 《한국정책학회보》에 창간호부터 1995년까지 게재된 논문들과 1980년도 이후 행정학 박사 학위논문을 대상으로 하였다. 우선 1960년대, 1970년대, 1980년대, 1990년대의 시대별로 나누어 연구경향을 살피고 있다. 다음으로 연구주제를 정책환경, 정책구조, 참여자, 정책의제 설정, 정책분석, 의사결정모형 등으로 나누고, 어떠한 연구방법을 사용해서 접근하였는가를 살피고 있다. 다음에는 분야별로 산업정책, 사회정책, 교육인력정책, 지역개발정책, 안보정책, 과학기술정책으로 나누어 검토하고 있다.

　김행범(1995)은 앞에서 본 이시원·정준금의 분석과는 달리 정책과정에서 정책집행에 한정해서 실증연구결과를 분석하고 있다. 김행범은 기존의 박사학위논문들, 1994년까지 《한국행정학보》, 《한국정치학회보》, 《한국정책학회보》에 게재된 논문들을 분석대상으로 삼았다. 그의 분석의 틀은 집행의 결정요인, 집행상황과 정책전략 및 집행결과인데 여기에 맞추어 연구결과들이 분류되고 있다.

　홍성걸·김종범(2001)은 1996년부터 2001년까지 《한국행정학보》에 게재된 정책에 관한 논문 77편만을 선정해서 방법별, 분야별 및 단계별로 나누어 검토하고 있다. 이들이 발견한 결과는 정성적 분석(서술적·역사적)이 40%일 때에 정량적 분석(통계기법들을 사용한 방법)은 60%라는 것이다. 연구분야는 환경, 주택, 교통, 도시 분야가 23.4%로 가장 많고, 다음이 인구, 보건, 복지 분야의 20.8%라는 것이다. 정책단계에서의 연구는 형성과 평가에 치우쳐 형성과 평가분야가 각각 26%와 34%를 나타날 때에 집행분야는 8%도 되지 않는다.

　노화준·최성락(2002)은 1990년대의 정책분석 연구동향을 《한국행정학보》, 《한국정책학회보》, 《분석평가학회보》, 《지방자치학회보》, 기타 학술지에 게재된 논문들을 중심으로 분석하고 있다. 논문분류의 틀로서 세 가지를 들고 있는데, 첫째가 정책분석이론과 방법이고, 둘째가 기술적인 정책분석 연구인 결정요인(기술적) 분석이고, 셋째가

규범적인 정책분석 연구인 창도형(규범적) 분석이다. 이 연구의 분석
결과는 다음과 같다. 첫째, 대체적으로 이론 부문과 방법론 부문에 관
한 연구가 감소하는 추세에 있다. 이 중에서도 순수이론에 관한 연구
는 아주 적고 수학적 모델에 관한 연구가 주축을 이루고 있다는 것이
다. 둘째, 정책결정요인 부문에서는 1990년대 상반기에는 연구가 중
앙정부정책 위주였으나 하반기에는 지방정부 위주로 변화되었다는 것
이다. 아울러 연구분야에는 복지와 예산·재정분야로 치우쳐 있었고
하반기에는 연구분야가 다원화되었다고 한다. 셋째, 창도형 분야에서
는 국내정책 위주의 연구와 연구분야의 다양화 추세가 일어나고 있다
는 것이다.

　목진휴·박순애(2002)는《한국정책학회보》에 지난 1992~2001년의
10년 동안 실렸던 논문들을 분야별로, 방법별로, 단계별로 분석하고
있다. 분석결과는 다른 선행연구와 비슷한데 우선 단계별로 보았을 때
에 형성과 평가가 연구의 주류를 이루었고 집행에 관한 연구는 8%도
되지 않았다. 분석방법에서는 40%가 통계기법을 사용하지 않는 서술
적 방법을 사용하였고, 통계기법을 사용한 논문 중에도 20% 정도만
이 세련된 통계기법을 사용한 것으로 나타났다. 연구분야는 다양화의
추세에 있고, 연구내용이 문제지향적, 실천적 학문으로 위상을 자리
잡아 가고 있는 것으로 나타나고 있다.

44

5. 선행연구에서 나타난 토착화 문제

대부분의 선행연구에서 토착화 문제가 제기되고 있기 때문에 이 문제를 잠깐 짚고 넘어가야 할 필요가 있겠다. 토착화 문제는 외국이론의 무비판적 수용과정에서 일어날 수밖에 없는 필연의 과정이었다. 물밀듯이 들어온 외국이론이 한국의 행정현상을 설명하지 못하고 물위에 기름 돌듯 떠돌게 됨에 따라 불가피하게 일어나게 되었다. 여기서 우리는 토착화란 외국이론의 무비판적 수용에 대한 성찰적 반작용의 산물이라는 것을 깨달을 수 있다. 그런데 성찰적 반작용도 감정적 차원에서 일어날 수 있고, 이성적이고 논리적인 차원에서도 일어날 수 있다. 그런데 우리의 경우는 논리적인 차원보다는 주로 감정적 차원에서 일어났다고 보는 것이 옳을 것이다. 그 이유로 토착화 문제를 제기하면서도 본격적으로 이론적인 면에서 토착화 문제를 다룬 사람은 극히 적었다는 것이다. 그저 행정학 연구에서 토착화가 필요하다는 수박 겉핥기 식의 이야기였지 이 문제를 이론적인 면에서 심층적으로 다룬 사람은 거의 없었다는 것이다.

토착화 문제를 본격적으로 다룬 최초의 학자는 이종범(1977)이고, 다음이 김광웅(1979)이다. 이종범은 토착화를 내용 중심으로 다루었고, 김광웅은 방법론 중심으로 다루었다. 그런데 두 사람의 연구들도 연구의 시작에 불과했는데 그 이후로 후속적인 연구가 없었다는 것이 아쉽다. 1960년대 말에서 1970년대 말까지 줄기차게 제기되던 토착화 문제가 1980년대에 들어서면서 그 기세가 꺾이게 되고, 1980년대 후반에 와서 김번웅(1987)이 '가능성의 모델'을 중심으로 한국행정이론의 토착화 문제를 심도있게 다루고 있다. 그 이후로는 토착화 문제는 거의 사라져 버렸다. 이것은 우리 학자들이 토착화 문제를 다룰 능력이 없어서라기보다는 토착화에 대한 논의가 별로 필요하지 않는 수준으로까지 우리 학문이 성숙화되었다는 것을 뜻한다. 우리 학문이 우리의 현실을 연구의 출발점과 대상으로 삼을 때에 토착화의 논의는 자연스럽게 사라지게 되는 것이다. 우리의 현실을 연구할 때에 외국이론의 적용성도 찾고, 주체성과 자아준거성도 찾고, 독자적 이론도 찾게 되는 것이다. 이러한 과정 속에서 토착화는 우리 자신도 모르게 우리의 몸과 마음 속에 스며들게 되어 그 이상의 논의는 필요 없게 되는 것이다.

제 4 장
평가의 기준 : 계몽성 · 자료성 · 적용성 · 창의성

여기서 사용하고자 하는 분석의 틀은 연구물이 행정학 발달에 어떠한 공헌을 하였는가를 중심으로 한 틀이다. 공헌에도 여러 가지가 있을 수 있는데 여기서는 그 공헌적 가치를 네 가지로 나누기로 한다. 첫째는 계몽적 가치요, 두 번째는 자료적 가치요, 세 번째는 적용적 가치요, 네 번째는 창의적 가치다. 개별적 가치들에 대해서 좀더 구체적으로 살펴보기로 한다.

계몽적 가치는 기존의 이론을 체계적으로 정리하여 소개하고 이해시켜 주는 가치를 이야기한다. 일반적으로 계몽적 가치는 교과서류의 저서에서 발견되는데 모든 교과서가 다 계몽적 가치를 가지고 있다고 할 수는 없다. 단순한 외국이론의 소개는 계몽적 가치를 지녔다고 볼수 없다. 계몽적 가치는 일반 학술논문에서도 발견된다. 계몽적 가치의 특징은 기존 이론의 체계적 정리와 그 내용의 정확한 전달성이다. 무질서한 이론의 나열이나, 백화점식 이론의 수집이나, 여기저기서 차용해온 이론의 배열이나, 학설의 나열식 소개는 계몽적 가치를 소유하지 못한다. 계몽적 가치는 저서나 논문에 따라서 그 지속적 기한이

다르다. 어떤 저서의 계몽적 가치는 장기적으로 지속될 때에, 어떤 저서는 단기적으로 끝난다.

자료적 가치는 저술의 내용이 체계성도 있고 그 내용을 설명할 때에 동원된 자료가 당해 분야의 연구에서 앞으로 계속해서 유용성을 가질 때에 발견된다. 따라서 자료의 동원은 설명에 직결되어야 한다. 설명이 없거나 아니면 빈약한 채 자료의 동원만 있으면 이는 자료의 나열이지 자료적 가치는 아니다. 이러한 자료적 가치는 주로 특수분야의 연구서에서 발견되고 때로는 교과서에서도 발견된다.

적용적 가치는 주로 한국행정 현상이 외국의 이론을 통해서 설명될 때에 발견된다. 따라서 외국이론이 한국의 행정현상을 설명하면서 적실성을 가질 때에 적용적 가치를 갖는다고 이야기할 수 있다. 적용적 가치는 연구서나 논문에서 주로 발견된다.

창의적 가치는 새로운 이론이나 접근방법 또는 시각을 발견하였을 때에 나타난다. 새로운 이론을 발견하였을 때에는 말할 것이 없고 기존의 설명방법을 따르지 않고 새로운 접근방법이나 시각을 발견하였을 때에도 창의적 가치는 인정된다. 따라서 새로운 시각으로 기존의 내용들을 체계화할 때에 창의적 발상을 가지고 있다고 할 수 있다. 따라서 창의적 가치는 창의적 발상과 창의적 내용으로 나누어질 수 있다.

분석대상은 1955년부터 2004년에 이르기까지 발표된 중요한 저서 및 논문들이다. 여기서의 저서란 교과서와 연구서를 포함한다. 교과서는 계몽적 가치가 발견된다고 생각되는 경우에만 선정하였다. 연구서의 경우도 형식만 연구서의 모습을 띠었지 내용이 부실하다고 생각되는 경우에는 제외하였다. 연구서의 경우도 두 가지 종류가 있는데 하나는 특정의 주제를 가지고 처음부터 끝까지 그 주제만을 다룬 경우이고, 다른 하나는 기존의 논문들을 체계적으로 엮은 경우이다.

여기서 논의의 대상이 된 논문들은 주로 《한국행정학보》를 중심으로 《한국정치학회보》, 《행정논총》, 《한국행정연구》, 《정부학연구》

등에 게재된 논문들이 내포되고 있다.《행정논총》의 경우는 주로 1998년 이후에 발간된 것만을 다루었다.

여기서 논의의 대상이 되는 저서나 논문들은 위에서 든 네 가지 가치범주에 들어가 한국행정학 발달에 조금이라도 기여했다고 생각되는 연구물들이다. 어떤 연구물은 한 가지 가치에만 해당될 수 있고 어떤 작품은 두 가지 이상의 가치를 지닐 수 있다. 여기서 미리 밝혀 둘 것은 저자의 조사 및 지적 능력의 한계로 모든 연구물이 분석대상이 되지 못하였다는 것이다. 따라서 중요한 가치를 남긴 작품들이 논의의 대상에서 제외될 가능성이 높다는 것이다.

제 5 장
행정학 교과서 및 한국행정론 분야

1. 행정학 교과서 분야

행정학 교과서의 효시는 서두에서 밝힌 대로 1955년에 발간된 정인 홍의 《행정학》(제일문화사)이다. 이 책은 이론적인 체계성이나 내용 면에서 단순한 교과서 수준을 넘어선 품위 있는 작품이다. 처음 출간 된 책 치고는 담고 있는 철학이나 시사하는 내용에서 고전성을 지니고 있다고 볼 수 있다. 행정학의 발달배경, 관방학의 등장, 행정국가에서 의 관료제의 역할, 행정과 정치와의 관계 등에 초점을 맞추고 연구한 업적은 오늘날 관리기술의 연구에 빠져 있는 행정학에 경종을 울리고 있다. 정인홍 교수의 연구업적을 추모하고 연구하는 글들이 나오고 있 어 다행스러운 일이다. 1)

---

1) 유훈, "정인홍 교수를 추모함", 《한국행정학보》제 16호, 1982, pp. 5~11; 김영민, "한국 최초의 현대 행정학자 정인홍의 행정사상: 선생의 국가와 관 료제의 이론을 중심으로", 《한국행정학보》제 26권 3호(1992년 가을호), pp. 991~1014; 김웅락, "정인홍 교수의 학문활동과 한국 행정학에 미친 영 향", 《한국행정학보》제 26권 3호(1992년 가을호), pp. 1015~1026.

1960년을 전후로 해서 미국이론을 중심으로 한 행정학 교과서가 우후죽순으로 쏟아져 나왔는데 이 중에서 가장 체계적으로 이론을 정리해서 소개한 교과서가 1959년에 발간된 김운태의 《행정학 요론》(민중서관)이다(강신택, 1970, p. 139; 백완기, 1987, p. 156). 이 책은 행정학 교과서가 담아야 할 골격을 제시함으로써 다음에 나올 교과서의 내용구성에 안내자의 역할을 하였을 뿐만 아니라 행정학 연구에서 주제의 선정 및 자료수집 등에 기여하였다고 생각된다. 이러한 의미에서 이 책은 계몽적 가치가 충분히 있는 책이다.

교과서의 범람 속에서 여러 가지 이론들이 질서 없이 난무할 때에 한국적 현실상황을 의식하면서 새로운 모형으로 이론의 체계화를 시도한 것이 1972년에 발간된 박동서의 《한국행정론》(법문사)이다. 박동서는 행정과정을 목표, 정책결정, 기획, 조직화, 동작화, 평가 및 시정조치의 7대 과정으로 나누고 한국행정 현상을 여기에 맞추어 설명하고 있다. 아울러 행정의 기본변수를 구조, 행정인, 환경의 3대 변수로 나누고 특히 행정인과 환경에 역점을 두면서 행정현상을 설명하고 있다. 이 책은 이론의 내용 면에서는 창의적이라고 할 수 없으나, 저자 나름대로 모형을 만들어서 기존의 이론들을 새롭게 체계화하였다는 점에서 그 발상이 창의적이라고 할 수 있다.

기존의 교과서와 좀 색다른 시각과 내용으로 최호준이 《시민행정학》(거목, 1987)을 펴냈다. 최호준의 《시민행정학》은 글자 그대로 시민이 주인이 되는 행정을 생각하고 시종일관 시민 위주의 행정이론을 펴고 있다. 내용이 풍성하고 참신하며 저자의 창의적 사상이 곁들여 있다. 저자는 행정에서 고객인 시민이 어떻게 행정 공무원을 다스리면서 주인노릇을 할 수 있는가를 집요하게 탐색하면서 이론을 전개하고 있다. 계몽성은 물론 창의성도 갖춘 교과서라고 생각된다.

앞에서 든 4개의 교과서 이외에 수많은 교과서들이 출간되었고[2] 또 나름대로 의미를 지니고 있으나 줄이기로 한다.

---

2) 예컨대 유훈, 《행정학원론》, 법문사, 1961; 박문옥, 《행정학》, 신천사, 1962; 이문영, 《행정학》, 일조각, 1962; 김규정, 《행정학원론》, 법문사, 1967; 유종해, 《현대행정학》, 박영사, 1977; 박연호, 《행정학신론》, 박영사, 1979; 안해균, 《현대행정학》, 다산출판사, 1982; 백완기, 《행정학》, 박영사, 1984; 신두법, 《행정학원론》, 박영사, 1984 등 수없이 많다. 행정학 교과서는 1990년대 이후로 더욱 많이 출간되고 있다.

2. 한국행정론 분야

1) 저서 편

한국행정론 분야는 한국행정 현상의 전체를 독특한 시각에서 설명하고 체계화하는 이론적 작업이다. 따라서 교과서라기보다는 연구서의 성격을 띠고 있다. 독특한 시각이란 외국 이론모형일 수도 있고 저자 나름대로의 창의적 시각일 수도 있다.

우선 조석준의 《한국행정학》(박영사, 1980)을 검토하면 조석준은 사이몬(H. A. Simon)의 의사결정모형을 준거의 틀로 삼고 한국행정의 자료들을 여기에 맞추어 분석하고 있다. 의사결정의 변수들로서 행정의 가치전제, 행정문화, 행정인, 업무 및 구조를 들고 각 변수에 자료를 배치하고 있다. 하나의 시각으로 한국행정의 전체현상을 체계적으로 이론화하는 작업을 시도하였다는 것은 내용의 장·단을 떠나서 그 시도 자체만으로도 높이 평가되어야 할 것이다. 이러한 시도는 많은 고뇌의 시간을 요하기 때문에 그렇다. 이 책의 특기할 점은 한국의 사회·문화적 전통적 요소들을 행정발전에서 긍정적으로 평가하고 있다는 것이다. 이 책을 엮는 데 많은 자료가 동원되고 있어 적용적 가치와 자료적 가치를 다 같이 지니고 있다고 할 수 있다.

이문영의 《한국행정론》(일조각, 1980)은 저자가 과거 20여 년 동안 여러 학술지에 기고하였던 글들을 한 곳으로 모아 놓은 책이다. 모아 놓은 글들이기 때문에 논리적 일관성이 없을 것 같지만 그렇지가 않다. 그것은 이문영의 관점이 항시 동일하기 때문이다. 이문영은 한국의 행정현상을 백성을 지배하고 억누르는 권력현상으로 보고 어떻게 하면 행정과 국민 간의 격차를 좁혀 백성을 위한 행정을 펼칠 수 있을

까를 중심으로 한국행정을 다루기 때문에 논리의 모순이 발견되지 않는다. 이문영이 후에 쓴 《자전적 행정학》(실천문학사, 1991)도 같은 맥락에서 쓰어지고 있다.[3] 이문영의 저작들은 비약적인 논리전개로 명료성에서 문제는 있으나 항시 창의성을 지니고 있다.

안해균의 《한국행정체제론: 정치·행정분석의 체계적 접근》(서울대 출판부, 1986)은 체제론적 접근방법을 택하여 제1공화국에서 제5공화국에 이르기까지 한국적 자료만을 동원해서 각 공화국 성립 당시의 환경적 여건, 체제의 목표, 주요 행정기구, 행정과정, 통제방식, 체제와 환경 간의 갈등 등을 투입·전환·산출이라는 맥락에서 다루고 있다. 각 공화국의 행정체제의 특징들이 하나의 준거틀을 통해서 노정됨으로 그 변화과정을 상세하게 파악할 수 있다. 이 책을 통해서 정치와 행정 간의 일원적 상호관계를 파악할 수 있다. 분석에 방대한 자료가 동원되어 적용적 가치와 자료적 가치를 동시에 가지고 있다.

박명수의 《한국행정론》(대왕사, 1986)은 의식적으로 외국이론을 배격하면서 오로지 한국학자들의 연구업적과 한국적 자료만을 동원해서 쓰어진 책이다. 어느 곳에서도 외국이론은 물론 외국학자의 이름 한 자 발견되지 않는다. 한마디로 우리 것만으로 엮어진 순수한 한국행정학이라고 할 수 있다. 의식적으로 우리 것만으로 엮어진 책이다 보니 폐쇄적인 냄새가 강하나 외국이론에만 치우쳐 온 우리에게 무엇인가 신선한 경각심을 주고 있다. 이 책은 행정환경, 조직구조와 관리, 인력관리, 예산체제, 지방행정 등으로 구성되어 행정학 교과서의 모습을 지니고 있다. 기존의 교과서식 틀에 자료를 배열하고 있지만 연구의 주체성을 보여줌과 동시에 자료적 가치를 내포하고 있다.

---

3) 이문영의 《자전적 행정학》에 대해서는 안병영이 《한국행정학보》(제25권 3호, 1991, pp. 1055~1058), 〈서평〉란에서 자세하게 평가하고 있다.

오석홍의 《한국의 행정》(경세원, 1995) 은 저자가 이미 발표한 논문들과 책의 체제를 갖추기 위해서 새로 쓴 부분을 합쳐서 엮은 책이다. 이 책은 심층적인 분석보다는 한국행정의 실상을 알리는 데 목적을 두고 있다. 따라서 문헌적 자료보다는 정부의 간행물이나 자료들에 의존하면서 집필하였고, 이러한 이유로 우리가 현실적으로 부닥치는 행정이 어떻게 돌아가고 있는가의 실상을 파악하는 데 대단히 유익한 책이다. 자연스럽게 행정에 친근감을 가지면서 접근하게 하는 책이 바로 이 책이다. 교과서 형식을 취하면서 집필하였지만 규격적인 틀에서 벗어나서 논의를 전개하는 경우도 많아 오히려 친근감을 준다. 연구하는 사람들에게도 새롭게 느끼게 하는 장면이 적지 않고 특히 민원행정론, 공무원론, 행정지도론 등은 눈여겨볼 만한 장들이다. 신선함을 주는 계몽성과 자료적 가치가 있는 책이다.

박동서의 《한국행정의 쇄신사례》(법문사, 1999) 는 저자가 행정쇄신위원회 위원장으로 있으면서 5년 동안 겪었던 쇄신사례를 선별해서 엮어 낸 책이다. 이 책은 우리 행정의 문제점들을 파악하는 데 소중한 자료로서 특히 학문하는 사람들에게는 최고의 자료이다. 현대 한국행정의 자료적 가치를 지닌 책으로 이 이상 좋은 자료집이 없을 줄 안다. 박동서는 이 책 이외도 한국행정에 관한 무수한 책들을 펴냈는데 그 예들로 《한국행정의 발전》, 《한국행정의 미래상》, 《한국행정의 개혁》, 《한국행정의 연구》, 《한국행정의 쇄신》 등이다. 이러한 책들은 기왕에 발표한 논문들이나 사색노트를 모아서 엮어진 책들이나, 주제별로 편집되어서 논리성을 갖추고 있고 또 이곳저곳에서 절실한 아이디어들이 발견된다.

'한국행정론'이라는 제목은 아니지만 이와 비슷한 제목인 '한국정부론'이라는 이름으로 두 권의 책이 나왔다.

하나는 1963년에 나온 박문옥의 《한국정부론》(박영사)이다. 책의 내용을 떠나서 이 시기에 이러한 책이 나왔다는 것은 고무적인 일이었다. 책의 내용도 계몽성은 물론 창의적 발상도 지니고 있다. 또 하나는 안병만이 펴낸 《한국정부론》(다산출판사, 1985)이다. 본래 정부라는 말은 정치와 행정을 다 포함하고 있다. 안병만의 책 속에는 정치와 행정이 뒤엉켜 있다. 행정과 정치는 상호 밀착되고 상호 영향력을 행사한다는 것을 여실히 밝혀주고 있다. 여기에는 정부에 관한 이론들, 한국의 정치문화, 관료제의 전개, 정권의 변동, 선거와 정당, 역대 정권들의 엘리트 분석, 행정과 정치와의 역학관계, 한국정부와 강대국과의 역학관계, 재벌기업의 문제, 노동조합, 도시 및 농촌주민의 정치적 태도 등 행정을 둘러싼 여러 가지 문제들이 다루어지고 있다. 행정을 환경적 세력들의 시각에서 살펴보는 데 도움을 주는 계몽성을 지닌 저서이다.

이종범이 펴낸 《국민과 정부관료제》(고려대 출판부, 1986)는 한국행정을 연구하는 데 중요한 문헌이라고 생각된다. 저자의 고뇌에 찬 글들이 모아진 연구서인데, 여기에는 한국행정학의 토착화 문제, 행정에서의 상벌체계와 형식주의, 행정의 보상제도와 개인적 연계, 기술의 적합성 문제, 행정과 국민 간의 거리감 등의 문제들이 심도 있게 다루어지고 있다.

박동서·김광웅 공편, 《의회와 행정부》(법문사, 1989)는 의회와 행정부의 상호관계를 파악하는 데 안내자의 역할을 하고 수록한 자료도 많아 앞으로 의회와 행정부 간의 상호관계에 대한 연구에 참고가 많이 될 것이다.

2) 논문 편

여기서 다루는 논문은 한국행정의 특정 분야에 한정되지 않고 전체 분야에 걸쳐서 다룬 연구이다.

박동서·최병선·이달곤·권해수의 "작은 정부의 개념 논의"[《한국행정학보》 26권 1호(1992년 봄호)]는 선진국에서 작은 정부가 대두하게 된 배경과 우리나라에서 작은 정부의 도입과정을 살펴보고, 여기에 대해서 평가를 내리고 있다. 이 논문은 재정규모 면에서나 국민의 행정의존사상이나 앞으로의 발전과정 및 사회복지의 확장 면에서도 강한 정부가 필요하다는 것을 주장하고 있다. 특히 이 논문은 작은 정부의 개념틀을 제공함으로써 앞으로 정부의 규모를 연구하는 데 하나의 준거기준을 제공하고 있다는 점에서 거론할 만하다.

김근세·권순정이 쓴 "작은 정부?: 김영삼 행정부의 정부규모에 관한 실증적 분석"[《한국행정학보》 31권 3호(1997년 가을호)]은 한국사회에서 작은 정부의 실현가능성을 검증한 의미 있는 논문이라고 할 수 있다. 신관리주의에 입각한 김영삼 정부의 작은 정부를 향한 행정개혁은 성공을 거두지 못하고 있다는 것을 이 논문은 정부규모의 총량분석과 기관분석을 종합해서 보여주고 있다. 분석대상은 인력, 예산, 법령, 조직의 네 가지인데 예산과 법령의 증가는 말할 것도 없고 인력과 조직의 경우도 전반기(1993~94년)에는 감축의 경향을 보였지만 후반기(1995~96년)에는 다시 증가 및 확대되는 경향을 보이고 있다고 지적하고 있다. 이 논문은 한국사회에서 작은 정부의 논리는 적실성이 없다는 것을 일깨워 주는 계몽적 가치가 있는 논문이라고 할 수 있다.

남현욱의 "통일의 가치정향과 통일추진 정부모형의 선택"〔《한국행정학보》 28권 2호(1994년 여름호)〕은 통일은 우리 민족의 초가치(meta-value)요 안전, 자주, 인권, 민주, 복지, 효율 등을 보장하는 기반가치라고 주장하면서 이러한 가치를 실현할 수 있는 통일정부를 향해 어떻게 준비를 해야 하고 어떠한 정부모형을 선택할 것인가를 탐색하고 있다. 논의를 전개하면서 독일통일의 교훈을 알려주고 총체적 접근의 필요성을 강조하고 있다. 통일추진정부는 목적가치와 기능구조 및 제도화를 연계시키면서 주요 내용으로 헌법과 법제의 통일순응적 정비, 국가발전위원회의 설치, 통일을 대비하는 한시조직의 설치, 복지관련 조직·기능·인력의 확대, 경쟁력의 강화, 안전과 고유문화 및 민족정기의 함양, 분산된 여러 가지 기능의 통합 등을 제시하고 있다. 통일에 대비해서 정부가 해야 할 일을 개괄적이나마 검토하고 있어 앞으로 이 방면 연구에 참고가 될 수 있는 글이다.

행정이나 정책의 안전성과 연속성의 문제는 대단히 중요한 문제이다. 이러한 문제는 정권이 바뀌고, 장관이 교체될 때마다 혼란과 불안을 동반하는 문제이기도 하다. 이러한 문제를 중심으로 발표된 다음 세 편의 논문은 안전성과 연속성을 확보하는 데 방향점을 제시하고 있다는 점에서 언급할 만하다.

안병만의 "정권교체와 정부업무의 안정성 및 연속성 확보"(《한국행정연구》 2001년 겨울호)는 지금까지 우리가 겪었던 정권교체기에 정부는 연속성과 쇄신성의 갈등 속에서 대혼란을 겪었다고 진술한다. 대개의 경우 정권의 초창기에는 정권 담당자들이 과도하게 쇄신과 변화에 의욕을 부리지만, 시간의 흐름과 더불어 쇄신은 퇴색하고 많은 오류와 실패만 남게 되었다고 지적한다. 이 논문은 조직·인사·정책의 세 가지 차원에서의 변화를 조명하고, 변화의 대상들이 성공적인 변화와 쇄신을 이룩하지 못하면서 안전성과 연속성을 파괴하는 흔적만 남기고 있다고 지적하면서 안전성과 연속성을 확보하는 대안까지 제시한다.

안병영의 "장관의 교체와 정책의 안전성: 정책연속성 확보를 위한 시론"(《한국행정연구》 2001년 겨울호)은 한국에서 장관의 수명은 다른 나라에 비해서 유별나게 짧으며, 이러한 빈번한 장관의 교체 속에서 정책의 연속성을 확보하기란 대단히 어렵다고 지적하고 있다. 필자가 실제 겪은 장관시절의 체험을 통해 정책연속성을 위한 절실한 처방을 내리고 있다는 점에서 이 논문은 생동감을 준다. 여기서 제시한 처방은 정책의 법규화, 행정문서화, 지식의 공유화, 규범적 정책공동체의 형성, 정책조정과 평가기능의 강화 등 9가지다.

김중양의 "담당공무원의 교체와 업무의 연속성 확보방안"(《한국행정연구》 2001년 겨울호)은 담당 공무원의 빈번한 교체는 공직의 불안정을 가져올 뿐만 아니라 행정의 전문성과 정책의 일관성에도 부정적인 영향을 미친다고 지적한다. 이 논문은 업무의 연속성 확보를 위한 방안 마련을 인사행정적 측면과 사무관리적 측면에서 탐색하고 있다. 여기서 제시된 처방이란 일정기간의 보직관리제, 적절한 교육훈련, 독립된 인사원칙에 따른 인사운영시스템, 사무인계의 철저, 지식관리시스템의 운영, 공무원의 개인별 홈페이지 설정 등이다.

주재현·정윤수의 "행정서비스 헌장제의 정착을 위한 정책방향"〔《한국행정학보》 34권 1호(2000년 봄호)〕은 사용자 중심(고객 중심)의 서비스를 제공하는 데 목적을 둔 행정서비스 헌장제를 정착화시키는 데 문제점들이 무엇이며, 이러한 문제점들을 해결하는 데 어떠한 방안들이 있는가를 탐색한다. 이 논문은 중앙부처 3개 헌장(경찰서비스 헌장, 구직서비스 헌장, 우편서비스 헌장)의 운영실태를 분석하고 문제점과 해결

방안을 모색한다. 분석의 영역은 헌장의 내용, 헌장의 제정과정, 헌장
제의 시행실태로 한정하고 있다. 분석결과 문제점으로 발견된 것은 서
비스 수준의 도전성, 서비스 사용자의 불만처리와 구체적 정보제공,
서비스 사용자와 일선 공무원들의 의견수렴, 부실한 운영 등이다. 성
공적인 정착을 위해서는 서비스 사용자와의 파트너십 형성, 일선 공무
원과의 파트너십 확립, 행정서비스 헌장 내용의 충실성 제고, 실행에
대한 체계적인 평가와 합리적인 보상체계, 전담기구의 위상강화, 시
장경쟁적 여건의 조성 등을 제시한다. 이 방면의 보다 깊은 연구에 안
내의 역할을 할 수 있는 논문이다.

박경귀의 "행정절차제도의 운영실태 분석과 개선방안"(《한국행정학
보》 33권 3호, 1999) 은 행정학계에서 본격적으로 행정절차에 관한 연
구가 시도되고 있다는 점에서 그 의의가 크다고 할 수 있다. 이 논문
은 행정절차제도를 종합적으로 검토하고, 그 운영실태를 분석하고 아
울러 적절한 운영방안도 제시한다. 본래 행정절차제도는 신뢰성, 공
정성 및 투명성을 통해 인간의 존엄과 가치의 존중을 제고하는 것을
목적으로 하고 있는데, 현재 운영하고 있는 행정절차제도는 이러한 기
능을 제대로 수행하지 못하고 있다는 것이 이 논문의 지적이다. 이 논
문은 제도의 본뜻을 살리기 위해서는 행정절차의 미준수에 대한 책임
강화, 규율대상 및 적용범위의 확대, 행정처분기준 설정과 공표, 의견
청취제도의 실효성 제고, 행정·입법예고의 대상범위 확대 등이라고
지적하고 있다. 아울러 행정학과 행정법학의 학제적 연구의 필요성을
촉구하고 있다.

김항규의 "행정의 합법성 이념과 기타 행정이념과의 관계"(《정부학
연구》 9권 2호, 2003) 는 행정이념들간의 우선순위 문제를 놓고 합법성
은 법치행정의 기본으로 다른 이념들인 민주성이나 능률성 또는 효과

성보다 상위의 이념으로 이러한 이념들은 합법성의 테두리 안에서 논의되고 추구되어야 한다는 것이다. 따라서 합법성과는 우열의 관계에서 논의될 것이 아니라 합법성을 상위의 이념으로 하고 다른 이념들은 이 범위 내에서 갈등이나 우선순위 등의 문제로 논의되어야 한다는 것이다. 아울러 이 논문은 행정법이나 헌법과의 관계에서 행정을 논하고 있어 공법과 행정학과의 관계를 연구하는 데 보탬이 되는 글이다.

양재진의 "정권교체와 관료제의 정치적 통제에 관한 연구: 국민의 정부를 중심으로"〔《한국행정학보》 37권 2호(2003년 여름호)〕는 집권세력이 국정목표 달성을 위해서 관료제를 어떻게 통제해야 하는가를 다루고 있다는 점에서 새로움을 던져준다. 일반적으로 관료제에 대한 통제 하면 민주주의와의 관계에서 논의되는 것이 보통이었는데, 이 논문은 집권세력이 어떻게 관료제를 통제하고 있는가를 다루고 있다는 데에서 관심을 불러일으킨다. 분석대상은 국민의 정부인데 조직개혁, 인사행태, 당정협의, 관리주의 행정개혁의 4개 부문으로 나누어 검토하고 있다. 분석결과, 첫째, 예산과 인사권의 강화를 위한 조직개혁, 둘째, 충성도에 입각한 인사, 셋째, 당·정 협의의 활용, 넷째, 경쟁과 성과를 강조하는 신공공관리에 입각한 행정개혁을 통해 관료제에 대한 정치적 통제를 시도하였다는 것이다. 정치권력의 행정관료에 대한 통제를 새로운 시각에서 접근하였다는 점에서 눈길을 끈다.

박동서의 "행정부내의 분업과 통합: 대통령권력의 비대화"(《학술원논문집》 인문·사회과학편 43집, 2004)는 박정희 정부부터 김대중 정부에 이르기까지 대통령 권력의 비대화를 거시적인 입장에서 여러 가지 변수들을 동원해서 논의하고 있다는 점에서 주목을 끈다. 이 논문의 출발점은 분업이 제대로 되어야 통합도 제대로 되는데 우리의 경우는 대통령이 제왕적 권력을 행사함으로써 분업이 이루어지지 않았고, 여기에 따라서 통합의 길도 일어날 수가 없었다는 것이다. 일반적으로 대통령의 제왕적 권력을 설명하는 데에는 주로 개인의 특성을 중심으로 설명하는 것이 고작이었는데 이 논문은 개인을 둘러싸고 있는 상황과 법제를 동원해서 설명하고 있다는 것에 특이성을 발휘하고 있다. 우리나라 대통령의 권력이 비대화되는 변수들을 크게 권력행사의 변수와 상·하위직 간의 권력변수로 나누고 권력행사의 변수로 근대화, 민주화, 시민의 권력관, 대통령실, 대통령과 총리, 국무회의, 장관, 권력기구, 독립합의제기구, 정부산하기관, 국회와 정당 등을, 상·하위직 간의 변수로는 신임, 인사권, 재정예산권, 정보, 정치적 지지를 들고 있다. 이러한 변수들이 권력의 비대화에 어떻게 작용하였는가를 예리한 통찰력을 가지고 논의하고 있다. 분업과 통합의 향상방안으로 국민형성의 고도화, 시민의 정치의식의 향상, 권력지상의 가치관 극복, 정경유착의 지양, 권력분립과 법치의 향상, 권력자의 민주적 권력관, 대통령과 총리, 장관과의 관계개혁, 권력기구의 중립화, 독립합의제기구의 중립화, 국회와 정당 및 시민단체의 기능향상 등 역시 거시적인 관점에서 처방을 내리고 있다. 권력의 비대화 시각에서 한국행정의 발자취를 추적하고 개선방향을 제시하고 있다는 점에서 신선함을 던져준다.

제 6 장
행정학의 전통적 3대 분야

여기서 3대 분야란 조직관리, 인사 및 재무행정의 분야를 이야기한
다. 각각 나누어서 검토하여 보기로 한다.

1. 조직론 분야

1) 저서 편

조직론 분야에서 제일 먼저 나온 저서가 조석준의 《조직관리론》(법
문사, 1963) 이다. 이 책은 교과서로서 조직관리에 대한 이해를 보급시
키고 후에 나온 교과서들이나 연구에 대해서 길잡이 역할을 함으로써
계몽적 가치를 발휘한 책이다.

10여 년 이상의 세월이 지나서 나온 교과서가 윤우곤의 《조직론:
체제이론과 행태이론을 바탕으로》(법문사, 1977) 이다. 이 책은 조직

현상을 체제론적 시각에서 인간의 행태에 역점을 두고 설명하고 있다
는 점에서 앞서 살펴 본 조석준의 책과는 대조를 이루고 있다. 이론의
생성과정에 대한 친절한 설명을 가하고 있고 하나의 일관된 시각에서
이론들을 정리하고 있다는 점에서 계몽성을 지니고 있다.

1980년대에 접어들면서 조직론 교과서가 헤아릴 수 없을 정도로 많
이 출간되었다. 해를 거듭하면서 내용의 체계성이나 다양성의 면에서
세련되어져 온 것이 사실이나 아직도 외국 이론의 소개에서 벗어나지
못하고 있고, 비록 소개의 수준에 있다 할지라도 박통희(1996)의 지적
처럼 '포괄성,' '체계성,' '균형성,' '일관성,' '용이성,' '특수성' 면에서
문제점이 많다는 것이다. 이 중에서 관심을 끄는 책이 있다면 오석홍
의 《조직이론》(박영사, 1980)이다. 이 책에는 조직이론들을 체계적이
면서도 친절하게 소개하고 설명하는 저자의 정성스러운 자세가 담겨
있다. 또한 조직이론의 이해의 폭을 넓혀 놓았다는 점에서 계몽성을
발휘한다.

다음으로 언급하고 싶은 교과서가 윤재풍의 《조직학원론》(박영사,
1985)이다. 이 책은 조직을 하나의 시스템으로 보고 그 시스템을 5개
의 하위시스템으로 나누어 설명하고 있다. 5개의 하위시스템이란 목
표, 인력, 관리과정, 정보기술 및 환경인데 이것들이 어떻게 상호관계
속에서 작동하고 있는가에 초점을 두고 설명하고 있다. 계몽적 가치가
있는 작품이다.

다음으로 들고 싶은 책은 서태윤의 《한국정부조직론》(박영사, 1985)
이다. 이 책은 역사적으로 정부조직이 어떻게 변천했는가를 자료중심으
로 이론을 곁들이면서 엮은 책이다. 특히 광복 이후의 정부조직의 변천
에 대해서 자세하게 설명하고 있어 자료적 가치가 있는 책이라고 할 수

있다. 거기에다 외국의 행정조직까지 소개하고 있어 자료적 가치를 더욱 높여주고 있다.

정재욱 · 배철호 · 한동효 공저, 《현대행정관리론》(대영문화사, 2004)은 한마디로 사무관리론이다. 종래의 조직론 교과서들이 전적으로 외면해온 사무관리 문제를 체계적으로 잘 정리한 교과서라고 할 수 있다. 확대되고 다원화된 사무를 어떻게 효과적으로 관리해야 할 것인가도 행정학의 무시할 수 없는 분야인데 지금까지 거의 연구의 사각지대로 남아 있었다. 이 책은 이러한 공백을 착실하게 메워 준 교과서라고 할 수 있다. 특히 문서관리, 결재, 정책실명제, 관인관리, 업무편람, 기록물관리, 기획관리, 민원행정관리 등 행정실무자들이 행정에 임하면서 부닥치는 실제문제들을 중요내용으로 다루는, 행정실무가에게는 교범에 가까운 교과서이다.

정우일의 《공공조직론: 공 · 사조직의 비교》(박영사, 2005)는 공 · 사조직을 비교하면서 공공조직의 특이성 발견에 역점을 두었다는 점에서 관심을 끌고 있다. 종래의 교과서들이 조직론을 저술하면서 공 · 사조직을 구별하지 않고 저술하고 있는데, 이 책은 공공조직이 사영역의 조직과 어떻게 다른가를 부각시키려고 노력하면서 조직 및 관리문제를 다루고 있다는 것이다. 조직에 관계되는 모든 이론들을 요령 있게 다루고 있어 계몽성을 지니고 있다.

조직이론에서 전문서적 성격을 띠고 나온 책이 조석준, 《한국행정조직론》(법문사, 1994)이다. 이 책은 한국의 행정조직을 연구의 대상으로 삼고 조직의 동태적 과정을 설명하는 데 역점을 두고 있다. 저자는 행정기관들이나 기관 내의 조직단위들간의 상호관계에 연구의 초점을 맞추고 있는데 이들의 관계는 힘 또는 권력관계라고 지적하고 있다. 여기서 다루는 중요분야는 행정조직의 특성과 문화, 환경, 조직의 법률적 근거, 대통령, 국무총리, 각 부처간 또는 행정기관들간의 관계, 중앙과 지방의 관계, 행정과 민의 관계, 조직개편 등이다. 한국의 조직현상이 관리적 성격보다는 권력적 성격을 더욱 띠고 있다고 밝히는 이 책은 창의성과 자료적 가치를 아울러 갖춘 문헌이라고 하겠다.

민진 외, 《정부조직구조 연구》(대영, 1999)는 1990∼98년까지 10여 년간 《한국행정학보》 등에 실린 15편의 논문으로 엮어진 책인데 주로 정부조직구조에 국한된 연구라는 특징이 있다. 정부조직의 특이성 발견에 도움이 되는 책이다.

조직론 분야에서 특기하고 싶은 것은 이종범을 중심으로 한 '딜레마' 연구이다. '딜레마'는 조직에만 한정되는 문제는 아니나 조직에 가깝다고 생각되어 여기서 다루게 되었다. 이 연구팀은 '딜레마'라는 개념이 공공의 영역인 행정현상, 특히 조직이나 정책결정상황을 설명하는 데 유용한 개념이라고 확신하면서 10년의 연구 끝에 2권의 책을 펴냈다. 한 권은 《딜레마이론》(나남출판, 1994)이고 다른 한 권은 《딜레마와 행정》(나남출판, 2000)이다. 이 연구팀은 '딜레마'는 갈등이나 모순 또는 불확실성 등과는 다르다는 입장에서 '딜레마'의 개념모색을 시작으로 해서 이론을 개발하고 그 이론의 렌즈를 통해서 여러 가지 사례들을 분석하고 있다. 이 연구팀은 이 '딜레마'이론의 세련화와 그 유용성을 설명하고 증명하기 위해서 집요하게 노력해 왔고 앞으로도 계속할 것이다. 이 팀의 시각은 '딜레마'는 정보의 유무와는 관계없이, 다시 말해서 필요한 정보가 다 갖추어졌을 때에도 '딜레마'는 일어날 수 있다는 것이다. 이 팀의 연구목적은 비슷한 개념과 뚜렷이 구별되는 '딜레마'이론을 확립하는 것이다. 연구의 결과를 떠나서 하나의 주제를 가지고 새로운 시각에서 10년 이상을 공동 노력해왔다는 것은 창의성이 메말라 있는 우리 학계에 희망을 던져주고 있다고 할 수 있다. 이 저작들은 발상도 창의적이고 내용도 창의적이다. 사회학자인 김용학 (1999)은 한국 사회과학 토착이론의 가능성을 '딜레마'이론에서 찾고 있다.

다음으로 행정개혁 분야를 잠간 살펴보기로 한다. 행정개혁 역시 조직론에만 국한된 문제는 아니나 그래도 조직을 중심으로 개혁이 이루어지기 때문에 여기서 다루어 보기로 한다. 우선 김영평·최병선 편저, 《행정개혁의 신화와 논리》(나남출판, 1994)를 살펴보기로 한다. 이 책은 네 사람의 공동연구의 작품이라고 할 수 있는데 여러 차례의 상호 토론을 통해서 이루어졌다. 이 책의 출발점은 조직개편으로 행정개혁이 성공할 수 없다는 것이다. 이들은 우리나라에서 시급하게 요구되는 개혁과제 네 개를 내세우고 있는데, 그것은 첫째가 사회질서의 회복과 법치주의의 완성이요, 둘째가 정부규제의 완화와 민간자율성의 창달이요, 셋째가 과학기술 발전을 위한 정부역할의 재정립이요, 넷째가 사회의 창의력 개발을 위한 분위기 조성이다.

이 네 가지 주제를 가지고 심도있는 토론과 비판을 거치면서 다음과 같은 결론을 끌어낸다. 첫째, 개혁의 대상은 불확실하고 복잡한 현상이기 때문에 거시적이고 단선적이고 논리적으로 추진될 때에 성공의 가능성이 적다. 따라서 개혁은 분권적이고 분산적으로 추진되어야 한다. 둘째, 행정조직이라는 것도 진화의 산물이요 역사적 퇴적물인데 이것의 개혁도 진화적 처방에 의존해야 한다. 셋째, 개혁의 추진은 유인을 제공할 수 있는 방안에 의존하여 자발적 참여를 유도해야 한다. 넷째, 개혁사업을 추진할 때에 정부, 기업, 학계, 사회단체 등이 의견을 교환하고 협조할 수 있는 연계체제를 만들어야 한다. 다섯째, 사회와 행정의 발전은 상호의존 속에서 공진화적으로 일어나기 때문에 사회적 여건을 무시한 개혁은 성공하기 어렵다. 개혁의 성공적 정착을 탐색하는 데 진술한 논의들이 담겨있는 창의적 작품이라고 하겠다.

오석홍, 《행정개혁론》(박영사, 1995)을 살펴보기로 한다. 저자는 행정개혁을 "행정체제의 의식적·계획적 변동노력"이라고 정의하면서 기존의 이론들을 질서있게 정리하고 우리의 행정개혁사도 공화국별로 깔끔하게 곁들여 설명하고 있다. 저자는 이론들의 정리도 두 가지 기준에서 하고 있는데, 하나는 '개혁을 어떻게 하느냐'(how)이고, 다른 하나는 '무엇을 개혁하느냐'(what)이다. 책의 전반부는 '어떻게'를 다루고 있고, 후반부는 '무엇'을 다루고 있다. 행정개혁이 무엇인가를 정확하게 전달하여 주는 계몽성을 지닌 저작이다.

김만기 편, 《정부조직의 혁신》(대영, 1998)은 개혁의 기조와 전략, 조직, 인사, 재무, 지방 등 행정 각 분야의 혁신문제를 다룬 글들로 엮어진 책으로서 심도있는 분석의 책이다. 행정개혁을 다룰 때에 꾸준히 참고가 될 수 있는 책이다.

정승건의 《한국의 행정개혁: 정치권력과 관료제의 관계》(개정판, 부산대 출판부, 2003)는 행정개혁을 정치권력과의 관계에서 다루고 있다는 점에서 다른 행정개혁에 관한 연구와 판이하게 다르고, 바로 이 점이 중요하게 거론될 만하다. 보통 행정개혁 하면 구조적 측면에서 다루는 것이 일반적인 현상인데, 이 책은 정치권력이 행정개혁을 통해서 무엇을 얻고자 하였는지, 이러한 정치권력에 대해서 관료제는 어떻게 대응하였는지, 행정개혁은 의도한 변화를 가져왔는지에 초점을 맞추고 행정개혁을 설명하고 있다. 여기서 중요한 네 개의 개념이 떠오르는데 하나가 정치권력의 구조적 특성(정치권력의 관료제에 대한 통제력)이고, 둘이 행정개혁이고, 셋이 관료제의 구조적 특성(관료제의 자율성)이고, 넷이 행정변동이다. 이 책은 광복 이후 오늘에 이르기까지 이들 네 개의 변수들간의 관계 속에서 행정개혁의 정치 권력적 성격을 밝혀내려고 시도하고 있다. 정치권력과 행정과의 파워게임 속에서 행정개혁을 설명하고 있다는 점에서 주목을 끌 만하다.

김태룡, 《한국의 정부개혁: 이론과 실제》(집문당, 2003)는 신공공관리모형에 입각해서 지방정부(기초자치단체와 광역단체를 포함)를 중심으로 단행된 행정개혁을 분석 평가하고 있다. 우선 이 책은 이론적인 측면에서 신공공관리모형의 적실성을 다섯 가지 차원에서 논의하고 있는데 그 다섯 가지란 정치철학적 적실성, 이데올로기의 적실성, 문화적 적실성, 정향성의 적실성, 진단과 처방의 적실성이다. 실태분석은 제도적인 측면과 행태적인 측면에서 하였고 개혁의 대상은 구조, 인사, 재정, 서비스로 한정하였다. 결론은 긍정적 측면과 부정적 측면을 다 포함하고 있다는 것이다. 이 책은 신공공관리란 개혁의 모델이 한국사회, 특히 지방정부의 개혁에 얼마나 효과성과 적실성을 발휘하였는가를 분석하였다는 점에서 의미를 지닌다. 또한 미국에서 불어온 신자유주의에 입각한 신공공관리적 행정개혁 모델이 한국의 행정개혁을 추진하는 데 얼마나 적실성이 있는가를 실증적인 입장에서 분석하였다는 점에서 눈길을 끌고 있다.

김근세의 《책임운영기관 제도에 관한 비교분석》(집문당, 2000)은 행정개혁의 일환으로서의 책임운영기관의 제도를 영국, 뉴질랜드, 호주 및 캐나다를 비교하면서 소개하고 설명하고 있다. 책임운영기관에서 논의될 수 있는 핵심문제는 자율성, 책임성, 성과측정, 인사관리, 재무관리 및 평가 등인데, 이러한 문제를 자상하게 소개 및 설명하고 있다. 이 책은 한국의 문제는 다루고 있지는 않지만 탐색의 길을 열어놓고 있어, 앞으로 한국의 당해 문제를 연구하는 데 참고가 될 수 있는 자료적 가치를 지니고 있다.

정우일이 쓴 《행정통제론》(신정판, 박영사, 2004) 은 행정관료가 국민에 대한 여러 가지 책임을 확보하기 위해서 통제를 '어떻게' 그리고 '어느 만큼' 해야 할 것인가를 연구의 주제로 삼고 있다. 여기서 문제가 되는 것은 관료의 책임성을 확보하기 위해서 통제를 적게 해도 안되지만 너무 많이 해도 관료의 재량적 창의성과 유연성을 가로막게 된다는 것이다. 저자는 하나의 통제가 다른 하나의 통제를 낳는다는 통제의 악순환을 경계하고 있다. 여기서 통제의 적정량과 적정성의 문제가 이 책을 관통하고 있다. 통제에 관한 모든 이론들을 비판적 자세에서 소개 및 검토하고 있다는 점도 이 책의 장점이다.

2) 논문 편

윤우곤이 발표한 "인간자원의 과학적 관리에 관한 연구: 리더십의 성장과정이론의 한국 상황에서의 타당성 조사"(《한국행정학보》 17집, 1983) 는 미국에서 이론으로 자리잡은 성장과정의 리더십 이론이 한국에서도 적용가능성이 있는가를 경험적으로 실증조사하고 있다. 논의의 전개나 조사·설계 및 분석방법이 면밀 주도하고 짜임새 있는 논문이다. 분석결과는 부하의 성숙수준에 따라 리더십의 행태도 달라져야 한다는 성장과정이론이 한국상황에도 적용된다는 것이다. 이것을 입증하기 위한 조사 설계 및 분석이 뛰어나다.

조선일의 "탈관료제 논리의 비판적 고찰: 관료제 논리와의 결합가능성을 중심으로"(《한국행정학보》 23권 2호, 1989) 는 베버의 관료제에 대한 비판적 이론들을 간명하게 전개한 후 여기에 대해서 재반박하면서 관료제의 이론적 타당성과 적용가능성을 이론적으로 확인하고 있다는 점에서 거론할 만한 논문이다. 사회가 전문화되고 복잡해지고 유동적이고 변화무쌍해도 관료제의 적용가능성은 사라지지 않는다는 것이

이 논문의 기본취지이다. 물론 사회의 변화에 따라 관료제의 적용가능
성이 어려운 경우도 발생한다. 그러나 아무리 사회가 변화하고 다양해
져도 관료제를 대체할 만한 조직모형은 나타나기 어렵다는 것이다. 단
지 대안이 있다면 관료제와 유동조직의 상황에 따른 결합가능성이라는
것이다. 주장과 논의가 탄탄하다.

이창신, "한국행정부 조직 인력구조의 개체군 생태론적 변동에 관한
연구: 시 행정부조직을 중심으로"(《한국행정학보》23권 1호, 1989)는
생물학의 개체군 생태론(population ecology)의 이론을 조직이론에 도입
하여 조직 안의 개체군들간의 협조 및 갈등관계를 고도의 분석기법들
을 이용하면서 분석한다. 조사대상은 32개의 시 조직으로 한정하였
고, 조직 안에서의 개체군들이란 결정관리부문, 운영부문, 기능직,
별정직 및 업무보조 부문의 다섯 개체군으로 나누었다. 이러한 개체군
들이 서로 협조도 하고 때로는 경쟁을 하면서 갈등을 빚기도 하는데
그 원인변수들로 재정자립도, 조직의 규모, 주민의 수 및 시의 예산액
이 동원된다. 쉽게 말해서 조직 안의 개체군들간의 협조나 갈등은 이
러한 변수들과의 관계에서 일어난다는 것이다. 이 논문은 이론의 정교
화, 자료의 동원, 투하된 시간과 노력, 논의의 전개, 분석기법들의 세
련도 및 고도화 등의 면에서 지금까지의 조직이론 연구에서 빼어난 논
문이라고 할 수 있다.

박천오, "한국에서의 정치적 피임명자와 고위직업관료의 정책성향
과 상호관계"〔《한국행정학보》27권 4호(1993년 겨울호)〕는 정치적 피임
명자인 장·차관과 고위직업관료의 정책성향과 상호관계를 경험적으
로 분석하고 있다. 분석결과, 첫째, 양 집단은 정책에 대한 시간적 시
각, 정책에 대한 평가기준, 우선시하는 정책봉사대상, 정책문제에 대
한 기본인식 등에서 상당한 차이를 보이고 있다. 둘째, 양 집단간의

상호관계는 원만한 편이며, 고위공직자들은 소속기관의 주요 결정에 상당한 영향력을 행사하고 있고, 정치적 피임명자들인 장·차관들도 이를 수용하고 있다는 것이 밝혀지고 있다. 이 연구는 방법론상의 엄밀성이 부족하나 이 방면 연구에 시발점의 역할을 하였다는 점에서 거론할 만하다.

최창현·유승동이 공동 집필한 "카오스 이론에 입각한 자기조직화 조직의 특성과 조직성과의 분석: 공·사 조직의 비교연구"〔《한국행정학보》 28권 4호(1994년 겨울호)〕는 카오스 이론에 입각한 자기조직화이론의 현실조직에서의 적용가능성 여부를 사기업 조직과 공기업 조직을 대비시켜 분석하고 있다. 분석결과, 환경변화가 높은 공기업 조직은 환경변화가 안정적인 사기업 조직보다 자기조직화 특성이 보다 높게 나타나고 조직성과도 높은 것으로 나타나고 있다. 이 논문에서 시사하고 있는 것은 환경적 변화에 직면하고 있는 우리나라 조직들이 쇠퇴과정을 극복하고 성장·발전을 하기 위해서는 조직의 자기조직화가 절실히 요구된다는 것이다.

김영평·신신우의 "한국관료제의 기관갈등과 정책조정"(《한국행정학보》 25권 1호, 1991)은 두 가지 면에서 신선한 충격을 주는 연구이다. 하나는 행정기관간의 여러 가지 갈등들이 야기되고 있었는데도 대부분의 발전사업들이 성공적으로 수행된 것은 이러한 갈등들이 서구의 합리적 갈등조정 기제보다는 '정', '비공식적 인맥의 연계', '술자리의 회식문화', '인격의 지배' 등의 특징을 갖는 한국적 전통문화를 중심으로 이루어진 비합리적 갈등조정 기제에 의존해서 적시에 적절하게 해결되면서 추진되었기 때문이라고 주장한다. 다시 말해서 우리의 공식성보다는 비공식성을 선호하는 문화가 갈등을 원활하게 풀면서 사업을 성공적으로 추진하는 데 결정적으로 기여하였다는 것이다. 두 번째는 외부로부터 통제를 거의 받지 않는 행정기관들의 자체 내의 상호갈등이 정책의 오차를 수정하는 데 결정적 역할을 하였다는 것이다. 한국의 전통문화의 긍정적 역할을 이만큼 논리적으로 설명한 글이 없을 것이다. 창의력을 발휘한 논문이다.

주재복, "정부조직간 정책갈등의 조정기재와 협력규칙: 동강댐건설 사례와 새만금간척사업 사례의 비교연구"〔《한국행정연구》 13권 3호 (2004년 가을호)〕는 정부조직간 협력에 영향을 끼치는 조정기재와 협력규칙의 틀을 만들고, 이를 동강댐건설 사례와 새만금간척사업 사례에 적용하여 분석하고 있다. 분석결과, 이해관계가 첨예하게 대립할 때 제 3자에 의한 조정이 중요하다는 것과 동일한 문제해결방식이라도 정책문제의 맥락이나 운영규칙에 따라 상이한 결과가 나올 수 있다는 것을 밝히고 있다. 아울러 정책갈등의 조정과정에서 참여규칙, 분해규칙, 사실노정규칙 등의 운영규칙이 적절히 활용되어야 한다는 것이다.

최창현의 "조직구조, 권위주의에 대한 태도, 직무만족도와 조직몰입의 관계에 대한 경로분석적 연구: 선형구조관계(LISREL) 모형의 적용"(《한국행정학보》 25권 2호, 1991)은 조직구조와 권위주의, 직무만족도를 독립변수로 조직몰입도를 종속변수로 하여 그 관계를 분석하고 있다. 분석결과, 직무만족이 조직몰입에 가장 큰 효과를 미치는 변수로, 집권화 정도는 조직몰입에 부정적인 효과를 나타내는 것으로, 권위주의에 대한 태도는 조직몰입과는 아무런 관계가 없는 것으로 나타나고 있다. 조직몰입 연구에 출발점의 역할을 하고 있다.

권인석의 "직무불만에 대한 행태적 반응의 이론적 고찰: 몰입-의존성 모형을 중심으로"(《한국행정학보》 25권 2호, 1991)는 기존의 이론들이 주로 직무만족을 중심으로 연구를 진행하는 데 반해, 직무불만에 초점을 두고 연구한 것에서 관심을 끈다. 이 연구는 첫째, 직무불만에 대한 다양한 반응행태들 가운데 발언, 퇴장, 묵종, 태만이라는 네 가지 반응행태를 확인하고, 둘째, 몰입과 의존성이라는 두 가지 차원을 중심으로 이러한 반응행태가 어떻게 연계되는가를 검토하고, 셋째, 불만에 대한 반응행태의 독립변수들인 조직의 특성, 과업특성 및 개인특성들이 매개변수인 몰입과 의존성을 통해서 어떻게 종속변수들을 예측할 수 있는가에 관한 가설적 모형을 제시하고 있다는 점에서 의의가 있다.

조경호의 "한국공무원의 조직몰입도 결정요인에 관한 연구: 선형구조모형의 적용"(《한국행정학보》 29권 1호, 1993)은 공공분야에서 조직의 몰입에 관한 본격적 연구로서 조직몰입 연구에 견고한 발판을 깔았다고 평가할 만한 논문이다. 조직몰입을 통해서 조직의 생산성과 효과성 및 구성원의 사기를 엿볼 수 있는데, 이 논문은 최초로 한국공무원의 조직몰입에 관한 실증적 분석을 통해 이를 규명하였다. 어떠한 요인들이 조직몰입에 영향을 주는가를 세련된 방법론을 동원해서 심도있게 분석하고 있다.

김병섭이 쓴 "행정조직의 레드테이프: 민간조직과의 비교"(《한국행정학보》 30권 3호, 1996)에 의하면 행정조직이 민간조직에 비해서 레드테이프가 심한 것으로 나타나고 있다. 레드테이프의 요인으로 목표의 모호성, 집권화 및 정형화가 밝혀지고 있다. 행정의 비능률적 요인으로 이해되고 있는 레드테이프를 줄이는 데 참고될 만한 논문이라고 할 수 있다. 이 논문은 레드테이프의 요인으로 필자가 밝혀내고 있는 요인들 이외의 다른 요인들이 있다고 지적함으로써 앞으로 계속해서 레드테이프의 요인들을 밝혀낼 것을 촉구하고 있다.

양기용·김상묵·최병대가 공동 집필한 "결재경로 분석에 관한 시론적 연구"〔《한국행정학보》 30권 1호(1996년 봄호)〕는 특정의 광역자치단체를 선정해서 가장 통상적인 결정과정으로서의 결재제도에 관해서 실증적으로 분석하고 있다는 점에서 거론할 만한 논문이다. 결재를 마치는 데까지 어느 정도의 시간이 소요되는가, 모든 결제안건이 어느 단계까지 올라가는가, 결재과정 중에서 대기시간은 얼마나 차지하는가 등 결재과정에서 일어나는 모든 문제들이 실증적으로 조사 및 분석되고 있다. 하나의 안건이 결재되는 데 평균 30시간이 걸리고, 안건의 내용에 따라서 결재의 시간이 다르다는 것을 밝히고 있으며, 결재에 소요되는 실제의 시간보다는 대기시간이 5배 이상이라는 것을 밝히고 있다. 결재의 개선방안으로 전자결재시스템과 결재시간의 정례화를 내세운다.

김난도의 "가상조직의 등장과 조직연구에의 이론적·실천적 함의"〔《한국행정학보》 31권 1호(1997년 봄호)〕는 정보기술의 비약적 발전으로 탄생하게 된 가상조직이 제기하는 이론적 및 실천적 함의를 논의한다. 우선 그 개념화를 위하여 가상조직을 사이버 가상조직과 네트워크 가상조직으로 나누고, 가상조직이 전자매체에 의존하고 물리적 속성을 결여함으로써 나타나는 여러 특징들을 살펴보고 있다. 조직구조, 의사소통, 의사결정, 통제와 조정, 사회문화적 문제 등에 대해서 논의하고 있다. 아울러 가상조직의 효용, 조건, 미래를 포함한 실제적 측면도 고찰하고 있다. 이러한 연구는 급속히 늘어나는 가상조직에 대한 이해는 물론, 기존의 조직이론에 근원적인 반추를 촉구할 수 있는 계기를 마련하여 준다.

김근세·오수길·정용일의 "한국 중앙행정기구 변화의 정치경제"〔《한국행정학보》 32권 3호(1998년 가을호)〕는 자본주의 경제발전단계에 따라 중앙행정기구의 성격이 어떻게 변화되었는가를 분석하고 있다. 분석결과, 수입대체산업단계에서는 합의기구가 강화되었고, 주변부 자본주의의 특성인 생산기구가 상당히 발달하였다는 것이다. 수출주도성장 1기에는 산업화전략이 전환되면서 경제계획과 같은 집행기구의 강화가 두드러졌다. 수출주도성장 2기에는 경공업 중심에서 중화학공업 중심으로 자본축적이 집중 및 집적화됨으로써 노동계급의 억압과 사회통합을 위해 통합기구가 강화되고 있다. 권위적 경제자유기는 시장경제체제를 지향하는 한편, 생산 및 집행기구의 역할이 약화되면서 폭력적 통합기구가 강화되었다. 그러나 행정기구의 모든 변화가 이러한 자본주의적 경제발전에 따르지 않고 있는데, 이러한 부분은 아직도 한국이 국가중심주의 모습을 강하게 지니고 있었기 때문이라고 설명한다. 경제발전단계에 초점을 맞추고 행정기구의 변화를 설명하고 있다는 점에서 관심을 끄는 논문이라고 할 수 있다.

임도빈의 "정부조직의 재설계: 최고조정체계를 중심으로"(《행정논총》 42권 3호, 2004)는 음미할 만한 논문이다. 이 논문은 두 가지 점에서 정부조직의 재설계를 주장하고 있는데 그 논거가 주목할 만하다. 첫 번째의 논거는 한국사회는 피라미드식이고 공동체 중심의 주피터형으로부터 반피라미드식이고 개인중심적인 헤라클레스형으로 급격히 변하고 있는데 아직도 국정운영은 집권적이고 하향적인 조정방법으로 이루어지고 있다는 것이다. 예컨대 20개 이상의 위원회가 대통령 직속으로 되어 있다는 것이다. 이것은 집권적 조정의 대표적인 예이다. 이러한 모습은 사회구성과 정부구성이 서로 적합성을 이루지 못하는 실상을 나타낸다. 정부구성은 사회구성에 맞게 재설계되어야 한다고 본다. 두 번째의 논거는 대통령이나 국무총리나 각부 장관은 다 같이 정도의 차이만 있지 정치성과 행정성을 공유하고 있는데 차제에 조직에 정치성과 행정성을 동시에 반영하는 재설계를 해야 한다는 것이다. 조

직에 정치성과 행정성을 동시에 반영하자는 주장은 참신한 발상이라고
생각된다.

정부개혁의 차원에서 기업형 정부에 대한 논의는 미국을 위시해서
한국사회에서도 활발하였다. 이종범의 "기업형 정부의 구축방안"〔《한
국행정연구》4권 1호(1995년 봄호)〕은 기업형 정부는 어떻게 생겼고,
그것을 구축하려면 어떤 분야에서 어떻게 재설계가 이루어져야 하는
가, 기업형 정부를 구축하였을 때에 발생할 수 있는 문제점과 한계는
무엇인가에 대해 짜임새 있게 설명하고 있어 앞으로 이 분야의 연구
에 발판을 마련하였다고 하겠다. 이 논문에서 시사하는 바는 정부나
행정의 본질적 가치는 민주성으로서 능률성에 앞선다는 것이다.

박천오, "고객지향적 행정: 실천상의 의문점과 한국관료의 시각에
관한 탐색적 연구"〔《한국행정학보》31권 2호(1997년 여름호)〕는 두 가
지 의도를 가지고 있다. 하나는 고객지향적 행정을 실천에 옮길 때에
이론적으로 나타날 수 있는 문제는 없는가이고, 또 하나는 이러한 행
정에 대해서 한국관료들은 어떠한 시각을 가지고 있는가를 조사하는
것이다. 전자의 문제는 고객범위의 모호성, 고객지향적 행정의 이원
적 의미, 고객의 욕구파악에 관한 불투명성 등의 문제로 나타나고 있
다. 후자의 경우는 한국관료들이 고객지향적 행정의 가치와 당위성에
대해서는 긍정적 자세를 가지면서도 실천과 관련지어서는 모호하고 소
극적 자세를 취하고 있는 것이 나타나고 있다. 이러한 제도를 도입 및
실천하기 전에 문제될 수 있는 것들을 미리 짚어보았다는 데 그 의미
를 둘 수 있으며, 이 방면 연구에 기여의 벽돌 하나를 쌓았다고 할 수
있다.

김준기 · 조일홍 · 송하중의 "정부업무의 외부위탁비용에 관한 연구"

〔《한국행정학보》 33권 4호(1999년 겨울호)〕는 공공서비스 업무를 외부에 위탁할 경우 발생하는 비용을 생산비용, 거래비용, 기회주의적 비용으로 유형화하여 계약이론의 관점에서 분석하고 이러한 비용에 영향을 미치는 요인을 분석하고 있다. 분석결과, 정부는 위탁사업 선정시 위탁비용에 해당업무의 산출물 또는 성과측정의 용이성, 경쟁 및 경합가능성, 그리고 자산의 특화 여부 등을 포함시켜야 한다는 것이다. 따라서 비용 측면에서 위탁대상사업 선정의 기준은 위탁관리비용을 포함한 총 위탁비용이 정부가 생산하였을 때 발생하는 비용보다 작아야 한다는 것이다. 그리고 외부위탁제도를 활성화하기 위해서는 정부계약제도의 내용을 수정하여 담당 공무원에게 재량권을 부여하고 사후 성과평가체계를 명확하게 해야 한다는 것이다. 정부업무를 민간기관에게 위탁할 때에 필히 검토해야 할 문헌이라고 생각한다.

박세정, "경영의 논리: 행정개혁의 이념으로서의 기여와 한계"(《정부학연구》 7권 2호, 2001)는 행정개혁에서 경영의 논리가 등장하게 된 역사적 배경을 간략히 추적하고, 경영의 논리가 행정개혁에 투입되었을 때에 긍정적인 측면과 부정적인 측면을 요령있게 정리하고 있다. 여기서 지적한 긍정적 측면으로는 효율성의 증가, 고객관리의 향상, 절차나 법규 중심에서 성과 중심으로의 사고의 전환, 조직의 경직성에서 유연성으로의 전환 등이다. 부정적 측면으로는 경영의 논리는 근본적으로 행정의 준거의 틀로서 부적합하다는 것(예컨대 공공재의 생산), 경영논리가 주장하는 정치와 행정의 분리는 현실적으로 어렵다는 것, 경영 중심의 행정개혁의 실패경험, 행정에서 객관적인 성과지표의 개발의 어려움 등이다. 분석과 논리전개가 깨끗하고 깔끔하다.

한인섭, "정부관료제의 본질과 기업적 거버넌스의 한계"〔《한국행정연구》 13권 3호(2004년 가을호)〕는 기업적 거버넌스가 정부관료제를

대체하였을 때에 나타날 문제점과 한계를 지적하고 있다. 이 논문은
정부관료제의 역할을 정부제도로서 재인식해야 하고, 이에 걸맞는 관
료적 기풍의 정립을 지적하고 있다. 관료제의 위상을 재정립하는 데
참고가 되는 글이다.

이상팔, "도시 재난사고의 예방단계에서 정부조직학습: 삼풍백화점
붕괴사고 사례를 중심으로"〔《한국행정학보》29권 4호(1995년 겨울호)〕
는 재난예방을 위해서 정부조직은 어떻게 학습해야 하는가를 삼풍백화
점 붕괴사건을 중심으로 그 처방에 대한 논의를 전개하고 있다. 여기
서 제시하는 처방은 첫째가 안전정책을 총괄하는 큐레이터가 학습이
지속적으로 행해지는지를 감독해야 하고, 둘째는 제도와 조직운영에
서 신속한 오류의 발견과 시정이 이루어지는 학습메커니즘이 필요하
고, 셋째는 부정적 처벌제도보다는 안전규칙을 지키는 만큼 혜택을 보
장해주는 유인적 보상제도를 강화해야 하고, 넷째는 민간영역에서 일
차적으로 위반자를 여과시키는 집단간 규약형태의 제재체계를 자율적
으로 운영하는 시장메커니즘의 원칙을 어느 정도는 원용해야 한다는
것이다. 정부조직학습의 문제를 실제의 사례를 들어 깊이 있게 설명하
고 있어 이 분야의 연구에 보탬이 되는 글이다.

이재은의 "재난관리시스템 개편과정 쟁점 분석 및 향후방향"(《행정
논총》42권 2호, 2004.6)은 지금까지 분산된 모습으로 일회적인 복구
사업에 치중한 재난관리서비스를 한 군데로 통합해서 보다 체계적으로
다룰 수 있는 전담기관 설치문제를 논의하고 있다. 따라서 이 논문은
재난관리전담시스템을 구축하는 데 쟁점사항들을 밝히고, 설치의 기
본방향을 제시하고 있다. 쟁점사항들로는 전문성, 총체성, 통합성,
정책조정 및 현장성을 들고 이러한 다섯 가지 쟁점사항들을 해결하는
차원에서 설치방향을 제시하고 있다. 연구결과 중요한 발견사항은 시

스텝 개편과 관련된 이해당사자들간의 충돌로 개편작업이 어려웠다는 것이다. 피상적으로 드러난 쟁점은 위에서 이야기 한 전문성, 총괄능력, 통합관리능력, 정책조정능력 및 현장성의 문제였으나, 처음부터 개편문제를 관통하고 있었던 것은 특정 관료집단의 이익을 확보하는 문제였다.

유민봉, "팀제 조직관리 도입의 실효성 분석과 효과성 제고방안 연구: 정부투자기관을 대상으로"〔《한국행정학보》 35권 4호(2001년 겨울호)〕는 팀제와 기존의 부서제가 공존하는 5개의 정부투자기관을 선정한 후 설문조사를 통해 팀제의 실효성을 분석하고 있다. 분석결과, 미션·비전, 리더십, 구성원간의 상호협력, 업무수행의 자율성, 자원활용의 자율성, 개인주의, 직무만족도 등 개별 변수와 변수 간의 관계를 비교하여 본 결과 팀제와 비팀제 간의 효과성 차이가 나타나지 않는다는 것이다. 이 논문은 팀제 연구의 시발점이라는 데 의의가 있다.

박천오·김상묵이 쓴 "한국 정부조직의 여성친화성 실태 및 강화방안에 관한 실증적 연구: 공무원의 인식과 선호를 중심으로"(《한국행정연구》 10권 3호, 2001)는 여성 공무원들이 날로 증가함에 따라 여성친화적 정책과 제도 및 프로그램들의 도입·채택이 요구되는 상황하에서 우리 정부조직에는 이러한 여성친화적 정책과 제도적 정비들이 어느 정도 확산되고 있는가를 1,700여 명의 남녀 공무원들을 대상으로 조사 및 분석하고 있다. 분석 결과, 정부조직은 민간조직에 비해서는 다소 다양한 여성친화적 정책과 프로그램을 도입·운영하고 있지만 선진국에 비해서는 도입·운영의 정도가 매우 낮은 것으로 밝혀졌다. 이 논문에서는 차후 대책으로 신축적 근무, 재택근무, 복직보장 무급휴직제 등을 우선 채택 실시할 것을 건의하고 있다. 앞으로 이 방면 연구에 선구자적 역할을 할 것이다.

최성욱의 "조직문화를 통해서 본 통합관료조직: 스키마 중심의 인지
해석적 접근"〔《한국행정학보》 35권 3호(2003년 가을호)〕은 1994년에
문화적으로 이질적인 두 경제부처인 경제기획원과 재무부가 통합되어
만들어진 재정경제원을 대상으로 통합과정에 나타난 문화충돌과 통합
후에 나타난 어느 한쪽의 문화적 속성들이 지배적으로 부각되는 현상
을 인지분야의 총체개념인 스키마의 관점에서 해석하고 있다. 이러한
통합현상을 문화적 맥락에서 ① 통합 전의 모체조직의 문화, ② 통합
후의 문화충돌과 그 원리, ③ 문화충돌 후 변화의 양상의 세 가지 주
제로 나누어 고찰하고 있다. 이 연구는 스키마라는 분석의 틀은 문화
연구에서 또 하나의 접근법을 제공함으로써 방법론상 다원화를 촉진하
였고, 조직통합에서 일어나는 문화충돌과 변화현상을 해석하는 데 유
용한 개념이라는 것을 입증하고 있다. 특히 이 논문은 조직의 통폐합
을 시도할 때에 문화를 고려해야 한다는 것을 시사하고 있다. 논의의
전개가 치밀하고 창의성이 엿보인다.

한세억은 지식기반의 행정에 대해서 두 편의 계몽성이 있는 논문을
발표하고 있다. 하나가 "행정지식관리시스템의 이해와 접근: 행정정보
시스템의 진화가능성 모색"〔《한국행정연구》 10권 2호(2001년 여름호)〕
인데, 이 논문은 지식행정의 근간으로 인식되는 행정지식관리체계 및
이론을 탐색하고 행정지식관리시스템을 구조화된 지식관리 도구 및 기
술로 이해하며, 이어서 지식관리시스템의 구축 및 운영사례를 분석하
고 있다. 행정지식관리시스템은 유·무형의 가용지식을 공유하며, 행
정업무처리의 효율성과 서비스 개발 및 상황대응능력을 높여주고, 지
식정부의 구현을 위해서 필요한 장치라는 것을 확인시켜 주고 있다.
두 번째 논문은 "지능적 행정조직의 탐색과 실천: 재난행정사례를 중
심으로"〔《한국행정학보》 36권 1호(2002년 봄호)〕이다. 정보화의 성숙
으로 지식사회가 펼쳐지면서 조직차원에서 지식의 획득, 관리, 확산,

활용 등이 문제를 해결하는 데 얼마나 중요한가를 한국과 일본의 재난 사례를 비교 분석하면서 일깨워준다. 사례분석 결과, 한국의 재난행 정조직은 일본에 비할 때에 지식화 수준이 저조하였음이 밝혀지고 있 다. 즉, 지식창출, 지식관리, 지식공유, 지식확산 등 지식의 흐름과 관리능력이 미흡함으로 한국의 재난행정조직은 재난대처에 무기력하 다고 밝히고 있다. 이 논문은 조직의 유연성, 기능의 연계성, 학습지 향적 행정문화, 지식화 기반의 확충 위에서 지식조직의 설계와 실천이 중요함을 강조한다. 지식화된 조직을 연구하는 데 계몽성과 선도성을 충분히 발휘하는 연구라고 할 수 있다.

　　오연천의 "상시개혁체제의 제도화 방안에 관한 연구"(《행정논총》 40 권 4호, 2002)는 상시개혁체제의 개념과 등장 배경을 설명하고, 이 제 도가 성공적으로 작동하고 정착화할 수 있는 제도적 장치를 탐색한다. 이 연구를 위해서 국세청의 국세행정개혁과 서울시의 행정서비스에 대 한 시민평가제를 사례로 들어 검토하고 있다. 여기서 제안하는 것은 우선 개혁에 대한 반발세력을 줄여 사회적 비용을 최소화하며, 다음으 로 추진위원회의 설치, 전문인력 배치, 개혁성과에 대한 인센티브체 계 강화, 개혁추진성과와 예산배분의 차등적 연계, 기관성과평가의 활용 등이다. 앞으로 이 방면 연구에 안내자의 역할을 할 수 있는 글 이다.

　　박희봉・강제상・김상묵의 "조직내 사회자본과 지적 자본의 형성 및 조직성과 관리에 대한 효과"〔《한국행정연구》 12권 1호(2003년 봄호)〕는 인적 자본, 구조자본 및 고객자본으로 구성되는 지적 자본과 조직 내 신뢰, 규범 및 네트워크로 구성되는 사회자본과 어떤 상관관계가 있는 가의 문제와, 사회자본 및 지적 자본이 효율적인 조직성과 관리에 어 떤 영향을 주는가를 분석하고 있다. 분석결과, 첫째 사회자본과 지적

자본 상호간에는 긍정적 인과관계가 존재하고, 둘째, 조직 내 사회자
본과 지적 자본은 조직성과에 긍정적 영향을 미친다는 것이다. 이 논
문은 조직성과 향상에 인력, 자본 등 물리적 자본뿐만 아니라 사회자
본 및 지적 자본과 같은 무형자산에 의해서도 영향을 받음을 밝혔다는
점에서 주목을 끌고 있다.

민진의 "조직효과성에 관한 개념 정의의 분석 및 재개념화"〔《한국행
정학보》 37권 2호(2003년 여름호)〕는 기존의 조직효과성에 대한 수많은
개념을 일일이 검토하면서 조직효과성에 새롭게 개념정의를 내리고 있
다는 점에서 거론할 만한 논문이다. 연구자마다 조직 효과성에 대한
개념이 달라 이 방면 연구자들에게 혼란을 불러온 것이 사실이다. 이
논문은 여기에 대해서 문제의식을 가지고 개념적 정의에 대해서는 기
존의 교과서를 대상으로, 조작적 정의 및 측정에 관해서는 1980년대
이후의 논문들을 분석대상으로 하여 검토하고 있다. 분석을 마치고 여
기서 새롭게 정의된 조직의 효과성은 '체제로서 조직의 능력을 활용하
여 조직의 합의된 목표를 달성한 정도'이다. 기존의 많은 연구들을 검
토하는 데 정성을 기울이고 개념의 혼란을 정리하였다는 데 점수를 줄
만하다.

유홍림·이병기, "정부조직의 지식관리(KM) 활용에 미치는 영향요
인에 관한 실증적 연구"(《한국행정학보》 38권 1호, 2004. 2)는 지식관리
시스템을 구축·운영중에 있는 정부기관을 대상으로 지식관리 활용에
영향을 미치는 요인들을 분석하였다. 지식관리 구성요인을 조직구성
원 측면과 구조관리적 측면으로 나누고, 9개의 하위요인으로 세분하
고, 활용수준을 심층적으로 측정하기 위하여 이행도, 필요도, 활용수
준으로 나누어 구성하였다. 분석결과, 지식관리 활용에 미치는 주요
요인은 창조성, 리더십, 실천도, 평가보상체계, 추진전략 등으로 나

타났다. 지식관리시스템의 성공적인 정착과 활용을 모색하는 심도 깊은 분석이라고 할 수 있다.

김구의 "공무원들의 성공적 지식이전의 영향요인에 관한 실증적 분석"(《한국행정학보》 38권 1호, 2004. 2)은 지식관리시스템을 구축하여 활용하고 있는 행정기관 공무원들의 지식이전 성공에 영향을 미치는 요인들을 지식채택자의 입장에서 살펴보고, 지식관리의 효율적 활용방안을 제시하고 있다. 독립변수로 지식수용자 특성, 조직특성, 지식관리시스템의 품질 및 지식특성을 들고, 매개변수로 지식채택 동기를, 조절변수로 상호신뢰관계를, 종속변수로 지식이전 성공을 들고 있다. 분석결과, 독립변수 중에서 지식흡수능력과 자기유능감이 지식채택 동기를 갖게 하는 요인으로 확인되었고, 상호신뢰관계는 지식채택 동기와 지식이전 성공에 유의적 영향을 미치고, 지식채택 동기 역시 지식이전 성공에 유의적 영향을 미치는 것으로 나타나고 있다. 여기서 의미있는 발견은 지식이전의 성공에 관행처럼 굳어 온 자신과 상관 간 또는 동료간의 사회적 맥락과 인간적 관계에 의한 상호신뢰가 가장 크게 영향을 미치고, 지식관리시스템 품질이나 지식특성과 같은 객관적 변수들이 영향을 미치지 못하고 있다는 것이다.

전영환의 "공공조직의 목표모호성"(《한국행정학보》 38권 5호, 2004. 10)은 조직목표 모호성을 다차원적 구성물로 개념화하여 네 가지 차원으로 제시하고 있는데, 그 네 가지 차원이란 ① 사명이해 모호성, ② 지시적 모호성, ③ 평가적 모호성, ④ 우선순위 모호성이다. 이어서 각 모호성 차원의 객관적 측정지표를 개발하여 그 타당성을 검증하고, 조직목표 모호성의 다차원성에 관한 경험적 증거를 제시하고 있다. 이 논문은 115개의 미국 연방기관을 표본으로 하여 각 모호성 차원의 객관적 측정지표와 대안지표 간 상관관계를 분석하고 있다. 분석결과,

각 모호성 측정지표들은 통계적 유의미한 수준에서 수렴타당도를 통과하고 있다. 또 네 차원간 상관관계 분석결과는 조직목표 모호성의 다차원성에 대한 경험적 증거를 제시하고 있다. 이 논문은 조직목표의 명료성을 밝히는 일을 한 걸음 앞당기는 창의적 연구라고 할 수 있다.

김경한, "목표관리제의 효과성에 대한 영향요인 연구"(《한국행정학보》38권 1호, 2004. 2)는 전국의 지방자치단체 소속 1,528명의 목표관리제 적용대상 공무원들을 대상으로 목표관리제의 효과성에 영향을 미치는 요인들을 분석하고 있다. 독립변수로 목표의 난이도, 구체성, 목표설정시 참여도, 성과평가의 공정성, 평가결과와 보상의 연계 등을 들고, 생산성 향상과 조직 내 경쟁성을 종속변수로 삼았다. 분석결과, 생산성 향상의 주요 영향요인은 목표의 구체성, 성과평가의 공정성, 난이도 등이며, 경쟁강화의 주요 요인은 평가결과의 보상의 연계와 목표의 난이도로 나타나고 있다. 목표관리제의 성공적 운영요인을 밝히는 데 보탬이 되는 글이다.

하미승, "정부 성과관리시스템의 문제점 진단과 개선방향: 통합화의 시각"〔《한국행정연구》13권 1호(2004년 봄호)〕은 성과관리제도들이 제각기 다기화되어 중첩적으로 도입 및 운영됨에 따라 발생하고 있는 시스템 분절성에 착안하여 분절성의 요인과 그 폐해를 밝히고, 성과관리시스템의 전체적 통합성의 방안을 모색하고 있다. 통합연계화 대안으로 공통된 성과지표의 개발 및 적용, 성과목표의 공통적 설정, 평가결과의 공동활용 등이 지적되었으며, 성과시스템의 성공요인으로는 기관장의 관심과 지원, 전문인력의 확보, 제도의 재설계 등이 지적되고 있다. 논의와 분석이 치밀하고 내용이 풍성하여 논문의 귀감이 되고 있다.

강은숙의 "정부업무평가제도와 MBO의 연계방안"〔《한국행정연구》13권 2호(2004년 여름호)〕은 정부업무평가제와 MBO의 특성을 고찰한 후에 양자의 연계방안을 모색하고 있다. 연계방안으로 정부업무평가 제도 가운데 주요 정책과제의 '추진전략 및 계획'이 MBO의 '개인업무 추진목표'와 일치될 수 있도록 4급 과장급 이상의 개인업무 재설계가 필요하고, 아울러 정부업무평가제도, MBO 등 개별적인 성과관리제 고가 성과관리시스템이라는 틀 안에서 새롭게 통합 및 재구축되어야 한다는 것이다.

이영범, "공공서비스 제공의 효율성과 형평성의 관계에 관한 실증적 연구: 상수도사업을 중심으로"〔《한국행정연구》 13권 3호(2004년 가을 호)〕는 상수도사업을 대상으로 공공서비스 제공에서 형평성과 효율성 의 관계를 실증적으로 분석하고 있다. 분석결과, 효율성과 형평성의 사이에는 부의 상관관계가 있음이 밝혀지고 있다. 또 이 연구는 연구 대상 도시들을 효율성과 형평성을 기준으로 유형화를 실시하였고, 각 유형에 따라 적합한 공공서비스의 제공을 제시하고 있다. 연구상 제약 점이 있지만 논의의 전개나 분석이 깔끔하다.

유홍림·김행기의 "BPR이 공공조직의 성과에 미치는 영향에 관한 실증적 연구"(《한국행정학보》 38권 5호, 2004. 10)는 현재 8개의 공공 기관에서 도입 및 적용하고 있는 BPR(*Business Process Reengineering*) 이 조직성과에 미친 영향을 분석 및 측정코자 BPR 추진절차를 PDS (*Plan, Do, See*) 모형을 중심으로 세분화하고 있다. 여기서 추구하는 조직성과는 조직몰입도, 직무만족도 및 공공요구의 대응인데, BPR은 이러한 조직성과를 올리는 데 긍정적인 영향을 끼치는 것으로 나타나 고 있다. 논의 및 분석의 수준이 정밀하다. 이 논문은 BPR의 성공적 인 효과성을 확보하려면 공공조직의 특수성, 구성원들의 저항, 시민 지향적 가치추구를 위한 환경조성 및 법·제도의 정비를 고려해야 한 다는 것이다.

이명석·E. 오스트롬·J. 워커, "제도, 이질성, 신뢰 그리고 사회적 딜레마 상황에서의 협동가능성"(《한국행정학보》38권 1호, 2004. 2)은 게임이론의 모형과 실험연구의 방법을 통하여 신뢰, 물질적 보상과 관련된 이질성, 그리고 선택의 순서와 관련된 제도적 장치들이 협동 수준에 미치는 영향을 분석하고 있다. 아울러 문화적 차이가 신뢰, 물질적 보상과 관련된 이질성, 그리고 제도적 장치들과 협동수준 간의 관계에 미치는 영향을 살펴보기 위하여 한국(성균관대 학생들)과 미국(인디애나대학 학생들) 간의 비교를 검토하고 있다. 분석결과, 이질성은 협동수준을 낮추는 것으로 나타났고, 제도는 협동의 수준에 크게 영향을 주지 못한 것으로 나타나고 있다. 이 논문의 시사점은 적절한 제도적인 장치를 통한 자율적인 협동에 의한 사회문제의 해결가능성을 확인하고 있다는 것이다.

2. 인사행정 분야

1) 저서 편

인사행정 분야에서 특기할 것은 교과서보다 연구서의 성격을 띤 전문서가 먼저 나왔다는 것이다. 다름이 아니라 1961년에 나온 박동서의 《한국관료제도의 역사적 전개》(한국연구도서관)가 그것이다. 이 책은 조선조에서부터 일제 식민지를 거쳐 정부수립 1960년까지 관료충원을 중심으로 엮은 인사행정에 관한 전문서의 일종이라고 할 수 있다. 이 무렵 외국이론만을 소개한 교과서들이 난무할 때에 한국 고유의 관료충원사를 엮어냈다는 것은 신선한 일이었다. 이어서 박동서는 《인사행정론》(법문사, 1962)과 《비교공무원제도론》(박영사, 1963)의 두 권의 책을 펴낸다. 전자는 교과서로서 인사행정 분야의 기본골격을 담고 있어 강의와 연구에 길잡이의 역할을 해온 것이 사실이다. 후자는 비교방법의 틀을 만들고 거기에 맞추어 공무원제도를 설명하고 있어 계몽적 가치를 발휘하고 있는 교과서라고 할 수 있다.

이후로 많은 교과서들이 출간되고 있지만 주목을 끄는 몇 권에 대해서만 언급하기로 한다. 오석홍, 《인사행정론》(박영사, 1974)은 기존의 이론들을 체계적으로 넓으면서도 깊게 섭렵하고 있어 인사행정 연구의 바탕을 넓히고 다지는 데 기여하고 있다.

박연호, 《인사행정신론》(법문사, 1982)은 외국의 인사제도와 한국의 것을 비교하고 있는데, 특히 우리나라의 인사행정에 대한 제도사적 고찰은 충분히 자료적 가치를 지녔다고 볼 수 있다.

다음에 거론하고 싶은 책은 김중양, 《한국인사행정론》(법문사, 1994)이다. 저자는 공직에 오래 몸담고 있으면서 그 경험을 토대로 해서 한국의 인사행정이 어떻게 돌아가고 있는가를 법규와 제도를 중심

으로 설명하고 있다. 따라서 이론의 소개서가 아니라 한국인사행정의
현장을 알려주는 자료적 가치가 높은 책이라고 할 수 있다.

강성철 외 5인 공저인 《새인사행정론》(대영문화사, 1996)은 인사행
정의 정치적이고 권력적인 성격과 가치 간의 갈등문제를 다루고 있어
주목을 끌고 있다.

김미숙·조경호, 《행정개혁과 공무원 삶의 질》(나남출판, 2000)은
교과서는 아니다. 그러나 인사행정연구에서 회피할 수 없는 중요한 부
분인 공무원의 삶의 질 문제를 다루고 있다는 점에서 주목을 끌고 있
다. 공직자는 봉사도 열심히 해야 하지만 국민으로부터 존경도 받고
품위 있는 삶의 질을 향유할 권리가 있는 것이다. 이 조사연구는 현재
우리나라 공무원들이 자기의 생활에서 얼마나 만족한 생활을 하고 있
는가를 살피고, 특히 민간기업인과 비교하면서 삶의 질을 조사하고 있
다. 이 연구에서는 공무원의 삶의 질을 높이기 위해서는 어떠한 정책
적 대안이 모색되어야 하는가도 언급하고 있다. 심오한 이론이 동원된
깊은 분석은 아니지만 앞으로 계속될 후속적 연구에 자료 면에서 참고
가 될 만한 조사연구이다.

인사행정과 직접적인 관계는 약하지만 이종범 편, 《전환시대의 행
정가》(나남출판, 1994)는 짚고 넘어가야 할 책이라고 생각된다. 이는
한국형 행정지도자 7인(김학렬, 김현옥, 최형섭, 김준, 김재익, 고건,
오명)을 선정해서 근대화과정에서 그들의 역할을 중심으로 이론적인
차원에서 접근하고 있다. 인사행정 연구에서 행정의 발전에 자취를 남
긴 인물들을 선정해서 연구한다는 것도 중요한 연구과제라고 생각되는
데 이 책은 이러한 점에서 선구자의 역할을 하였다고 할 수 있다.

박통희 외 지음, 《편견의 문화와 여성 리더십: 여성공직자의 역할

모형》(대영문화사, 2004)은 공직에 종사하는 여성지도자 5인(전송자, 김강자, 전재희, 김명자, 한명숙)을 선정해서 이들이 남성편향문화에서 어떻게 리더십을 구축했는가를 분석하고 있다. 지식정보화사회를 맞이해서 공직사회에서도 여성인력의 활용이 크게 기대되는데, 이러한 연구는 공직사회에서 여성의 리더십을 연구하는 데 크게 참고가 되리라 기대된다. 이 연구에서 강조하는 것은 한국사회에서도 기존의 남성중심적 리더십의 고정관념은 깨져야 한다는 것이다.

  2) 논문 편

  위에서도 지적한 바 있지만 인사행정에 대한 교과서는 수없이 많이 발간되었지만 전문성을 띤 연구서는 위에서 든 박동서의 저서 이외에는 오늘에 이르기까지 한 권도 눈에 띄지 않는다. 다행히 논문의 수는 해를 거듭할수록 양적으로 증가하고 질적으로도 높아지고 있다(하태권, 1995, p.1466). 특히 1995년 이후로 인사행정에 관한 논문은 급격히 늘어나 100편 이상에 이르고 있어 1960년대부터 95년까지 발표된 총 논문수 50여 편보다 배가 많다는 것이다(김신복, 2001, p.144).

  인사행정 분야에서 기억될 만한 논문은 안병만의 "공무원의 정치적 중립: 재평가"(《한국행정학보》 15호, 1981)이다. 이 논문은 공무원의 정치적 중립이 시대상황의 변화 속에서도 적절성이 있는가에 대해서 의문을 제기하면서 논의를 전개하고 있다. 인사행정에서 공무원의 정치적 중립은 금과옥조처럼 불변의 규범으로 인식되었는데 과연 이것이 옳은가에 대해서 의문을 제기하면서 비판적인 시각에서 다루고 있다. 공무원의 정치적 중립은 정치적 충원과 대표성의 확보문제, 정치활동범위의 확대추이 등에서 재평가되어야 한다는 것이다. 이러한 정치적 중립은 시대의 변화 속에서 다시 검토되어야 하며, 특히 한국사회에서 이것이 현실적으로 가능한가에 대해서 의문을 제기하고 있다. 정치와 행정의 관계를 다시 생각하게 하는 도전성을 띤 논문이다.

하태권의 "한국인사행정의 변천: 가치갈등적 관점에서의 고찰"(《한국행정학보》 24권 1호, 1990)은 인사행정의 변천을 가치갈등적 시각에서 간결하게 설명하고 있다는 점에서 관심을 불러일으키고 있다. 여기서 이야기하는 가치들은 관리자의 지도력, 행정능률, 관료제의 대표성 및 공무원의 개인적 권리이다. 이 논문은 조선조시대부터 현금에 이르기까지 임용을 중심으로 이러한 가치들이 어떻게 변천되었는가를 서술하고 있다. 즉, 시대의 변화에 따라 어떠한 가치가 강조되고 어떠한 가치는 퇴색되었는가를 간결하게 설명하고 있다. 조선조부터 오늘에 이르기까지 가치의 변화와 갈등 속에서 진행된 인사행정의 역사를 한눈에 포착될 수 있도록 설명하고 있다는 점에서 거론할 만한 논문이다.

김신복, "공기업 인사관리의 공공성과 기업성: 전기통신공사와 전력공사의 임용관리를 중심으로"(《한국행정학보》 25권 1호, 1991)는 공기업의 양대 경영이념인 공공성과 기업성을 우리나라 공기업들이 인사관리에 어떻게 조화시키는지를 전기통신공사와 전력공사를 택하여 분석하고 있다. 분석결과, 두 공기업은 임용에서 세세한 차이는 있으나 대체로 유사한 방식인데 양 공기업 모두 기회균등, 공개주의, 법정주의, 신분보장, 실적주의 등의 공공성은 충분히 살리고 있으나 신축성, 생산성, 적극성 등 기업성은 살리지 못하는 것으로 나타나고 있다.

양형일 · 이태영의 "사회적 형평과 국가통합을 향한 대표관료제의 접근"〔《한국행정학보》 27권 2호(1993년 여름호)〕은 사회형평과 국가통합, 그리고 대표관료제에 대한 이론적 검토를 토대로 우리나라의 행정관료와 권력엘리트의 구성이 안고 있는 지역별 과소대표성과 과다대표성의

문제점을 분석하고, 정부조직에서 지역대표성이 반영될 수 있는 방안
을 제시하고 있다.

이혁주가 쓴 "가치극대화 모형을 이용한 인력배분: 사례연구"〔《한국
행정학보》 29권 2호(1995년 여름호)〕는 가치극대화 모형을 이용해 실제
로 서울시 자치구의 총정원을 실과로 배분한다. 현원 내지 경험론적
접근법에 의한 인력산정 결과와 가치함수추정법에 의한 인력배분 결과
를 비교해 보면 전체적으로 상당한 차이가 나타난다. 여기서 제시한
가치극대화 모형은 현원이 적은 부서에서는 현원보다 많게, 현원이 많
은 부서에서는 현원보다 적게 인력을 배분하는 경향을 발견하게 한다.
창의성이 엿보이는 연구이다.

인사행정 분야에서 가장 활발하게 논문을 발표하는 학자 중의 한 사
람이 김판석이다. 그는 국가경쟁력을 높이기 위해서 인력관리를 어떻
게 혁신해야 하는가에 초점을 맞추고 공동연구를 하면서 많은 논문들
을 발표하고 있다. 논문들 중에서 몇 개만 예시하면 다음과 같다.

김판석·김난도가 공동 저술한 "정부인력관리 혁신을 위한 중앙인사
기관의 개편방안 모색"〔《한국행정학보》 31권 3호(1997년 가을호)〕은 총
무처가 담당하고 있던 인사기능을 독립합의형의 중앙인사위원회를 설
치해서 이곳으로 이관해야 한다는 것이다. 이러한 조직적 개편 속에서
만 적극적이고 능동적인 인력관리정책을 펴나갈 수 있다는 것이 이 논
문의 요지이다. 이 논문은 현재의 중앙인사위원회의 설치에 이론적 논
거를 제공하였다는 점에서 평가할 만하다.

김판석·이선우의 "고위공무원단 제도도입과 활용방안 모색"(《한국
행정연구》 7권 4호, 1999. 2)은 한국에도 선진국의 경우처럼 고위공무

원단을 설치해야 한다는 것이다. 고위공무원단은 국정관리의 차원과 정치적 차원에서 도입이 되어야 하는데 이러한 제도가 도입될 때에 행정부 내에 정치와 행정을 연결시킬 수 있고, 대통령의 정책의지를 행정부에 반영시킬 수 있고, 성과관리를 추진할 수 있고, 다양한 이해집단들의 의견을 수렴할 수 있고, 관련 집단들과의 연결고리 역할을 할 수 있다는 것이다. 고위공무원단이 행정부 내에서 뿌리를 내릴 때에 개방화에 걸맞는 인력관리를 추진할 수 있다는 것이다.

김판석·권경득, "지방자치단체의 인사제도 개혁"〔《한국행정학보》 39권 1호(1999년 봄호)〕은 앞으로 지방자치단체의 인사제도 개혁을 추진하는 데에 기본방향을 제시하는 논문이라고 할 수 있다. 여기서 주장하는 개혁의 방향은 위험회피에서 위험감수로, 행정적 기능에서 전략적 기능으로, 규격화된 임용에서 유연한 임용으로, 인간 중심의 주종관계적 관리에서 과업 중심의 합리적 관리로, 공급자 중심에서 수요자 중심으로, 연공적 보수체계에서 성과급 보수체계로, 처벌·징계 위주에서 보상 및 포상 위주로 바뀌어야 한다는 것이다. 개혁의 기본방향을 제시하였다는 점에서 주의를 끈다.

김판석·이선우·전진석이 함께 한 "개방형 임용제도의 실태 및 발전에 관한 연구"〔《한국행정학보》 33권 4호(1999년 겨울호)〕는 개방형 임용제도의 성공적 정착과 제도발전을 위해서 고려해야 할 사항들을 중심으로 연구한 정책논문이다. 이 논문은 ① 선발 전에 다루어야 할 사항, ② 선발과정중에 다루어야 할 사항, ③ 선발 후에 다루어야 할 사항 등 세 가지로 나누어 검토하고 있다. 선발 전에 다루어야 할 사항으로 직무분석과 임용범위의 결정을 들 수 있고, 임용과정중에 다루어야 할 사항으로 기준설정, 인사 감사기능의 강화 및 다양한 능력검증방법의 개발이다. 선발 후에 고려해야 할 사항으로 부처별로 맞는

성과관리지침을 마련하는 것이다. 아울러 이러한 전 과정을 한눈으로
파악할 수 있는 인력관리정보체계를 구축해야 한다고 주장한다.

박천오·남궁근·박희봉·오성호·김상묵, "개방형 직위제도의 제
도적 적정성에 관한 실증적 조사연구"〔《한국행정연구》11권 2호(2002
년 여름호)〕는 직위 개방제가 적정한 제도로 정착화되어 가고 있는가
를 여러 관련자들로부터 설문조사와 면담조사를 통해서 실증적으로 분
석하고 있다. 먼저 평가모형을 만들고, 중앙부처 39개 부처의 개방형
직위 점직자들과 여타 공무원들 900여 명을 대상으로 하였다. 면담조
사는 점직자들을 중심으로 상급자, 동료 및 하급자, 선발시험위원, 인
사담당관 등 44명을 대상으로 이루어졌다. 조사결과는 개방형 직위제
도가 행정의 전문성과 경쟁력을 제고하는 데 기여한다는 것이다.

김판석의 "정부인력 선발방식의 개선: 행정고등고시를 중심으로"
(《행정논총》37권 2호, 1999)는 현행 행정고등고시제도에 현황과 문제
점을 분석하고 그 대안을 제시하는 데 초점을 두고 있다. 현행 제도하
에서는 전문성 부족, 생산성 저하, 창의성과 다양성의 결여, 변화대응
능력의 부족 등이 필연적으로 나타난다고 지적한다. 현행 제도에 대한
적극적 대안이 제시되었다는 점에서 주목을 끌 만하다. 이 대안을 중
심으로 여러 가지 개혁작업을 논의할 수 있는 개혁의 논거를 마련한
것에 대해 거론할 만한 논문이다.

김신복, "공무원교육 50년 평가와 발전전망"(《행정논총》37권 2호,
1999)은 과거 50년 동안의 교육훈련의 변화과정을 개관하고 거시적인
평가를 위해서 체제모형을 설정하고 있다. 그간의 교육훈련의 실태와
문제점을 검토한 후 단기적 개선과제와 장기적 발전방안을 제안하고
있다. 문제점으로 지적된 것은 교육기관의 분산으로 인한 낭비와 비효

율, 전문교육의 미흡, 교육여건의 불충분, 평가 및 환류의 비체계성
등이다. 이를 위한 개선책으로 교육훈련 수요조사를 강화하고, 교육
과정 및 방법을 개선하고 아울러 평가 및 환류체제의 강화를 제안하고
있다. 공무원 교육훈련의 연구에 참고가 될 수 있는 논문이다.

홍준형의 "신공공관리론의 공법적 문제: 공무원인사제도 개혁을 중
심으로"(《행정논총》 37권 1호, 1999)는 신공공관리론에서 나오게 된
개방제, 계약제, 성과급제 등 인사개혁이 직업공무원제도를 보장한
헌법에 부합한지를 따지고 있어 주목을 끈다. 이 논문은 개방형 인사
제도, 실적평가제, 성과급제 등을 공법적 한계에서 따지고 이 한계 속
에서 추진되어야 한다는 것을 주장하고 있다. 여기서의 논점은 인사제
도의 개혁을 추진할 때에 법치주의의 테두리 안에서 하라는 것이다.
개혁에 휩싸인 우리에게 신선한 충격을 주는 글이다.

김태일, "우리나라와 OECD 국가의 공무원 규모 비교분석"〔《한국행
정학보》 34권 1호(2000년 봄호)〕은 우선 인사정책의 실천적인 면에서
시사하는 바가 크다. 다시 말해서 분석결과가 작은 정부를 부르짖고
인력감축 및 구조조정을 행정개혁의 지름길처럼 생각하는 사람들에게
계몽적으로 시사하는 바가 크다는 것이다. 우선 이 논문은 방법론상으
로 정갈하다. 여기서 나타난 세 가지 발견은 다음과 같다. 첫째, 우리
나라의 인구 1천 명당 공무원 규모는 22명으로 OECD 국가의 평균 67
명의 3분의 1에 불과하다. 둘째, 우리나라의 인구와 소득수준에 상응
하는 OECD 국가들의 공무원 규모를 우리나라의 그것과 비교할 때에
우리나라의 공무원 규모는 절반 정도이다. 셋째, 우리나라의 정부 규
모는 OECD 평균에 비하여 재정 측면에서보다 인력 측면에서 훨씬 작
다는 것이다.

권경득·강인호·김신·이원희의 "행정인턴십 프로그램의 도입·운영에 관한 시론적 연구"〔《한국행정학보》35권 2호(2001년 여름호)〕는 행정인턴십의 개념, 유형 및 효용성을 살펴보고, 행정인턴십에 대한 미국의 사례, 전국 대학 행정학과를 대상으로 설문조사 및 운영사례를 심층적으로 분석하여 인턴십 프로그램의 도입과 구체적인 운영방안을 모색하고 있다. 이론과 현실을 접목시키는 교육과정의 일환으로서 인턴십에 대한 연구가 필요하던 차에 이 연구는 이러한 필요성을 충족시켜주는 역할을 한다.

김상헌, "계층제에서의 적정 인센티브제도"〔《한국행정학보》35권 3호(2001년 가을호)〕는 계층간의 보수분포에 관한 이론적 모형을 탐색하고 있다. 이를 위해서 폐쇄적 계층제와 개방적 계층제에서의 계층별 상금구조와 기술의 노동시장 가치 그리고 보수분포가 어떠한 관계를 가지게 되는지도 살펴보고 있다. 그리고 계층이 다수의 군으로 나뉘어질 경우 각 계층군에서 보수분포가 어떻게 결정되는지에 대해서도 고찰하고 있다. 이러한 논의들을 기초로 공공부문과 민간부문의 계층별 보수분포의 형태가 달라진다는 것을 밝히고 있다. 또 이론적 논의의 현실부합정도를 살펴보기 위해서 세 개 민간기업과 일반직 공무원의 계층별 보수분포도 살펴보고 있다. 여기서 얻은 결론은 이론적으로 논의된 계층별 보수분포는 현실과 상당히 부합된다는 것이다. 창의적이고 참신한 논문이다.

이명석, "정부투자기관 임원의 정치적 임용과 경영실적"〔《한국행정학보》35권 4호(2001년 겨울호)〕은 정부투자기관의 정치적 임용과 정부투자기관의 경영실적 간의 관계를 분석하고 있는데, 분석결과, 정치적 임용이 실적요인에 의한 임용에 비해 경영실적 면에서 현저히 떨어진다는 것이다. 동시에 전문성이 있다고 판단되는 관료출신에 의한

경영실적도 낮게 나타난다고 전한다. 이 논문은 정부투자기관의 근본
적인 개혁을 위해서는 정치적 임용은 근절되어야 한다고 밝힌다. 정치
적 임용은 도덕적 해이의 증거라고 하면서, 그 폐단을 분석을 통해서
고발하고 있어 정치적 임명을 지양하는 데 기여하리라고 생각된다.

  조선일의 "공무원직장협의회제도 운영에 관한 실증적 연구"〔《한국행
정학보》 35권 4호(2001년 겨울호)〕는 공무원직장협의회의 제도적 측면
과 운영적 측면에서의 현황과 문제점들을 검토하고, 향후 발전방향과
정책적 시사점을 제시하는 것을 목적으로 하고 있다. 검토대상의 문제
점들이란 설립, 가입범위, 협의회 기능, 기관장의 의무, 관련법들이
다. 발전방향으로는 여러 가지가 제시되고 있으나 중요한 것만 보면,
우선 공무원노조와의 관계설정, 공무원들의 적극적 참여, 설치주의로
의 전환, 입법적 미비의 해소, 가입제한의 완화 등이다. 이 논문은 연
구의 시발로서 앞으로의 연구에 많은 참고가 될 수 있다.

  하미승·권용수의 "공무원 직무스트레스의 유발요인과 결과변수에
관한 연구: 중앙부처 공무원을 중심으로"〔《한국행정연구》 11권 3호
(2002년 가을호)〕는 중앙부처 행정직 공무원 346명을 대상으로 설문조
사를 통해서 직무스트레스의 원인에서 결과에 이르는 구조모형을 도출
하고 있다. 연구의 결과는 역할갈등 및 모호성, 업무량, 상관·동료·
하급자와의 관계 등 스트레스 발생에 영향을 준다는 것이다. 이어서
이러한 직무 스트레스는 조직몰입, 직무몰입, 직무만족 등 조직행태
에 영향을 미치는 것으로 나타났다. 이 논문은 조직의 생산성을 높이
기 위해서는 개인의 역량에 맞는 업무의 배정과 함께 역할과 책임의
명확화, 원활한 인간관계 등을 중심으로 직무스트레스 관리체계의 확
립을 제안하고 있다.

이종수(연세대), "공무원의 전문성 향상방안으로서 경력개발제도 (CDP)에 관한 연구: CDP의 시각에서 분석한 한국 인사행정체계의 문제점과 개선방안"〔《한국행정연구》 11권 4호(2002년 겨울호)〕은 경력 개발제도의 개념을 소개하고, 공무원들의 이에 대한 인식을 분석, 경 력개발제도의 적용을 위한 개선과제를 검토하고 있다. 분석결과, 현 인사행정에서 나타나는 계급제적 채용제도, 직위분류제도의 미정착, 순환보직제도, 짧은 보직기간 등은 전문성을 저해하는 요인으로서, 이러한 요인들은 전문성의 제고와 직무수행 역량의 향상과 직결되는 경력개발제도의 도입 및 채택을 촉진하고 있다는 것이다.

오석홍의 "인사행정체제의 융통성 제고방안"(《행정논총》 38권 2호, 2000)은 실적주의에 입각한 인사행정체제는 산업화시대의 산물로서 오늘의 정보화시대에는 적합하지 않기 때문에 변화가 요구된다고 주장 한다. 변화의 기본방향은 경직성에서 융통성으로의 변화라는 것이다. 운영상의 융통성을 높이기 위한 모형으로 관리융통성체제를 처방하고 있다. 이 논문은 관리융통성모형의 의미와 인사행정의 융통성이 요구 되는 상황적 조건들을 설명하고, 이어서 구체적인 하위부문별 개혁전 략을 언급하고 있다. 구체적인 개혁대상들이란 직업구조 형성원리, 신규채용, 근무시간, 내부임용, 퇴직관리, 근무성정평정, 교육훈련, 보수관리, 동기유발, 행동강령으로서 인사행정 전반에 관한 것이다. 정보화시대에 적합한 인사행정시스템을 연구하는 데 큰 발판을 마련한 품위 있는 논문이다.

김병섭·양재진의 "공무원의 퇴직관리: 실태와 정책적 이슈"(《행정 논총》 40권 1호, 2002)는 지금까지 연구의 사각지대였던 공직자의 퇴 직문제를 최초이지만 본격적으로 심도있게 다루고 있다는 점에서 관심 을 불러일으킨다. 우선 이 논문은 1997년을 전후로 공무원의 퇴직실

태를 시계열적으로 분석하면서 정부혁신 이후 퇴직의 양태가 질적으로
변화되고 있음을 밝히고, 기존의 공식적·비공식적 퇴직관리제도가
사라져가고 있으며, 밀어내기식 퇴직제도에서 상시적 퇴직관리제도로
의 전환이 필요하다는 것을 지적하고 있다. 상시적 퇴직관리제의 정착
화를 위해서는 공무원 연금계획, 공직자 윤리법의 개정, 퇴직연령과
근무시간의 조정 등을 제안한다. 이 논문은 공무원의 퇴직문제를 인사
관리상의 차원에서 연구할 수 있는 길을 열어 놓았다는 점에서 거론할
만하다.

　강제상·김상묵·김종래·강창민이 공동 집필한 "계약직 공무원의
직무태도에 관한 연구: 일반직 등 비계약직 공무원과의 비교를 중심으
로"〔《한국행정학보》 37권 2호(2003년 여름호)〕는 1998년부터 도입된
계약직공무원제도의 성공적 운영여부를 다루고 있다. 이 조사는 유사
한 위치의 계약직과 비계약직 공무원을 비교하여 분석하고 있는데, 분
석결과, 계약직 공무원들은 비계약직 공무원들에 비해서 직무만족,
조직의 지원, 조직몰입, 조직시민행동 등에서 점수가 높아 계약직 공
무원제도의 성공적인 운영을 예고한다. 앞으로 이 분야의 연구에서 안
내자의 역할을 할 수 있는 논문이다.

　신동면·강정석, "시간제공무원제도에 관한 연구: 도입의 의의와 제
도설계를 중심으로"(《행정논총》 41권 1호, 2003)는 시간제공무원제는
시간제공무원에 대한 차별을 통하여 예산절감을 목표로 도입 및 채택
되어서는 안된다는 전제하에 시간제 계약직공무원제도의 성공적 정착
을 위한 제도의 필요와 의의를 논하고 이 제도의 확대방안에 대하여
검토하고 있다. 시간제공무원제도는 행정서비스 제공에 대한 시민의
대응성을 높이고, 공무원의 개인적 욕구와 직업적 욕구를 적절하게 조
화시키며, 노동시장의 분절화를 완화시킬 수 있고, 인력활용을 제고

시킬 수 있다고 본다. 무엇보다도 이 제도는 형평의 원칙과 비례의 원칙이 인사관리의 핵심원칙이 되어야 한다는 것이다. 끝으로 이 논문은 시간제공무원제가 계약직공무원에 한정하지 말고 다른 부문의 공무원들에게도 확대되어야 한다는 것이다. 시간제공무원제도의 연구에 효시의 역할을 하고 있다.

공무원의 능력을 개발하고 생산성을 높이기 위해서 고안된 제도가 성과급제이다. 현재 우리나라에서도 채택 운영되는 성과급제에 대한 연구들이 있는데 이 중에서 세 편만 선정해서 살펴보기로 한다.

그 중 하나가 오석홍의 "성과급제도의 이상과 좌절"(《행정논총》 38권 1호, 2000)이다. 이 논문은 성과급의 개념, 유형, 관리과정, 긍정적 측면, 부정적 측면, 채택시 유의할 점 등에 대해서 깔끔하게 정리하고 있다. 특히 이 논문은 이 시대에서 외면할 수 없는 성과급제가 우리 사회에서 채택되기 어려운 이유들을 설득력 있게 논의하면서, 이에 대한 대비책 역시 깊은 성찰 속에서 제안한다. 간결하면서도 설명력이 큰 글이다.

다른 하나가 황성원의 "공공조직의 성과급제에 관한 소고"〔《한국행정연구》 12권 4호(2003년 겨울호)〕인데 이 논문은 현재 실시하고 있는 성과급제는 정부의 적극적 도입 노력에도 불구하고 성공적으로 운영되지 못하고 있음을 지적한다. 이 논문은 우리나라에서 성과급제가 성공적으로 운영되기 어려운 제 요인들을 지적하고, 조직경제학에서 사용되고 있는 토너먼트이론을 가지고 형평성 비용, 측정오차 및 이질성을 중심으로 성과급 결정모델을 제시하고 성과급제 운영실태를 이론적으로 규명하고 있다. 분석결과, 성과측정의 문제도 있지만 그보다 더 중요한 것은 경쟁을 좋아하지 않는 정의적 문화와 직결된 형평성의 비용이 더 크다는 것이다.

마지막 하나가 오성호의 "지방공무원의 성과급제 실시에 따른 문제점과 개선방안"〔《한국행정연구》 12권 4호(2003년 겨울호)〕인데, 이 논문은 설문조사를 통해서 우리나라 지방공무원들이 성과급제도 자체에는 반대를 하지 않으나 성과평가방법은 불신하고 있음을 밝히고 있다. 객관적인 평가기준의 결여로 공정성이 확보되기 어렵고 이에 따른 공무원들간의 위화감도 문제라는 것이다. 평가방법의 개선방안으로 다면평가제도 외에도 자기평가제, 평가면접의 강화, 집단보상의 강화, 정보통신기술의 활용 등이 제시된다. 성과급제는 실시과정에서 문제점이 노출되고 있지만 이것의 실시는 대세라고 할 수 있다. 성과급제도를 성공적으로 정착시키는 데 참고가 될 수 있는 논문들이다.

최무원·이종수(연세대)·송혜경의 "한국공무원의 보직 및 경력관리체계 개선방안 연구"〔《한국행정연구》 13권 2호(2004년 여름호)〕는 현행 보직 및 경력개발체계의 실태를 분석하고, 공무원의 전문성을 높이는 정책적 대안을 제시하고 있다. 이 논문에서 지적한 문제점은 동일직무에 단기간 근무함으로써 오는 전문성의 결핍과 'z'자형 순환보직에 따른 연속성의 부족이다. 여기에 대한 대안으로 첫째, 경력개발제도의 요소를 도입함으로써 부처별 전문분야를 설정하고, 둘째, 직급별 경력발전 최소임기제를 설정하고, 셋째, 고시출신 부처배치방식을 개선하고 직위분류제적 요소를 강화하며, 개방형 임용제도를 확대하는 것이다. 공무원의 전문성과 직결되는 보직 및 경력관리를 연구하는 데 도움이 될 수 있는 연구이다.

3. 재무행정 분야

1) 저서 편

재무행정 분야의 연구와 강의에서 계몽적 역할을 한 책은 1963년에 발간된 유훈의 《재무행정론》(법문사)이다. 유훈은 재무행정뿐만 아니라 다른 분야에서도 외국의 새로운 이론들을 가장 먼저 이해하고 이를 빨리 정확하게 학계에 소개함으로써 누구보다도 안내자의 역할을 두드러지게 한 분이다. 유훈의 교과서는 재무행정의 구성이나 내용 면에서 후에 계속해서 나올 교과서들에 골격을 제공하는 역할을 해왔다.

이어서 1965년에 나온 이창세의 《한국재정의 근대화 과정》(박영사)은 조선조, 일제식민지, 미군정, 한국의 정부수립 후 순으로 예산제도가 어떻게 발달했는가를 법령을 중심으로 상세하게 설명하고 있어 자료적 가치가 크다.

재무행정에 관한 교과서는 박문옥,《재무행정론》(박영사, 1972)을 제외하고는 한동안 뜸하다가 1980년대에 들어와서 다른 분야와 마찬가지로 줄을 이어서 발간되는데, 특색이 있는 교과서 몇 권만을 골라서 언급하기로 한다.

박영희,《재무행정론》(다산, 1983)은 박문옥의 교과서 이후로 10년 만에 나온 저서로서 예산의 기능을 통제, 관리, 계획의 기능으로 나누고, 지금까지 다루지 않았던 국민경제에 중요한 영향을 끼치는 통합예산과 기금 문제를 다루고 있다. 연구의 영역을 넓혀 놓았다는 의미에서 계몽적 가치를 발휘한다.

  신무섭 《재무행정학》(대영, 1989)은 우선 그 내용이 이론과 설명으로 풍성하고, 진지한 자세로 쓰여져 교과서로서 모범이 될 만하다. '조세체제와 세무행정' 그리고 '국민과 예산'을 새롭게 다루고 있다는 점도 특기할 만하다. 한마디로 외국 이론이나 소개하는 종래의 교과서식 스타일에서 벗어나서 한국의 문헌들과 자료들을 자상하게 섭렵하면서 정성스럽게 쓴 교과서이다.

  이문영·윤성식의 《재무행정원론》(학현사, 1995)은 다른 교과서들이 다루지 않았던 재무관리를 다룸으로써 재무행정의 새로운 지평을 열었다고 볼 수 있다. 재무관리에 포함된 내용들을 잠깐 살펴보면 투자의사결정, 비용편익분석과 자본예산, 자금의 조달, 현금관리, 정부회계와 예산회계정보시스템, 내부통제 등이다. 이 책은 앞으로 재무행정연구의 변화와 방향에 적지 않은 영향을 주리라고 생각된다. 이들은 재무행정을 예산론과 공공재무관리로 나누어야 한다고 주장하면서 《공공재무관리》(법문사, 2002)와 《예산론》(나남출판, 2003)을 별도로 펴내고 있다. 계몽적 가치를 발휘한 저서들이다.

  배득종의 《신 재무행정》(박영사, 1996)은 오로지 예산만을 다루고 있으나 여러 가지 면에서 새로움을 던져준다. 우선 책의 내용이 생동감을 준다. 책의 체제나 내용이나 이론전개의 스타일이 기존의 교과서와는 아주 다르다. 예산의 모습과 여러 가지 기능이 다각도에서 다루어지고 있으며, 설명을 하는 데 풍부한 이론이 동원되고 있다. 재정학적 이론모형을 정부예산제도와 접목시키려는 것이 큰 특색이다. 한국의 현실문제들을 생생하게 이론들과 접목시키고 있다는 것도 또 다른 특색이다. 이 책은 구각에서 벗어나는 모습을 보이고 있다.

  강신택의 《재무행정론》(박영사, 2000)은 1993년판의 전정판이다.

검토의 대상은 전적으로 초판에 한정하였으나 이번의 경우는 전정판에서 새로운 틀을 제시하고 있기 때문이다. 강 교수는 재무행정을 엮는 분석의 틀로서 '예산운영체계'를 제시하고 있는데 이것은 예산의 분석적 내용, 예산운영을 위한 정치와 행정의 제도적 맥락, 회계 및 관리 정보체계로 구성되어 있다. 그 틀로 재무행정의 내용을 체계적으로 정리하고 있다. 이러한 틀을 제시함으로써 분산된 내용을 질서있게 묶는 통합성의 면모를 보였다고 할 수 있다. 이론의 체계화에 기여한 틀이라고 생각된다.

이 밖에도 황윤원의 《재무행정론》(법문사, 1996)은 독자들에게 친근감을 주었다는 점에서, 윤영진의 《새재무행정론》(대영, 1998)은 정치경제적 시각에서 자원배분에 역점을 두었다는 점에서 기억되어야 할 저작들이다.

오연천의 《한국조세론》(박영사, 1992)은 조세행정의 연구에 밑거름의 역할을 할 수 있는 책이다. 이 책의 내용을 살펴보면, 제1편에서는 한국 조세체계를 개관하고 그것이 가지는 문제점, 개별세목의 제도적 특성, 운용방법, 운용상의 문제점 및 개편방안을 다루고 있고, 제2편에서는 민주적 재정정책의 결정 및 그 운용에 필요한 세제개혁에 관해서 논의하고 있다. 이 책은 행정학 분야에서 조세와 관련하여 논의되고 연구되어야 할 범위를 지적함으로써 조세행정 발전에 일익을 담당하였다고 할 수 있다.

재무행정의 중요한 분야라고 생각되는 정부회계 분야에서 내용이 견실한 두 권의 교과서가 나오게 되어 경하할 일이다. 오랫동안 정부회계 분야는 재무행정의 핵심적 분야의 하나임에도 연구의 사각지대로 남아있었는데, 윤성식·권수영의 《정부회계》(법문사, 1998)와 김용우·마진호의 《정부회계원리》(대영문화사, 2004)는 이러한 공백을 메워주는 데 커다란 역할을 하였다. 두 권의 책은 정부회계가 무엇인가를 이해시키는 데 친절한 안내자의 역할을 함으로써 계몽적 가치를 십분 발휘하고 있다. 약간의 차이가 있다면 전자가 이론의 소개에 역점을 두고 있다면, 후자는 실제의 적용에 역점을 두고 있어 상호 보완적인 역할을 하고 있다. 이 두 권의 책은 정부회계를 재무행정의 중심부분으로 끌어들이는 데 본격적인 역할을 한 책이자 여러 가지 의미를 담은 교과서라고 할 수 있다.

재무행정 분야에서 연구서의 성격을 띤 단행본을 살펴보기로 한다.

윤성채의 《정부와 예산》(대영, 2002)은 크게 네 부분으로 나누어지는데, 첫 부분에서는 정부성장과 예산이론의 변화, 둘째 부분에서는 예산의 정치경제, 셋째 부분에서는 관리도구로서의 예산, 넷째 부분에서는 지방정부의 예산과 재정위기 관리가 다루어지고 있다. 각 부분마다 소주제들이 깊이 다루어지고 있어 재무행정이론의 격상에 기여한 글이라 생각된다.

나중식의 《예산정치론》(형설, 2002)은 이념선택과 예산규모, 선택과 상쇄의 정치로서의 세출예산, 관료정치와 예산편성 등 지금까지 다루지 않았던 새롭고 도전적인 주제들을 다룸으로써 예산의 정치적 측면을 이론적으로 접근하고 있다. 이 방면 연구에서 창의성을 발휘한 작품이라고 할 수 있다.

2) 논문 편

이경원의 논문 "정부성장의 원인에 관한 시계열분석"〔《한국행정학보》 26권 1호(1992년 봄호)〕은 정부의 성장요인 문제를 재무행정의 시

각에서 다루었다는 점에서 눈길을 끈다. 여기서는 정부의 성장을 총지
출의 규모로 보고, 이러한 총지출을 결정하는 인자들로서 소득수준,
경제의 개방성 및 간접세율을 선정해서 이러한 변수들이 한국정부의
성장에 어떻게 영향을 미쳤는가를 1955~87년의 기간을 통해 시계열
분석을 시도하고 있다. 여기서 얻은 분석결과는 소득과 경제의 개방성
은 총지출의 규모결정에 영향을 주는데, 간접세율은 별로 영향을 주지
않는다는 것이다. 정부의 성장요인들을 밝혀내는 데에는 이외에도 여
러 가지 변수들이 있을 수 있는데, 이러한 세 개의 변수들만을 선정해
서 설명하려고 한 것은 무리라고 생각되나, 정부성장의 문제를 이론적
인 차원에서 실증적 자료를 동원해서 분석을 시도해 보았다는 것에 점
수를 줄 만하다. 앞으로 이 방면 연구에 안내자의 역할을 할 수 있는
논문이다.

배득종의 "컴퓨터 시뮬레이션을 통한 정부예산 결정행태의 실험 관
찰: 예산게임의 개발과 집단의사결정 학습에의 적용"〔《한국행정학보》
26권 3호(1992년 가을호)〕은 경쟁과 협조가 동시에 일어나는 예산결정
행위를 컴퓨터를 이용한 예산게임으로 재구성하여 게임 참가자들에게
실험적으로 적용하고 있다. 그 결과 게임 참가자들의 예산결정행태에
대한 이해가 높아지고, 집단의사결정능력의 향상에 도움이 됨을 확인
하고 있다. 모형이 단순하여 현실응용력이 제한되지만, 게임의 설계
와 실행과정 및 평가를 상세하게 기술하고 있어 이 방면 연구에 선구
적 역할을 할 수 있는 논문이다.

김상헌의 "예산편성상 정보의 비대칭성에 대한 미시경제적 분석"
〔《한국행정학보》 32권 1호(1998년 봄호)〕은 우선 예산편성의 문제를
정보의 비대칭성이라는 시각에서 수식을 이용해서 이론적 차원에서 분
석하고 있으며 아울러 분석을 토대로 우리나라의 예산편성상의 문제점

을 지적하고 개선책도 제시하고 있다. 이 논문의 골자는 다음과 같다. 첫째, 예산편성시 각 부처와 중앙예산기관의 관계는 정보의 비대칭성 문제로 해석된다는 것이다. 둘째, 이러한 정보의 비대칭성을 해결하기 위한 대안들은 근본적인 차이점을 가지고 있다기보다는 각 부처의 공공재 생산함수에 대한 정보획득의 방법이 다르다는 것이다. 셋째, 바람직한 예산편성제도는 획일적으로 논의할 것이 아니라 각 부처의 공공재 생산함수에 대한 정보를 사전에 획득할 것인지, 아니면 예산이 집행된 후 사후에 평가하는 것이 더 효율적이냐에 따라 결정되어야 한다는 것이다.

김상헌의 "Kalman Filter를 이용한 수입노력의 측정"〔《한국행정학보》 34권 2호(2000년 여름호)〕은 정부의 세수 또는 수입노력을 측정하기 위한 기존의 방법들의 내용과 한계를 논의하고, 이러한 문제들을 해결하는 대안의 하나로 Kalman Filter를 이용한 측정방법을 제안한다. 이어서 여기서 제안한 측정방법을 가지고 우리나라 광역자치단체의 수입노력을 측정하고 있는데, 측정결과에 따르면 우리나라 광역자치단체의 수입노력은 통계적으로 유의하지 않은 것으로 나타나고 있는데 이것은 우리나라의 경우 지방자치단체가 수입노력에 대한 자율권을 가지지 않는 데 있다는 것이다. 앞으로 수입노력에 대한 자치단체의 자율권이 확대되고 자치단체별로 수입노력에 차이가 발생할 경우 논문에서 제시한 측정모형은 유용성을 발휘할 것이라고 지적하고 있다.

송근원의 "복지예산과 국방예산의 관계"〔《한국행정학보》 32권 1호 (1998년 봄호)〕는 사회복지예산과 국방예산의 상쇄관계를 분석하기 위해서 아리마 모형짓기 기법을 가지고 1957년부터 1994년까지의 예산자료를 분석하고 있다. 분석결과, 두 예산 사이에 통계적으로 유의미한 관계는 나타나지 않고 있어 흔히 서구에서 이야기하는 '총과 빵'의 이론이 들어맞지 않는다는 것을 알 수 있다. 그러나 이 논문에서 지적하기를 이와 같이 두 예산간의 상쇄관계가 나타나지 않는 이유는 국방예산이 복지예산에 비해 너무 규모가 커 그 관계가 유의미하게 나타나지 않았다는 것이다. 앞으로 사회복지 예산이 급격하게 증가할 때에는 양자간의 상쇄관계가 유의미하게 일어날 가능성이 있음도 함축한다.

하연섭의 "국방예산 과목구조 개편과 국방예산개혁"〔《한국행정학보》35권 3호(2001년 가을호)〕은 두 가지 목적을 가지고 있는데, 하나는 최근 이루어진 일련의 국방예산 과목구조 개편작업이 국방예산의 운영에 어떠한 영향을 미쳤는가를 분석하는 동시에 국방예산 운영의 투명성, 책임성 및 효율성을 제고할 수 있는 국방예산 과목구조와 분류체계를 제시하는 것이고, 두 번째는 국방예산 과목구조의 개편이 의도했던 예산개혁의 효과를 확보하기 위해서는 어떤 관리적·제도적 차원의 변화가 수반되어야 하는가를 탐색하는 것이다. 여기서 제안하는 것은 우선 과목구조의 개편방향은 부대구조 및 기능구조를 혼용하는 동시에 세세항은 사단급 구조로 설정하는 것이다. 그리고 운영의 투명성, 책임성 및 효율성을 제고하기 위해서는 기본의 틀이 기존의 투입위주에서 결과 위주로 전환되어야 하고, 이를 위해서는 예산관련 인력의 확충, 예산관리의 통합적 접근으로의 전환, 회전기금제도의 도입, 발생주의 회계제도의 도입 등이 추구되어야 한다.

김동건·박성민의 "정보화계획과 예산의 연계성에 관한 연구"(《행정논총》41권 4호, 2003)는 1996~2000년 5년 동안 사회간접자본 정보화촉진계획과 예산과의 연계성을 분석하고 있다. 여기서 밝혀진 것은 계획과 예산의 연계가 잘 이루어지지 않고 있다는 것으로, 그 요인을 조직적 측면, 전문성의 측면, 단년도 예산회계제도의 측면, 정보화회계 자체의 면에서 찾고 있다. 이 논문은 계획과 예산을 연계시키는 문제를 다룰 때에 참고가 될 수 있는 논문이다.

예산과정에서 연구활동이 가장 활발한 분야가 심의 분야이다. 심의 분야는 행정부 소관인 편성이나 집행 분야에 비해서 미국에서 이루어진 선행연구가 많아 원용하기 쉽고 공개적인 과정에서 공식적인 기록이 있어 접근하기 쉽기 때문이다(강신택, 1997, p. 341). 심의과정에 관한 몇 편의 의미 있는 논문들을 살펴보기로 한다.

심의과정에 대한 심도 있는 분석은 강신택에 의해서 이루어지고 있다. 강신택은 심의과정에 대해서 두 편의 논문을 발표하고 있는데 하나는 "한국국회의 예산심의과정(제 6대 국회)"(《행정논총》 12권 1호, 1974)이고, 다른 하나는 "예산심의에 있어서 국회상임위원회와 행정부처간의 상호작용(제 13대 국회)"(《행정논총》 30권 1호; 30권 2호, 1992)이다. 두 번째 논문은 첫 번째 연구의 후속연구로서 상임위원회의 회의록을 분석하면서 심의과정을 생생하면서도 심도있게 다루고 있다. 두 논문을 통해서 예산심의의 실태가 적나라하게 밝혀진다. 여기서 밝혀진 의미 있는 발견은 국회는 흔히 생각하는 것처럼 유명무실의 활동만을 하는 것은 아니라는 것이다. 국회는 나름대로 정책형성기능과 행정감독의 역할을 함으로써 의원과 행정부처 간에 상호학습이 이루어지고 있다는 것이다. 이 논문들은 우선 쉽게 씌어지지 않았다는 데 높은 점수를 주어야 할 것이다. 오랜 시간과 각고의 노력 끝에 산출된 흔적이 역력하다. 짜임새 있는 분석의 틀 속에서 생생하고 값진 자료들이 설명과 더불어 잘 정리되고 있다.

강신택의 논문이 심의실태 분석에 초점을 두고 있다면 다음의 논문들은 심의의 개선방향에 역점을 두고 있다. 우선 김영훈의 "국회의 예산심의 및 통제에 관한 연구"(《의정연구》 18집, 한국의회발전연구회,

1986)를 살펴보기로 한다. 이 논문은 예산심의의 개선책에 초점을 맞추었는데 그 개선책은 첫째, 심의과정에서 전문성의 제도화이고, 둘째, 항시성을 띤 수입과 지출의 항목은 심의과정에서 제외하고, 셋째, 국회도 행정의 생산성 향상에 관심을 갖도록 해야 한다는 것이다.

박영희·김종희의 "국회 예산심의과정의 개선: 예산결산특별위원회를 중심으로"(《한국행정학보》21권 2호, 1987)를 보면 심의과정이 정치적 절충과 형식적 절차로 특징지어져 있고 심의가 행정부 대 입법부의 관계에서보다는 여당 대 야당의 관계에서 이루어지고 있다는 것이다. 여기서 개선안을 제시하고 있는데, 첫째가 위원회를 전문성이 있는 의원으로 구성해야 하고, 둘째는 심의는 당파적인 입장을 지양해서 초당적으로 해야 하고, 셋째는 계수조정에서 참여의 폭을 넓혀야 하고, 넷째는 예산결산위원회를 상설화하여야 한다는 것이다.

황윤원의 "우리나라 예산심의의 결정변수 분석"(《한국행정학보》27권 2호, 1993)은 예산심의에서 어떠한 변수들이 영향을 주는가에 연구의 초점을 맞추고 있다. 황 교수는 일곱 개의 변수들을 찾아내고 있는데 당파성변수, 정치체제변수, 제도적 변수, 시간적 변수, 정보 및 지적 변수, 구조적 변수, 행태변수가 그것들이다. 창의성과 통찰력이 있는 논문이라고 할 수 있다.

신무섭의 "입법부의 예산개혁에 대한 평가와 전망"〔《한국행정학보》28권 3호(1994년 가을호)〕은 기존의 연구들이 예산심의의 개선문제를 다룰 때 예산심의 자체에만 초점을 맞추고 예산심의를 둘러싸고 있는 정치적 여건을 고려하지 않고 있어 개선에 대한 논의들이 공허성을 면하기가 어렵다고 지적하면서, 권력구조에서 입법부가 어떠한 역할과 기능을 수행하는가에 초점을 맞추고 입법부의 예산개혁 문제를 논의한다. 영국과 미국의 입법부의 예산개혁에 관한 역사를 추적하고 이것이 한국의 경우에 어떤 시사점을 주는가를 검토하고 있다. 우선 이 논문은 입법부의 유형을 반응적 입법부(영국), 활동적 입법부(미국) 및 한계적 입법부(한국)로 나누고 우리의 경우 입법부가 실질적으로 행정부에 종속되어 있는 경우 어떠한 제도개선도 한계성을 면치 못하고 형식화될 가능성이 높다고 설명한다. 입법부가 제대로 예산심의의 주도권을 가지려면 의회가 정책결정의 중심이 되어야 한다고 결론맺는다. 예산심의 개혁의 연구에 새로운 시각을 제공하는 논문이다.

박정수의 "재정분권화정책의 결정요인에 관한 연구"〔《한국행정학보》 27권 1호(1993년 봄호)〕는 재정분권화 요인으로 사회경제적 발전과 정치·행정적 조건을 다같이 독립변수로 상정해서 설명하고 있다는 점에서 관심을 끈다. 다시 말해서 이전의 연구들은 거의 정치·행정변수들을 포함하지 않고 연구하였지만, 이 연구에서는 시계열적 자료의 분석을 통해서 이 변수들을 포함시켜 분석하고 있다는 것이다. 분석결과, 사회경제적 발전요인들이 재정의 분권화에 정(positive)의 영향을 미치며, 행정의 분권화 노력도 정의 영향을 미치고 있음이 밝혀졌다. 그러나 정치적 불안정성은 재정 분권화에 강한 부(negative)의 영향을 미치고 있다는 것도 밝혀지고 있다. 정치적 민주주의 안정성이 재정분권화를 조장한다는 의미 있는 발견이다.

김정완의 논문 "한국 재량적 재정적자의 결정요인과 메커니즘의 분석: 공공선택론의 관점에서"〔《한국행정학보》 28권 1호(1994년 봄호)〕는 재정적자의 결정요인을 공공선택론의 입장에서 분석하고 있다. 여기서 종속변수는 1963~92년의 기간 동안 중앙정부의 재정적자 중에서 현실의 국민소득에 기초한 재량적 적자의 크기와 강도를 잘 나타내는 표준재정수지이고, 독립변수로는 경제적 요인에서 인플레이션·경

제성장·실업률, 행정적 요인에서 사회복지·국방·관료제를, 선거요
인에서는 대통령직선·대통령간선·국회의원선거 등의 9개를 선정하
고 있다. 먼저 부분상관계수를 기준으로 한 요인분석에서는 사회복지
나 대통령 직선과 같은 비경제적 요인이 경제적 요인보다 더 많은 영
향을 주는 것으로 나타나고 있다. 또 사회복지가 공공선택론이 주장하
는 바와 같이 관료, 정치가, 유권자 등 예산주체들이 사적인 이익추구
예산행태와 이들간의 상호작용으로 재정적자에 가장 큰 영향력을 끼친
다는 것이다.

박영희의 "예산정책과 경제발전"〔《한국행정학보》28권 3호(1994년
가을호)〕은 예산정책과 경제발전과의 상관관계를 분석한 논문으로서,
1949~94년 동안 늘어난 GNP 규모와 예산규모를 비교하면서 검토하
고 있다. 분석결과, GNP는 200배 정도 증가하였으나 일반회계 예산
규모는 50만 배나 늘어나 산업화에 필요한 투자재원을 주로 재정에서
조달하였다는 것을 밝히고 있다. 확대예산정책은 적자예산에 의존할
수밖에 없었고, 적자예산은 국내자본 형성에 결정적으로 기여하였다
는 것이다. 1980년대 말까지는 확대예산정책으로 경제발전을 뒷받침
할 수 있었으나, 1990년대에 들어오면서 생산요소의 값이 너무 상승
하여 수출경쟁력을 상실하게 되어 앞으로의 예산정책은 긴축정책으로
나가야 한다고 제시하고 있다. 예산과 경제성장의 문제를 다룰 때 참
고할 만한 글이다.

유금록의 "조세정책의 결정요인: 한국의 조세수입을 중심으로"〔《한
국행정학보》28권 3호(1994년 가을호)〕는 1963년부터 1992년까지 우리
나라 중앙정부의 조세수입을 대상으로 조세정책의 결정요인을 분석하
고 있다. 종속변수로는 국민총생산에 대한 비가중표준화 조세수입변
화의 백분율을 사용하고 있으며, 독립변수로는 경제적 요인(실업률,

인플레이션), 재정적 요인(세출, 재정수지), 정치적 요인(선거, 행정부
간 차이), 제도적 요인(조세징수 노력, 관료제 및 법률적 제약 요인) 등
을 사용하고 있다. 분석결과는 우리나라 조세정책에 가장 큰 영향을
미치는 요인으로는 조세징수 노력이며, 관료제 및 법률적 요인도 유의
미한 영향을 미친다는 것이다. 뿐만 아니라 우리나라 조세정책에 조세
순환이 존재할 뿐 아니라 조세정책이 인플레이션을 억제하는 효과도
있다는 것이다.

이원희가 쓴 "재정민주주의의 이념에서 평가한 국회의 국방예산 통
제"(《한국행정학보》 30권 3호(1996년 여름호)〕는 국방예산이 국민경제
에 미치는 영향이나 적정 국방비 수준이라는 거시적인 분석이 아니라
예산결정과정의 검토에 한정하고 있다. 특히 권위주의적 정권하에서
는 거의 성역화되던 방위비 예산이 13대 국회 이후 민주화가 진행되면
서 심의과정에 어떠한 변화가 일어나고 있는가를 검토하고 있다. 다시
말해서 예산의 투명성과 통제 가능성, 그리고 확보된 예산의 올바른
집행을 검토하려는 것이다. 따라서 분석의 시간적 범위로는 13대 국회
인 1988~91년과 14대 국회인 1992~94년이 분석대상에 포함되어 있
다. 분석결과, 민주화의 진행과 관계없이 국회는 심의과정에서 무력
함을 보이고 있다는 것이다. 오히려 1990년대에 들어와서는 더욱 형
식화로 흐르고 있음을 강조한다. 앞으로 국방예산의 심의문제를 연구
하는 데 크게 도움이 되는 논문이다.

박광국·최상일·주효진의 "지방자치단체장의 판공비 예산결정과정
및 지출패턴 분석: 대구광역시 8개 구·군청을 중심으로"(《한국행정학
보》 33권 3호(1999년 가을호)〕는 접근하기 어려운 판공비 문제를 본격
적으로 심도있게 다루고 있다는 점에서 주목을 끌고 있다. 우리 사회
에서 기관장들의 판공비 문제는 관심과 논의의 대상이 되어왔지만 아

직까지 연구의 사각지대에 머물고 있었다. 이 논문은 이를 극복하고
판공비 결정과정의 역동적 구조와 지출패턴을 합법성, 형평성, 합목
적성 및 투명성에서 논리정연하게 분석 및 평가하고 있다. 이 논문은
창의성과 계몽성을 발휘하여 앞으로 이 분야 연구에 길잡이 역할을 할
것이다.

　전선일의 "정당국고보조금의 배분 및 집행실태 분석"〔《한국행정학
보》 35권 2호(2001)〕은 정당국고보조금의 배분과 집행실태를 분석하면
서 문제점과 개선방안을 제시하고 있다. 우선 정당보조금이 국회의 입
법권에 의해서 근거 없이 지속적으로 증액되어 왔다는 것이다. 두 번
째로 대통령 선거를 제외하고 국회의원 선거의 결과를 주 배분기준으
로 삼는다는 것이다. 지출 면에서도 회계과정이 허술하고, 중앙선거
관리위원회의 현지 확인 및 조사 등이 제대로 이루어지지 않고, 위법
사항에 대한 조치도 미흡하다는 것이다. 개선안으로는 배분시 대통령
선거 결과도 반영해야 하고, 정당의 당비납부실적과 연계시켜야 하며,
용도제한과 선거관리위원회의 실사권을 강화하고, 법인카드 사용을
의무화할 것을 제안한다. 정당국고보조금의 배분 및 집행실태를 파악
하는 데 소중한 연구라고 생각된다.

　윤성식의 "예산회계정보시스템의 설계: 효율성 측정의 필요조건"
〔《한국행정학보》 27권 4호(1993)〕은 예산의 전 과정에 걸쳐 개혁을 추
진하고 특히 예산의 효율성을 측정할 때에 기본핵심을 이루고 있는 예
산회계정보시스템을 어떻게 구축해야 할 것인가를 다루고 있다. 한국
은 물론 외국에서도 이 분야에서 연구가 제대로 되지 않은 상태에서
윤성식의 이 논문은 앞으로 우리나라 예산개혁, 특히 감사개혁에 안내
자의 역할을 할 것이라고 생각된다. 계몽적 가치를 지니고 있는 논문
이다.

윤성식의 또 다른 논문 "감사인의 독립성과 적정 감사인의 규모: 대
리인이론과 게임이론의 관점"〔《한국행정학보》28권 3호(1994)〕은 한국
의 감사제도, 특히 중복감사 문제를 심도 있고 창의적으로 다루고 있
다. 한국행정에서 감사의 횟수가 너무 많다고 하여 불평이 많다. 감사
의 횟수를 얼마로 할 때에 적절하다고 할 수 있을까의 문제를 윤성식
은 대리인이론과 게임이론을 동원해서 접근하고 있다. 2회가 적정규
모라고 밝히고 있으나 그 답이 중요한 것이 아니라 그 답에 도달하기
까지의 논의전개가 대단히 설득적이고 창의적이다. 논리성과 창의성
이 뛰어난 논문이다.

김현구의 두 편의 논문인 "효율적 국가감사체계의 확립방안: 국정감
사와 감사원 감사의 연계"〔《한국행정학보》24권 3호(1990)〕와 "국정감
사제도와 운영의 분석적 조명: 1988~98년간의 시행경험을 중심으로"
〔《한국정치학회보》33집 1호(1999)〕는 주목을 끄는 논문들이다. 김현
구는 이들을 통해서 어떻게 하면 감사제도가 허구성과 형식성에서 벗
어나서 내실 있고 효율적인 감사제도로 정착할 수 있는가를 진지하면
서도 심도있게 모색하고 있다. 오늘날 한국사회의 감사제도, 특히 의
회의 국정감사제도의 유명무실성, 피감사기관의 과다성, 감사의 중복
성 등 여러 가지 문제들이 파헤쳐지는 한편, 생산적이고 효율적인 감
사제도를 확립하기 위해서 의회의 국정감사와 감사원 감사제도가 어떻
게 연계되어 상호보완의 기능을 할 수 있는가를 제시함으로써 감사제
도 개선에 값진 발판을 깔았다고 할 수 있다.

문경삼·송건섭의 "감사원 감사 판단기준의 변화추이 분석"〔《한국행
정학보》31권 4호(1997년 겨울호)〕은 감사 판단기준을 밝히고, 그 판단
기준의 변화추이를 분석하고 있다. 판단기준으로 합법성, 효율성(능률
성, 경제성, 효과성) 및 민주성 등을 제시하고 각각에 해당하는 감사 지

118

적사항을 분석하고 있다. 분석대상이 된 감사사례는 1963년부터 1993
년까지 30년간 실시한 1만 8천여 건인데, 이것들을 감사연도별 및 공화
국별, 감사결과처분별, 감사대상기관별, 감사종류별로 분류해서 분석
하고 있다. 분석결과, 감사판단의 기준은 합법성에서 효율성으로 효율
성에서 다시 합법성으로 방향을 잡은 변화의 추이를 나타내고 있다는
것이다. 앞으로 민주성이나 형평성 등이 판단의 기준으로 강조되어야
한다고 지적하고 있다. 시간과 노력이 많이 소요된 논문으로서 앞으로
이 분야의 연구에 크게 참고가 될 수 있다.

　김태윤의 "성과감사의 운영방향과 원칙"〔《한국행정학보》32권 1호
(1998년 봄호)〕은 성과감사의 성공적인 운영을 위해서 다음의 몇 가지를
제안하고 있다. 첫째, 성과감사는 합규성(合規性) 감사와 보완적 성격
을 가지고 있음으로 두 기능의 감사가 동시에 균형 있게 수행되어야 한
다는 것, 둘째, 감사의 결과에 따라 차별화된 성과급체계를 감사인의
보수체계에 도입할 것, 셋째, 감사실패를 막기 위해서 감사역량의 확충
을 위한 대대적인 조치를 취할 것, 넷째, 감사인의 수감기관에 대한 개
선권고는 정책목표의 다층적 다양성을 고려해야 하므로 대단히 신중한
자세에서 이루도록 할 것, 다섯째, 성과감사는 객관적인 분석과 정보를
정부기관, 유관당사자 및 일반 공중에 제공함으로써 필요하다면 공론화
의 장을 열 것 등이다. 성과감사를 수행할 때 참고할 만한 내용이다.

　김호섭·김성철·김병기·권혁성이 공동으로 집필한 "자치단체에
대한 국정감사의 법적 한계와 역기능적 실태: 경기도 사례를 중심으
로"〔《한국행정학보》36권 2호(2002)〕는 이론적인 면에서는 물론 실천
적인 면에서도 논란의 여지가 많았던 문제 — 지방자치단체에 대해서
국회가 국정감사를 해야 하느냐의 문제에 대해서 해결의 실마리를 던
져 주는 연구이다. 이 논문은 경기도를 사례로 현행 국회의 지방자치

단체에 대한 감사실태를 심도있게 분석하고 있다. 분석결과, 위임사
무보다는 자치사무에 대한 초법적인 합목적성 감사가 다수를 이루고
있고, 과다하고 중복된 자료요청이 감사의 실효성을 저하시키고 있음
이 드러났다. 더불어 국정감사의 범위를 조사권 수준으로 크게 축소하
고 장기적으로는 지방의회의 활성화와 더불어 국정감사제도는 폐지되
어야 하고, 지방의회의 감사가 미흡하거나 위법적 사안에 대해서만 국
정조사권을 행사해야 함을 밝히고 있다.

배인명의 "기준재정수요액 산정방식의 개선방안에 대한 연구"〔《한국
행정연구》(2001년 겨울호)〕는 우리나라 기준재정수요액 산정방식을 분
석하고, 그 결과 나타난 측정항목과 측정단위의 산정, 단위비용의 산
정, 보정계수 등에서의 여러 문제점을 지적하고 있다. 좀더 구체적으
로 지적하면, 첫째, 측정항목이 예산체계와 일치하지 않고 그 수가 지
나치게 많으며, 둘째, 하나의 측정항목에 하나의 측정단위만 포함되
어 있기 때문에 올바른 재정수요의 측정에 어려움이 있다. 셋째, 기준
재정수요액과 실제 예산과의 차이가 측정항목간에 큰 편차를 만들며,
넷째, 보정계수가 기준재정수요액 산정을 복잡하게 하여 각 지방정부
의 지방교부세에 대한 예측을 어렵게 하고 있다는 것이다. 개선방안으
로 실제 지방정부 결산자료를 바탕으로 다중회귀분석을 활용하여 각
지방정부의 유형에 따라 보다 단순하고 설명력이 높은 기준재정수요액
의 산정방안을 제시하고 있다. 이 방면 연구의 발전을 한 걸음 앞당긴
창의성이 있는 논문이라 하겠다.

박정수는 "지방자치단체의 효율적 현금관리방안: 경기도 군포시, 16
개 시·도 교육청 사례를 중심으로"〔《한국행정학보》33권 4호(1999년 겨
울호)〕에서 현금관리 프로그램은 광의의 정보회계시스템의 일환으로
구축되어야 한다고 주장한다. 예산, 회계, 현금관리, 성과관리, 감사

로 이어지는 제 재무관리 과정이 하나의 시스템으로 연계되어 운영될 때 효율적인 재무관리가 가능하다는 것이다. 이 연구는 경기도 군포시와 16개 시·도 교육청의 현금관리의 실태분석을 통해 현금유입과 지출, 잔고의 운영과정에서 효율성 측면에서 현금관리 개선의 여지가 많음을 밝히고 있다. 이자수입의 경우 그 규모에서 지방교육자치단체가 일반 지방자치단체에 크게 미치지 못하고 있음을 지적한다. 아울러 이 연구는 현금예산제도의 도입, 투자의 과학적 관리, 지방금고의 경쟁체제 구축, 집중계좌 및 영계좌의 활용, 현금관리정보시스템의 구축 등을 제안하고 있다.

윤성식의 "공공부문의 현금관리와 적정현금보유량에 대한 연구" 〔《행정논총》 39권 3호(2001)〕는 민간부문에서 사용되는 적정현금보유량의 결정을 위한 수리모델이 공공부문에서는 적합하지 않다고 지적하면서 공공부문에 적합한 적정현금보유량을 결정하는 모델을 제시하고 있다. 여기서 주장하는 것은 공공부문의 현금흐름은 종적인 변화와 횡적인 변화가 민간부문과 다른 특성을 지니고 있기 때문에 이 특성을 유의해서 적정보유량을 결정해야 한다는 것이다. 이 방면 연구에 하나의 튼튼한 발판을 깔았다고 생각된다.

강인제·신종렬·배득종이 함께 쓴 "복식부기회계제도 도입과 적용의 비용편익 분석"〔《한국행정학보》 37권 1호(2003년 봄호)〕은 현재 시범적으로 복식부기회계제도를 실시하고 있는 경기도 부천시와 서울시 강남구의 시범사업과 전국으로 확산될 것에 대한 비용편익을 분석하여 가시적으로 어떤 효용이 있는가를 파악하는 것을 연구목적으로 하고 있다. 실제 분석결과, 복식부기회계시스템의 경우 2010년까지는 편익비용비는 5.67배에 달하며, 2015년까지는 7.43배로 나타나고 있다. 발생주의회계 채택시 비용편익비는 2010년에는 1.2로 나타나고,

2015년까지는 2.42로 나타난다. 비용편익을 구체적으로 분석해서 수치로 나타내고 있다는 점에서 이 방면 연구에 선도적 역할을 하지 않나 싶다.

김상헌의 "경제에 대한 정치적 통제와 탈세"〔《한국행정학보》 37권 2호(2003년 여름호)〕는 탈세문제를 경제에 대한 정치적 통제의 관점에서 다루고 있다는 점에서 새로움을 던져 주고 있다. 김상헌은 연구의 대상을 분석할 때에 거의 수식을 사용해서 분석하고 있는데 이 논문도 예외는 아니다. 연구대상을 수식으로 설명하고 장악하는 데 탁월한 재주가 있는 사람이다. 이 논문에서 주장하는 것은 경제를 통제하려는 정치적 의도와 영향이 있을 때 그렇지 않은 경우에 비하여 세무조사 수준은 낮아지고 탈세의 정도는 높아진다는 것이다. 이러한 이론적 예측을 뒷받침하기 위해서 IMD와 WEF 자료를 이용해서 실증분석도 하고 있다. 독창적인 논문이다.

황윤원·기노진의 "우리나라 기금제도의 문제점과 개선방향"〔《행정논총》 37권 2호(1999. 12)〕은 우리나라 기금의 현황과 운용실태, 문제점 및 개선방향에 걸쳐서 광범위하면서도 체계적으로 논의하고 있다. 여기서 나타난 문제점이란 우선 설치상의 문제점으로 수적·양적 팽창, 일반·특별회계와의 중복 및 연계성 미흡, 유사기금의 중복 설치, 공공기금과 기타기금의 구분기준 모호, 통합재정수지의 적자요인 작용을 들 수 있고, 다음 기금운용상의 문제점으로 종합적인 협의체제 미흡, 사업내용의 부적절성, 기금운용에 대한 점검·평가체계의 미흡, 기금운용의 자의성을 들 수 있다. 마지막으로 기금통제장치의 미비문제로 기금운용에 대한 법적 규정의 미비, 국회 차원에서의 통제장치 미흡 등을 들고 있다. 개선방안은 앞에서 열거한 문제점들을 시정하는 방향에서 논의된다. 앞으로 기금연구에 길잡이의 역할을 할 수

122

있는 논문이다.

　　김태일·김상헌의 "기금평가 결과에서 나타난 기금운영의 특성 분석"〔《한국행정학보》 37권 3호(2003년 가을호)〕은 2000년부터 2002년까지 3년간 이루어진 기금평가 결과의 분석을 통하여 기금운영의 특성을 파악하고, 향후 기금운영의 시사점을 제시하는 것을 목적으로 하고 있다. 분석결과는 다음과 같다. 첫째, 연금/금융성 기금의 사업부문 평가점수가 사업성 기금에 비하여 높게 나왔다는 것이다. 이유로 사업성 기금이 비교적 방만하게 운영되었다는 것이다. 둘째, 사업성 기금의 연도별 운영성과의 변동이 연금/금융성 기금에 비해 크게 나타나고 있는데, 이는 사업성 기금이 운영에 있어 재량의 여지를 지니고 있었기 때문이다. 셋째, 위탁운영이 직접운영보다 평가점수가 높게 나왔는데, 이는 위탁기관이 전문성의 인력을 더욱 많이 보유하고 있기 때문이다. 넷째, 규모가 큰 기금이 규모가 작은 기금보다 성과가 높은 것으로 나타나는데 이것 역시 전문성이 있는 인력을 확보하고 있기 때문이다. 이 논문은 마지막으로 기금의 평가제도가 기금운영의 효율성을 올리는 데 기여하고 있다고 지적하고 있다.

　　최병선의 "WTO 정부조달협정의 후속논의와 한국의 조달행정 발전과제"〔《행정논총》 42권 2호(2004.6)〕는 WTO 출범 이후 정부조달시장의 개방이 빠르게 진행되고 있는 차제에, 정부조달시장의 개방현황을 고찰한 후 조달행정의 당면과제를 검토하고 있다. 이 중에서도 특히 정부조달협정 적용대상기관의 확대와 공기업 민영화 대상기관의 제외 문제, 지속적인 투명성 제고, 외국의 조달시장에 대한 국내기업의 진출확대 지원, 지역간 협정차원에서의 협력 강화, 조달시장 개방관련 교육훈련의 강화 등이 중요한 과제로 밝혀지고 있다. 이 방면 연구에 선구자적 역할을 하고 있다.

제 7 장
발전 및 비교행정(국제행정 포함)과 방법론 분야

1. 발전행정 분야

1) 저서 편

1960년대 중반에 들어서면서 한국의 행정학계는 발전에 관한 열기와 관심으로 들끓게 된다. 이것은 주로 두 가지 이유라고 생각되는데, 하나는 1960년대 초에 있었던 미국의 신생국 발전에 대한 이론의 개발이고 또 하나는 우리 사회의 근대화에 대한 열의이다. 그런데 발전행정 분야에서는 특이하게도 교과서보다 연구서가 먼저 나오는 현상이 나타났다.

발전에 대한 열의가 넘치는 이와 같은 상황 속에서 나타난 저서가 박동서 편의 《발전론 서설》(박영사, 1965)이다. 이 책은 정범모, 고병익 등 사회과학 여러 분야의 중진급 학자들의 발전에 관한 이론적 견해를 모아 놓은 계몽서라고 할 수 있다. 이 책은 한국사회에 발전에 관한 제 이론들을 전파하고 확산시키는 데 초석의 역할을 하였다고 할 수 있다.

이어서 개발에서 행정의 역할을 강조한 박문옥의 《개발행정론》(박영사, 1967)과 발전행정의 연구에서 하나의 획을 긋는 이한빈의 《사회변동과 행정》(박영사, 1968)이 차례로 출간된다. 이한빈은 시관(*time perspective*)을 통해서 행정체제의 변화를 분석하고 있다. 시관에는 도피형, 착취형, 발전형의 세 가지의 지배적 유형이 있는데, 정치 및 행정 엘리트들의 시관과 사회 및 행정변동과의 관계를 1945년부터 1963년까지 경험적 사실을 토대로 분석하고 있다. 쉽게 말해서 정치 및 행정 엘리트들이 어떠한 시관을 갖고 있는가에 따라 변화가 결정된다는 것이다. 당시 학계에 신선한 충격을 준 역작으로서 창의성이 발휘된 연구서이다. 발전행정사에 고전으로 평가될 만한 저작이다.

황인정의 《행정과 경제개발》(서울대 출판부, 1970)은 1955~65년의 10년 동안 경제부처의 엘리트들이 경제개발에 어떠한 역할을 하였는가와 정치지도자와 행정엘리트 간의 관계를 실증적인 조사를 통해서 분석하고 있다. 그 시대에 이러한 실증적 분석을 통한 참신한 연구서가 나왔다는 것은 기억할 만한 일이다.

발전행정에 관한 교과서는 1973년에 와서야 박동서 외의 《발전행정론》(법문사)으로 세상에 나오게 된다. 여기에는 학계의 중진들[김광웅, 안병영, 오석홍, 유종해, 황인정(초판에는 송영달)]이 참여하고 있는데, 내용이나 체제 면에서 발전행정 교과서의 표본 역할을 하였고 발전행정을 이해시키고 보급시키는 데 계몽적 역할을 하였다.

노정현이 쓴 《한국근대화론》(박영사, 1980)은 저자가 과거에 발표했던 논문들을 근대화란 주제로 엮은 책이다. 이 책의 내용 중 두 가지가 눈에 띄는데 하나는 인간중심의 휴머니즘적 근대화이고, 다른 하나는 관료엘리트들의 가치의식에 대한 조사이다. 계몽성과 자료적 가치를 지닌 책이다.

김신복의 《발전기획론》(박영사, 1983) 과 윤정길의 《발전기획능력론》(1976) 은 기획을 발전행정의 시각에서 다루었고 또 발전문제를 기획차원으로 구체화시켰다는 데 의미가 있는 책이다. 발전행정의 퇴조를 발전기획이라는 이름으로 되살아나게 하는 새로운 시각을 제공한 저서들이라고 할 수 있다. 특히 김신복의 《발전기획론》은 계몽성을 띤 우수한 교과서라고 할 수 있다.

김광웅이 발전론의 시각에서 두 권의 책을 펴내는데, 하나는 《관료와 발전》(평민사, 1986) 이고 또 하나는 《한국의 관료제 연구》(대영, 1992) 이다. 두 권 다 한국관료들의 실상과 역할을 발전론의 시각에서 실증적으로 분석하고 있다. 김광웅은 첫 번째 책에서 관료들의 적성과 행동성향적 자질, 그리고 시민과 관료와의 관계를 의식구조의 시각에서 경험적 자료를 통해 분석하고 있다. 그는 관료가 주도하는 발전을 비판적으로 설명하고 있는데, 그 근본적 이유는 변화와 발전을 싫어하는 보수성향의 관료들이 발전의 역군으로 역할을 하는 것이 잘못된 출발이 때문이라고 말한다. 이어서 그는 관료적 발전주의의 한계를 심도 있게 지적하면서 기존의 관 주도형 발전을 논박한다. 두 번째의 책은 관료는 가치중립적 도구가 아니라 사회 전체를 지도하고 총괄하는 국가의 실체임을 말한다. 그는 여기서 처음으로 관료의 계급성 문제를 다루고 있다. 이 두 권의 책은 한국관료제를 연구하는 데 많은 시사점을 주는 연구서로서 창의성이 보이는 저작이라고 할 수 있다.

정승건의 《한국관료제론》(부산대 출판부, 2004) 은 정부수립 후의 이승만 정권부터 김대중 정부에 이르기까지 관료제가 어떻게 변천되었는가를 깔끔하면서도 일목요연하게 정리하고 있다. 국가건설기에서 시작하여 산업화를 거치고 민주화에 들어서기까지 관료제의 역할이 어떻게 변천되었는가를 정갈하게 보여준다. 이 연구서는 여러 가지 면에서 평가를 받을 만한 노작이다. 우선 이 분야에 관계된 기존의 연구들을 거의 빠짐없이 섭렵해서 논의의 전개를 풍성하게 하고 있다. 두 번째는 관료제의 모습과 역할이 정치, 경제, 사회, 문화 등 여러 환경적 요소들의 변화 속에서 어떻게 변화되었는가를 심도있게 설명한다. 특히 다루기 힘든 관료제와 정치권력과의 관계에 초점을 맞추고 심도있게 분석한 것이 돋보인다. 저자는 1990년 이전까지는 한국관료제가 정치권력과의 관계 속에서 그 모습이 가장 잘 밝혀질 수 있었지만, 그 이후로는 시민사회와의 관계 속에서 이해될 수밖에 없는 상황에 처하게 되었다고 서술하고 있다. 한때는 관료제가 시민사회를 근대화시켰지만, 이제는 시민사회가 관료제를 근대화시킬 처지에 와 있다고 이야기하고 있다.

발전행정 연구에 평생을 헌신한 한영환이 두 권의 책을 펴냈는데 하나는 《국가발전과 행정》(아세아문화사, 1989)이고, 다른 하나는 《발전행정론》(아세아문화사, 2000)이다. 두 책 모두 평생 쓴 논문들을 체계적으로 엮은 저서들이다. 발전에 관한 모든 이론과 전략이 이 두 책에 담겨있다고 해도 과언이 아니다. 《국가발전과 행정》은 연구서의 성격을 띠고 있고, 《발전행정론》은 첫 번째 책을 수정 보완한 것으로 교과서 형식을 취하며 내용은 전문서적에 가깝다. 이 두 권의 책들은 여러 가지로 의미가 있는 저작들이다. 첫째, 발전이란 서구적 근대화가 아니라 체제의 발전단계를 포괄하고 관리할 수 있는 능력으로 보고 있다. 둘째, 많은 이론들을 동원해서 본격적으로 한국의 발전문제를 다루고 있다는 것이다. 따라서 모든 글들이 저자의 뚜렷한 철학과 고뇌 속에서 씌어지고 있다. 셋째, 전통적인 유교의 덕목 속에서 발전의 가능성을 탐색하고 있다. 특히 율곡의 시무책을 발전연구의 틀로 삼고 발전문제를 분석하고 있는 것은 압권이라고 할 수 있다. 이 책들은 계몽성은 물론 창의성도 보여주는 발전행정의 결정판이라고 할 수 있다.

발전문제를 국가론적 시각에서 다룬 책이 김석준이 쓴 《한국산업화 국가론》(나남출판, 1992) 이다. 이 책은 국가론에 새로운 절충주의적 시각을 도입하여 국가변화를 모형화하여 제 1공화국을 정치적 안보국가로, 제 2공화국은 정치적 복지국가로, 제 3공화국에서 제 5공화국까지를 신중상주의적 안보국가로 각각 규정하고 이들이 정책산출과 발전 성과에 상이한 결과를 가져옴을 방대한 자료를 동원하여 밝히고 있다. 아울러 국가능력이론을 새롭게 구성하는데, 국가능력에는 국가이념, 국가관료제, 국가정책망, 국가기술, 협상능력, 사회계급관리능력 등이 포함되어 있다. 이 책의 핵심은 3장에서 5장까진데 국가능력이론을 통해서 공화국별로 산업화과정을 설명하고 있다. 접근방법에서 창의성을 발휘하고 있고 자료적 가치가 풍부한 저작이다.

2) 논문 편

백완기의 "행정체제의 변화유형: 발전행정의 시각에서"〔《한국정치학회보》 14집 (1980)〕는 행정체제를 발전행정의 시각에서 체제유지형, 가치창조형 및 간접유도형으로 분류하고 각 체제의 특징들을 살핀 후, 한국의 행정체제가 체제유지형에서 가치창조형을 거쳐 간접유도형으로 나가게 될 것이라고 전망하고 있다.

발전행정 분야에서 눈에 띄는 논문으로서 송재복의 두 편의 논문을 들 수 있다. 그 하나가 "한국산업화과정에서의 국가역할에 관한 연구: 제 3, 4, 5공화국의 비교분석"〔《한국행정학보》 23권 2호 (1989)〕이다. 이 논문은 한국의 산업화과정에서 국가는 어떠한 역할을 하였는가를 제 3, 4, 5공화국을 비교하면서 분석하고 있다. 국가의 역할로는 기업가적 역할, 지원자적 역할 및 교섭자적 역할을 들고 있는데 각 공화국별로 그 역할의 크기가 다르다는 것을 보여주고 있다. 기업가적 역할의 크기는 3공화국 - 4공화국 순으로, 지원자적 역할은 4공화국 - 3공화국 - 5공화국 순으로, 교섭자적 역할은 5공화국 - 4공화국 - 3공화국 순으로 나타나고 있다. 위의 세 가지 역할 중 산업화과정에 크게 역할을 한 것은 기업가적 역할과 지원자적 역할이고, 국가는 이러한 역할을 수행함으로써 국가의 지배적 위치를 더욱 강화시켰다고 지적하고 있다. 두 번째가 "발전능력, 종속, 발전성과 간의 인과성 연구: 계량적 방법을 통한 국가횡단 분석"〔《한국행정학보》 24권 2호(1990)〕이다. 이 논문은 발전은 국가 자체의 발전능력에만 의존하는가, 아니면 종속관계(선진자본주의 국가와 저개발국 간의 종속관계)를 통해서도 이루어지는가를 저개발국가들 중에서 44개국을 표본으로 추출하여 분석하고 있다. 분석을 할 때에 발전능력의 지표, 종속지표 및 성과지표를 만들어 수량적으로 분석하고 있는데, 분석결과, 중요한 발견은 발전을 이룩하는 데는 발전능력은 물론 종속관계도 직접 및 간접으로 영향을 미친다는 것이다.

김석준의 "국가발전과 국가능력: 한국과 대만 사례의 비교계량분석"〔《한국행정학보》 24권 2호(1990)〕은 한국과 대만의 사례를 들어 국가발전과 국가능력의 관계를 계량적으로 분석하고 있다는 데에 그 의미가 있다. 일반적으로 이러한 비교 분석은 비교역사적 접근을 통해서 이루어졌는데, 여기서는 방법론상 여러 가지 한계점을 감내하면서 계량적 비교분석을 시도하였다. 국가능력 변수로는 국가능력 일반, 국가안보능력 및 국가경제능력이 포함되고, 국가발전의 변수로는 경제발전, 정치발전 및 사회발전이 포함되어 있다. 재미있는 발견은 국가안보능력은 정치발전이나 사회발전은 물론 경제발전에도 부정적인 효과를 미친다는 것이다. 이 논문이 관심을 끄는 점은 분석결과가 아니라 새로운 계량적 접근방법을 시도하였다는 것이다.

김호진의 "종속이론의 비판적 고찰"〔《한국정치학회보》18집(1984)〕은 근대화이론의 비판 속에서 탄생한 종속이론이 무엇이며, 그것의 특성과 이론적인 한계가 무엇인지에 대해 간결하게 설명하고 있어 시기적으로 충분히 계몽성을 발휘한다. 설명하고 있는 종속이론의 여러 특성 중에서 주요 골자는 자본주의의 부정 속에서 사회주의체제 선호, 국제협력보다는 배타적 민족주의, 긍정보다는 비판, 이론보다는 실천, 현실보다는 이상을 추구하는 것이다. 이론적인 한계점으로 방법론상의 한계, 가설상의 한계, 개념상의 한계 및 실천상의 한계를 들고 있다. 종속이론의 내용, 특성 및 한계를 간결하게 설명하고 있어 계몽성을 발휘하고 있다.

홍성걸의 "발전적 조합주의: 반도체산업에서의 국가-산업의 관계"〔《한국행정학보》27권 3호(1993년 가을호)〕는 반도체산업의 발전과정에서 국가와 산업과의 관계를 다룬 연구이다. 종래의 학설은 한국사회에서 반도체산업의 눈부신 발전은 민간기업의 주도에 의한 시장경제의 논리에 의해서 이루어졌다는 것이었다. 이 논문은 이에 대해서 반론을 제기하고 발전적 조합주의라는 시각에서 분석하고 있다. 여기서 이야기하는 발전적 조합주의란 세 가지 특징이 있는데, 첫째는 조직화된 노동조합이 정책결정과정에서 제외되는 것이고, 둘째는 국가와 자본가들 사이에는 이미 합의된 목표가 존재하고 협상의 대상은 목표달성의 방법이나 상대적 역할 등에 관한 것이고, 셋째는 국가는 더 이상 지배적 역할을 수행하지 않는다는 것이다. 이 논문은 반도체산업의 발전과정을 분석하고, 그간의 반도체산업의 비약적 발전이란 국가와 산업 간의 발전적 조합주의의 산물이라고 결론짓는다.

130

홍성걸은 "정보화시대에서의 국가역할과 경제발전: 아일랜드와 한국의 발전국가의 비교"〔《한국정치학회보》 37집 3호(2003년 가을호)〕에서 아일랜드의 비약적인 경제발전의 동인을 국가의 완충적 역할에 두고 논의를 하고 있다. 여기서 이야기하는 완충적 역할의 핵심이란 지식정보화 시대에 경제발전에서 국가의 역할은 국내경제의 글로벌화를 위해서 노력하고, 아울러 글로벌 경제주체의 국내진출을 매개하면서 국내 경제에 대한 글로벌의 영향을 완충시키는 것이다. 이 논문은 완충국가론의 시각에서 아일랜드의 경제발전을 논의하는 것에 치우치다 보니, 한국의 발전국가와의 관계를 전혀 다루고 있지 않아 제목과는 거리가 먼 내용이 되고 말았다. 그러나 발전론을 다루는 데에 국가의 역할에 완충이라는 새로운 역할을 소개하고 있어 거명할 만하다고 생각된다.

이영철의 "재편의 정치와 노동의 재편: 발전적 권위주의 국가 노동정책의 원형"〔《한국행정학보》 33권 1호(1999년 봄호)〕은 군사정변으로 집권한 박정희 정권의 노동정책을 산업별 노동조합의 강제, 제2노조의 금지, 정치활동의 제약 등으로 특징지으면서 여기에 대한 기존의 코포라티즘적 노동통제론을 비판하고 새로운 시각에서 논의를 전개하고 있다. 이 연구는 박정희 정권의 노동정책은 한마디로 장기적인 정권보존의 차원에서 설명되어야 한다고 본다. 박정희 정부는 발전적 권위주의 국가를 형성하였는데 노동정책도 이것의 일환으로 설명되어야 한다는 것이다. 이 글의 주요 내용을 보면 첫째, 수출주도-노동배제론과 코포라티즘적 시각을 비판하고, 둘째, 발전적 권위주의 국가의 내용을 소개하고, 셋째, 노동정책 수립과정과 노동법의 재개정을 논의하고 정책관련자들의 쟁점을 구체적으로 추적하며 이러한 쟁점들을 발전적 권위주의 국가의 형성과 연결지으면서 해석하고 있다. 박정희 정권의 노동정책을 발전적 권위주의 국가의 시각에서 해석하고 있는 것이 기존의 연구와 차별된다.

김판석·사득환이 쓴 "'지속가능한 발전'에 대한 이해와 개념정립" 〔《한국정치학회보》 32집 4호(1998년 겨울호)〕은 '지속가능한 발전'이란 무엇인지 살펴보고 이것이 등장하게 된 역사적 맥락을 환경보전 문제와 연결지으면서 추적하는 한편, 이것에 대한 접근방법들과 개념의 다의성을 밝히면서 개념정립을 모색하고 있다. 여기서는 지속가능한 발전이라는 개념은 아직도 그 정체성이 밝혀지지 않고 있다 라고 결론내린다. 그러나 이러한 노력은 이 방면 연구에 크게 참고가 되리라고 생각된다.

김정기의 "개도국의 발전이론에 관한 비판적 고찰: 행정기술지향 접근론을 중심으로"〔《한국행정학보》 18집 2호(1984)〕는 개발도상국의 발전을 촉진하고 돕기 위해서 들여온 미국의 기술지향적 이론을 비판하고 있다. 행정기술이론이 등장하게 된 배경을 설명하고, 기본가정과 기본논거 및 방법론을 소개하면서 여기에 대해서 각각 비판을 가하는 것이 논문의 주 내용이다. 이 논문은 보편성을 주장하고 능률성을 기본논거로 하고 있는 기술지향 행정이론이 역사와 문화가 다른 개발도상국의 행정체제에 적합하지 않다는 것을 주장하고 있다. 발전론을 연구하는 데 참고할 만한 글이다.

이도형은 "발전행정론의 재구성을 위한 시론: 현대 발전이론의 이론적 시사점과 발전전략적 함의를 중심으로"〔《한국행정학보》 36권 4호(2002년 겨울호)〕에서 기존의 발전행정론이 서구중심의 근대화이론으로서 한계가 많다는 것을 지적하고, 오늘의 무한경쟁과 자본세계화 속에서 야기되는 여러 가지 문제들, 예컨대 사회경제적 불평등, 신종속화, 국가간 빈부격차, 외채, 실업문제, 환경파괴 등을 해결하기 위해서는 새로운 발전이론이 제기되어야 함을 주장한다. 새로운 발전행정론의 토대가 될 수 있는 이론들을 소개하면서 새로운 발전내용과 발전방법으로 무장된 발전행정의 재구성을 논의하고 있다. 탈서구적이고 탈관주도적 발전행정을 제창하고 있다는 점에서 관심을 끌 만하다.

최종원의 "한국의 정부: 기업관계의 진화과정분석"〔《행정논총》 37권 1호(1999)〕은 한국의 정부수립 후 1공화국에서부터 김영삼 정부에 이르기까지 정부와 기업 간의 관계를 새로 개발한 상호의존성의 모형을 이용해서 깔끔하면서도 품위 있게 정리하고 있어 거론할 만한 논문이다. 분석결과를 요약하면, 1, 2공화국에서의 정부와 기업 간의 관계는 대체로 기업의 정부에 대한 일방적 의존관계였으며, 3, 4, 5공화국에서는 기업의 정부에 대한 일방적 의존관계가 제도적으로 공고히 정착되고 있다. 한편 6공화국에서는 집권 초기에는 상호독립적 관계가 유지되었으나 집권 후반기에는 상호의존관계로 변하고 있다. 김영삼 정부에 들어서서 정부와 기업 간의 관계는 초기에는 상호독립적 관계였으나 상호의존관계로 변하였고, 후반기에 들어서서는 다시 상호독립적 관계로 돌아갔다. 이 논문은 향후를 전망하면서 5대 재벌을 포함해서 여타의 대기업과 정부와의 관계는 상호독립적 관계로 전개될 것이라고 예측하고, 한 발자국 더 나아가서 기업우위의 정부-기업관계로 전환될 가능성도 있다고 부연하고 있다.

김시윤이 쓴 "국가와 경제발전: 약탈적 국가론에 대한 비판적 고찰"〔《한국행정학보》 38권 2호(2004. 4)〕은 한국이 1960~70년대 강한 국가의 전형으로서 약탈적 행위로 떨어지지 않고 어떻게 경제발전을 성공적으로 이룩하였는가를 논의하고 있다. 이 논문은 신고전주의와 신제도주의의 입장을 비판 및 보완하면서 한국이 발전지향적 특성을 갖게 된 요인을 추적하고 있다. 성공적 요인으로서 관료의 자율성을

확보하여 주고 동시에 이러한 자율성을 효과적으로 제한하는 다양한
메커니즘이 제도화됨으로써 관료적 자율성과 책임성 간에 균형을 이룰
수 있게 하였던 것이 하나의 중요한 요인이었고, 또 하나의 요인은 투
명한 국가-기업관계 네트워크인데, 이것은 관료와 기업 간의 결탁과
부패행위를 막을 수 있게 하였다는 것이다.

2. 비교행정(국제행정 포함) 분야

1) 저서 편

비교행정 분야를 잠깐 살펴보면, 이 분야의 논문들은 적지 않으나 교과서나 연구서가 적고, 교과서도 1976년에 와서야 김규정의 저서 《비교행정론》(법문사)이 나온다. 이 책은 여러 가지 비교의 접근방법을 소개하고 각국의 행정체제를 소개하고 있다. 비교행정 연구에 개척자적 역할을 하였다는 점에서 계몽성을 지닌다.

이어서 박동서·김광웅·김신복 3인 공저, 《비교행정론》(박영사, 1982)이 나온다. 이 책 역시 비교행정의 접근방법을 다루는데, 비교의 국가들을 서구의 선진국들, 동남아의 개발도상국들, 공산권 국가들로 확대하고, 개략적인 비교가 가능하도록 일정한 패턴을 만들어 각국의 행정체제를 비교하고 있다. 특히 선진국 행정체제간의 유사점, 개도국 행정체제간의 공통점, 공산권 행정체제간의 공통적 특징들의 추출은 관심을 끌 만한 연구내용이다. 역시 계몽성과 자료적 가치가 있는 책이다.

남궁근의 《비교정책연구》(법문사, 1998)는 주목을 끄는 연구서라고 할 수 있다. 우선 이론적 깊이가 있는 연구내용들로 짜임새 있게 꾸며져 있다. 이 책은 정책의 국가간 비교연구 또는 지방정부간 비교연구를 체계적으로 수행하는 데 필요한 이론과 방법, 그리고 연구사례를 포함하고 있다. 방법론에 관한 여러 가지 이론들을 자세하게 다루고 있고, 비교정책 연구분야의 새로운 이론으로서 정책네트워크론, 신제도론, 시민공동체론 등을 소개하고 있다. 《비교정책연구》의 특징은 비교연구의 일반적 접근이 아니라 구체적 접근방법을 깊이 있게 다루

고 있고, 실제 이러한 방법을 사용해서 사례들을 분석하고 있다는 것
이다. 즉, 구체적인 방법론과 그 적용사례를 보여줌으로써 앞으로 행
정체제나 정책을 비교 연구하려는 사람들에게 크게 도움이 될 만하다.
비교행정 분야에서 계몽성과 창의성이 있는 연구서로서 오래도록 참고
될 수 있는 책이라고 생각된다.

  비교행정 분야에서 짚고 넘어가야 할 책이 임도빈이 저술한 《프랑
스의 정치행정체제》(법문사, 2002) 이다. 이 책은 우리 행정학계에 귀
중한 계몽서의 역할을 하고 있다. 임도빈은 프랑스가 행정국가라는 가
정을 연구의 출발점으로 삼는다. 분석의 모델로서는 베버식 모델과 엘
리트 모델을 합친 통합모델을 사용해서 정치 및 행정 행위자들을 중심
으로 정치 및 행정과정을 질서있게 설명한다. 정치과정과 행정과정이
연속과정으로 어떻게 운영되고 있는가를 생동감 있게 보여준다. 미국
일변도의 우리 학계에 새로운 자극제가 될 수 있는 참고서이다. 특히
문화적으로 미국보다 프랑스에 가까운 우리로서는 프랑스의 행정체제
가 우리의 행정방향을 정립하는 데 소중한 참고가 될 것이다.

  비교행정 분야에서 언급할 또 하나의 책은 정용덕 《한·일 국가기
구 비교연구》(대영, 2002) 이다. 이 책은 한국과 일본의 국가기구가 지
난 20년 동안(1980~2000년) 어떻게 변화되었는가를 실증적으로 비교
분석한 책이다. 분석의 시각은 한 가지의 틀이 아니라 네 가지의 시각
에서 접근하고 있는데, 그 네 가지란 다원주의, 개인주의, 엘리트론,
그리고 자본주의 시각이다. 한국과 비교하면서 일본의 최근 국가기구
의 변화과정을 심층적으로 분석하고 있어 일본행정연구에 계몽성과 자
료성의 가치를 발휘하고 있다.

  국제행정 분야를 살펴보면, 최종기가 쓴 《국제행정》(법문사, 1963)

이라는 국제기구를 중심으로 다룬 교과서가 나온 이후로 연구활동이 정체되다시피 하다가 10년 이상이 지난 1985년에 《현대국제행정론》이라는 이름으로 개정판이 나온다. 이후에 장기붕의 《국제행정론》(성균관대 출판부, 1989)이 나오게 되는데 역시 국제기구를 중심으로 설명한 범위를 벗어나지 못하고 있다. 오늘의 사회는 개방화·국제화·세계화를 향해서 달리고 있어 여기에 대응하는 국제행정에 관한 연구가 나올 법한데 아직도 황무지에 머물고 있다.

박정택(1993)은 앞으로의 국제행정은 국제기구의 행정에 관한 연구를 벗어나서 국제공동체사회의 행정으로서 국제적 관련성을 갖는 공공의 관심사항과 문제를 해결하기 위한 공공정책의 형성과 집행으로 범위를 넓혀야 한다고 주장하고 여기에 대한 책임으로 《국제행정학》(대영, 1996)을 펴내고 있다. 이 책은 과거의 틀에서 벗어나서 국제협상과 국제적 교류에 필요한 지식과 능력을 강조하고 지구촌시대의 규범적 목표를 탐색하고 있다. 새로운 국제행정의 모습을 보여주었다는 의미에서 창의성을 보여주고 있다.

2) 논문 편

비교행정 분야에서 발표된 논문들을 추적하여 보기로 한다.

김호진의 논문, "군부지배 국가의 탈군부화 모형: 브라질과 한국" 〔《한국정치학회보》 20집 1호(1986)〕은 브라질의 군부통치가 민주체제로 전환 발전되어가는 과정 속에서 탈군부화의 모형을 정립하고 이러한 모형을 통해서 한국의 탈군부화를 조명하고 있다. 이 논문에서 다룬 주요 내용은 브라질의 체제이행과정, 정치세력간의 대결과 협상을 통한 정치적 역동성의 출현, 변화를 일으킨 인과관계의 구조 등이다. 이 논문은 브라질의 탈군부화 모형을 통해 한국의 경우를 조망하면서 양국은 사회세력의 성격과 구조, 군부체제의 성격과 운영방식, 체제의 정책성과 등 세부적인 면에서는 차이점이 적지 않으나 탈군부화의 역동성이나 인과구조 등 거시적인 면에서는 유사점이 많음을 밝히고 있다. 그럼으로써 한국의 민주화에 대해서 희망적인 관망을 한다.

박명수·박흥식(중앙대)·전종섭은 "국가행정의 혁신 및 확산 메커니즘의 한·미 간 비교"〔《한국행정학보》 31권 2호(1997년 여름호)〕에서 국가혁신시스템에 관한 이론을 바탕으로 정부행정의 혁신 및 확산메커니즘 구성단위들간의 관계와 커뮤니케이션 네트워크의 형태, 경로 등을 추적·평가하고 국가의 이와 관련된 역할은 어떤 것인가를 TQM 사례를 들어 한국과 미국을 비교하면서 분석하고 있다. 분석결과, 국내행정의 혁신메커니즘은 미국과 비교해 볼 때, 우선 구성단위 가운데 중앙정부가 상대적으로 명시적 지식의 생산주체로서의 역할을 제대로 하지 못하였음을 알 수 있다. 특히 국내외 혁신정보의 수집, 연구, 체계화 등에 제대로의 몫을 다 하지 못하였다. 명시적 지식의 교환메커니즘 역시 제대로 기능을 하지 못하였다. 묵시적 지식의 유통은 제도적 여건의 미비로, 묵시적 지식의 생산은 정부혁신 노력의 부족으로 제대로 이루어지지 않았다. 구성단위간의 연계의 경우, 특히 정부와 대학 사이에 연계가 제대로 이루어지지 않았다. 이러한 거시적 관점에서 혁신의 확산에 관해 최초로 연구함으로써 이 분야 연구의 선도자의 역할을 하고 있다.

신현중이 집필한 "공공연금지출 결정요인 분석: 상호작용모형을 중심으로"〔《한국행정연구》 31권 2호(1997년 여름호)〕는 1961년부터 1984년까지 24년 동안 선진 15개국의 공공연금지출 결정요인에 관해서 분석하고 있다. 이 연구는 기존의 연구들이 사용한 부가모형을 비판하면서, 통합횡단 및 시계열분석을 이용한 상호작용모형을 사용해서 정치적 변수들간의 역동적 관계를 분석하고 있다. 분석결과, 좌익정부는 공공연금의 증진에 필요조건이기는 하나 충분조건은 아니며, 경우에 따라서는 우익정부나 중도정부보다 공공연금 증진을 억제하기도 한다는 것이 밝혀졌다. 이러한 상호작용모형은 여타의 복지정책 분야의 연구에도 적용되어 기존의 연구결과들의 오류들을 점검할 수 있다고 한다. 기존의 연구에 도전성을 발휘한 연구이다.

임도빈의 "정치와 행정의 관계에 관한 비교연구: 영국, 프랑스, 독일의 제도를 중심으로"〔《한국행정학보》 30권 1호(1996년 봄호)〕는 선진 서구국가들의 행정의 정치종속성 원리가 어떻게 제도화되었는가를 비교하고 있다. 의회를 정치기구라 보고 행정수반과 그 보조기관을 행정이라고 본다면, 형식적으로는 행정의 정치종속성이 규정되어 있지만 실제로는 행정이 정치보다 우월한 위치에 있다고 할 수 있다는 것이다. 영국, 프랑스, 독일은 각각 그 나라의 역사적 전통과 정치문화에 맞게 자기나라 특유의 권력구조의 제도화를 확립시켜 왔다. 이들간에 보이는 몇몇 차이에도 불구하고 공통적인 것이 발견되는데, 그것은 행정권을 장악한 수상과 장관 등 행정의 역할이 크게 강화되어 왔다는 것이다. 즉, 행정권의 정치화를 가져왔다는 것이다.

유금록이 쓴 "정치적 조세순환의 스펙트럼 분석: 한국, 미국 및 일본의 비교연구"〔《한국행정학보》 30권 2호(1996년 여름호)〕는 선거가 조세정책에 영향을 미치는지를 알기 위해서 스펙트럼 분석을 시도하고 있다. 분석결과, 한국과 미국, 그리고 일본의 조세수입이 모두 안정적인 것으로 나타나고 있다는 것이다. 한국의 경우는 2.3년의 정치적 조세주기가 나타나며, 미국의 경우에는 4년의 주기가, 일본의 경우에는 2.7년의 정치적 주기가 존재하는 것으로 나타나고 있다. 이 논문에서 주장하는 바는 정치적 조세순환에 관한 연구에서 자동적 조세수입을 제거한 재량적 조세수입지표를 사용해야 한다는 것이고, 조세정책결정에 정치적 요인이 중요한 영향을 미친다는 것이다.

염돈재의 "의회의 정보기관 통제제도와 운영실태에 관한 비교연구: 미국, 독일, 한국 사례를 중심으로"〔《행정논총》41권 1호(2003)〕는 미국, 독일 및 한국에서 정보기관에 대한 의회의 통제가 어떻게 이루어지고 있는가를 비교 고찰하고 한국의 경우 보다 효율적인 통제를 위해서 몇 가지 방안을 제시하고 있다. 일반적으로 정보기관의 업무는 의회통제의 범위에서 벗어나 있었다. 이러한 통제제도를 실시하고 있는 나라는 미국, 독일, 한국 등 몇 나라에 불과한데, 한국의 경우는 1994년에 국회정보위원회를 설치했으나 정보기관에 대한 의회통제가 유명무실에 불과한 것이 사실이다. 이 논문의 분석에 의하면 한국이나 독일의 제도가 미국의 것을 모방하였기 때문에 제도내용은 유사하나, 정치적·정치문화적 배경 때문에 운영실태에서는 차이가 크다는 것이다. 한국의 경우 효율적 통제를 위해서는 정보운영위원회의 탈정치화, 정보운영위원회 운영규칙의 제정, 국회통제와 안보현실 간의 조화, 국회와 정보기관 간의 신뢰조성 등이 이룩되어야 한다고 본다.

국제행정 분야에서 주목을 끈 논문이 하나 발표되었는데 그것은 김선혁이 쓴 "국제행정과 초국가 거버넌스"〔《한국행정학보》38권 2호(2004. 4)〕이다. 이 논문은 전통적 국제행정론과 신 국제행정론의 이론적 한계성을 지적하면서 거기에 대한 대안으로 거버넌스이론을 국제행정에 적용하여 초국가 거버넌스를 제창하고 있다. 초국가 거버넌스(supranational governance)는 세계 거버넌스(global governance)와 지역 거버넌스(regional governance)로 구성되는데 이 모형이야말로 개방화, 국제화, 세계화에 걸맞은 제행정이라는 것이다. 이 논문은 국내 차원에서의 뉴거버넌스이론과 연결지으면서 국제차원의 행정과의 통합성을 제시하고 있다. 발상이 창의적이라고 할 수 있다. 단지 이 그릇에 담을 사건들과 이론들이 축적되려면 적지 않은 노력과 시간이 소요될 것이다.

김정수의 "한·미 통상마찰의 역동성 분석: 정책의 국제외부효과와 핑퐁현상"〔《한국행정학보》 31권 4호(1997년 겨울호)〕은 한·미 통상마찰의 실상을 다원적으로 살펴보고 그 동인을 분석하고 있다. 이 논문은 갈등을 상황, 행위, 감정, 인지 네 가지 차원으로 구분하고, 이 네 가지 차원에서 한·미 통상관계를 살펴본 후, 이어서 통상마찰을 분석하기 위한 이론적 모델을 제시한다. 여기서 제시한 모델이란 국제외부효과와 핑퐁현상의 모델이다. 이 논문에서는 한·미 통상의 역사를 무역 밀월시기, 방어적 마찰시기, 공세적 마찰시기의 세 시기로 나누고 이 모델을 이용해서 시기별 특징과 통상마찰의 양상 및 그 동인을 분석하고 있다. 착상이나 분석의 심도에서 수준 높은 논문이라고 할 수 있다.

최병선의 "세계화시대의 국가간 규제(정책 및 제도)의 조화에 관한 연구"〔《한국행정연구》 10권 4호(2001년 겨울호)〕는 (1) 국가간 규제차이는 왜 문제가 되는가, (2) 이 문제에 대해서 정통이론의 입장은 무엇이고, 규제조화의 논거는 무엇인가, (3) 규제협력의 두 가지 기본방식이 있는데 하나는 규제조화이고 다른 하나는 상호인정이다. 각각의 특성과 장·단점은 무엇인가, (4) 앞으로 규제협력은 어떤 방식으로 추진될 것인가, (5) 우리나라의 규제정책과 제도 그리고 무역정책의 문제점은 무엇이고 어떻게 개선해 나가야 할 것인가 등의 문제를 심도있게 다루고 있다. 이 논문은 위의 문제들을 다루면서 상호인정이 개별국가의 자율성 존중, 협상의 상대적 용이성, 대응성과 신축성 등여러 측면에서 규제조화보다 유리할 것이라고 전망하면서 우리나라도

이 추세에 능동적으로 대응하면서 현재의 규제개혁체제를 재정비할 것
을 촉구하고 있다.

　국제화시대 지방자치단체의 역할이 활발해지고 이에 따라 그 역할
이 주목됨으로써 앞으로 국제행정 연구의 지평을 넓힐 것으로 기대된
다. 국제화 시대와 더불어 지방자치단체의 역할에 관한 두 편의 논문
이 발표되고 있는데 소개하면 다음과 같다. 첫째가 이은재의 "지방자
치단체의 국제화 실태 및 과제에 관한 연구"(《한국행정학보》 28권 4호
(1994년 겨울호)〕이다. 이 논문은 지방자치단체의 국제화는 국가수준
의 국제교류를 보완하는 것이 아니라, 지방자치단체가 주체가 된 인
적·물적 문화 등의 분야에서 교류가 일어나 새로운 독자적인 연구영
역으로 자리를 잡아야 한다는 것이다. 또한 지방의 국제화는 산업의
국제화, 기술협력, 지역경제의 활성화 등에서 지속적으로 내실있게
추진되어야 한다고 본다. 이 분야의 중요성과 방향성을 제시하는 데
계몽적인 역할을 하고 있다.

　두 번째의 논문이 박용길이 집필한 "국제화와 지방정부의 대응: 강
원도의 국제교류정책을 중심으로"(《한국행정연구》 12권 2호(2003년 여
름호)〕이다. 이 논문은 국제화시대에 지방정부들이 다른 나라와 어떠
한 교류관계를 맺고 있는가를 강원도의 경우를 중심으로 심도있게 고
찰하고 있다. 강원도 광역자치단체의 국제교류 및 기초자치단체의 자
매결연 등의 추진과정 및 성과를 분석·평가하고 있다. 여기서 지적한
문제점들은 앞으로 개선책을 마련하는 데 큰 참고가 되리라고 생각된
다. 앞으로 국제행정 분야에서 자치정부들이 행위의 전면에 나서면서
그 역할이 크게 기대되는데 위의 두 개의 논문은 이에 대비해서 씌어
진 논문으로 이 분야 연구에 안내자의 역할을 할 수 있다.

3. 방법론 분야

1) 저서 편

방법론 분야에서는 최초의 교과서로서 김해동의 《조사방법론》(삼중당, 1970)을 들지 않을 수 없다. 이 책은 학문연구에서 자료의 수집, 방법, 처리 등을 중심으로 써어진 계몽적인 교과서이다. 다음에 나올 책들에 골격을 제시한 책이라고 할 수 있다.

이지훈의 《신조사방법론》(형설, 1974)은 사회과학 전반에 걸쳐 경험적 연구를 통한 이론의 형성과 발전을 위한 토대를 제공한 기본서라고 할 수 있다. 이지훈의 후속연구인 《사회과학의 메타분석방법론》(충북대 출판부, 1993)은 연구의 영역을 확장하고 깊이를 더하였다고 할 수 있다.

박용치의 《현대사회과학 방법론》(고려원, 1989)은 행태주의적이고 계량주의적 입장에서 과학적 행태연구에 초점을 둔 책으로, 이론형성과 자료수집방법을 상세하고 구체적으로 다루어 견고한 교과서로서 흠이 없다.

남궁근의 저서 《행정조사 방법론》(법문사, 1994 초판, 1998 제2판)은 행정학 및 정책학 분야에 초점을 맞추어 경험적 조사연구의 설계원리와 분석방법을 제시하여 경험적 연구의 수행능력과 경험적 연구문헌의 해독력을 키워주는 데 목적을 두고 있다. 제2판에서는 질적 방법에 관한 내용을 추가하고 있어 책의 내용을 보강하고 있다. 행정 및 정책문제를 다루는 데 적절한 교과서라고 생각된다.

2) 논문 편

이윤식은 수준 높은 논문들을 발표하고 있는데 예시하면 다음과 같다. 첫 번째 논문은 "정책영향평가를 위한 비교시계열 분석방법의 개선: 공동계산적 회귀접근법(the Pooled Regression Approach)"〔《한국행정학보》21권 1호(1987)〕으로, 이 논문은 처리전후 평가설계접근법의 약점을 보완하는 비교시계열 준 실험설계에서조차 횡단면적 자료와 시계열자료를 별도로 분석함으로써 변수들간의 영향관계를 파악하지 못한 방법론상의 한계를 극복할 수 있는 공동계산적 접근법의 장점을 실증적으로 검증하고 있다.

두 번째 논문은 "정책평가에 있어서 공동계산적 시계열 설계를 위한 계획분석기법의 개선: Vector ARMA 모형접근법"〔《한국행정학보》21권 2호(1987)〕이다. 이 논문은 지금까지 국내외적으로 정책학 분야에서 거의 사용되지 않았던 Vector ARMA 모형접근법을 실증적으로 검증해 보인 연구로서, 기존의 비교시계열 분석방법이 변수들간에 시차적으로 작용하는 상호영향관계를 제대로 규명해주지 못한 문제점들을 해결해 줌으로써 복수시계열 변수들간의 인과관계를 보다 정확하게 파악하게 해준다는 데 그 기여하는 바가 크다.

세 번째 논문은 "정책영향평가에 있어서 인과관계에 관한 분석: 하위목적 시계열 준 실험평가설계 접근법"〔《한국정치학회보》22권 1호(1988)〕이다. 이 논문은 시계열자료를 이용한 정책영향평가에서 정책변수와 결과변수 간의 인과관계분석이 형성평가의 견지에서 반드시 필요로 하고, 이런 인과관계분석을 위한 이론적 틀로서 하위목적 시계열 준 실험평가설계 접근법이 유용함을 실증적으로 보여주고 있다.

정윤수의 "경찰관 성과평가척도의 발전방향"〔《한국행정학보》29권 2호(1995년 여름호)〕은 현행 경찰관 성과평가척도를 분석하고, 시민과 경찰관을 대상으로 한 설문조사를 통하여 기존의 성과평가척도의 문제점을 밝히고 발전방향을 모색하고 있다. 분석결과, 경찰활동의 다른 목표들, 예를 들면 시민의 인권보호 및 비 범죄관련 서비스의 제공 등에 대한 평가는 기존의 평가척도에서 소홀히 다루어졌다고 한다. 앞으로 성과평가가 시민들의 인권보호와 대민서비스 제공에서 경찰관들의 적극적인 관심을 유도해낼 수 있도록 성과평가척도가 달라져야 한다고 주장한다.

이송호가 쓴 "비교정책연구에 있어서 전통적 방법론의 재검토"〔《한국행정학보》 29권 2호(1995년 여름호)〕는 전통적인 비교정책연구방법의 본질을 밝히고 문제점을 극복하기 위한 새로운 대안을 모색하고 있다. 이를 위해 전통적인 비교정책연구방법론의 정책사례 선정방법인 유사정책비교와 상이정책비교, 선정된 정책사례연구방법인 차이법과 일치법을 검토하고 이론발전에의 유용성의 측면에서 장·단점을 평가하고 있다. 이 논문은 여기에 대한 이론적 보완책들도 검토하면서, 이러한 보완책은 부분적으로 전통적 접근방법보다 개선된 점은 있으나 변수간의 관계추론에는 여전히 문제점을 안고 있음을 지적한다. 여기에 새로운 대안으로서 개별사례 내 분석과 교차사례분석을 함께 실시하되, 먼저 사례 내 분석을 통해 원인변수 확인과 인과관계를 추론하고, 그 결과를 비교 분석하여 변수간의 관계를 구체화하고 변수들을 추상화하여 이론으로서의 적실성과 일반성을 높이는 방안을 제시한다. 비교정책연구에서 한 걸음 앞서 나간 연구이다.

김태일은 주목을 끄는 논문들을 계속해서 발표하고 있는데, 그 중 몇 편의 논문들을 살펴보면 다음과 같다. "행정학 분야 논문에 사용된 통계기법들의 분석"〔《한국행정학보》 31권 3호(1997년 가을호)〕, "행정학 분야에서 설문조사를 이용한 연구의 방법론적 문제점 분석"〔《한국

행정학보》 32권 3호(1998년 가을호)〕, "지방 교부세의 수평적 재정 형
평화 효과 분석: 측정방법에 대한 논의를 중심으로"〔《한국행정학보》
33권 8호(1999년 가을호)〕, "수리적 기법에 의한 평가모형체계의 가중
치 부여방식에 관한 논의"〔《한국행정학보》 33권 4호(1999년 겨울호)〕,
"행정학 분야의 추상적 개념에 대한 실증연구에서 측정오차의 문제"
〔《한국행정학보》 37권 1호(2003년 봄호)〕 등이다. 김태일이 상기의 논
문들 중에서 주장한 것을 요약하여 보면, 본래 통계기법은 논의의 과
학성과 객관성을 높이기 위해서 사용하는데 통계기법의 오용이 오히려
객관성을 떨어트린다는 것이다. 김태일은 실제 통계기법들을 사용한
논문들을 대상으로 분석하면서 적절한 통계기법들의 사용문제, 측정
문제, 해석문제 등에서 오류들이 적지 않음을 지적한다. 통계기법들
을 조심스럽게 사용하지 않는 논문들에 대해서 경종을 울리는 값진 연
구라고 할 수 있다.

이석원의 "적극적 노동시장 정책의 효과성 평가: 실험적 평가방법의
유용성과 활용방안"〔《한국행정학보》 35권 1호(2001년 봄호)〕은 적극적
노동시장 프로그램의 효과를 평가하는 하나의 대안으로 활용되고 있
는 실험적 평가방법의 유용성을 검토하고 있다. 이 연구에서는 실험적
추정기법의 상대적 우월성을 검증하기 위해서 실재의 실험데이터를
활용하여 실험적, 비실험적 기법들로 효과를 추정한 후, 그 결과들을
비교하여 실험적 추정의 비편의성과 비실험적 추정의 편의성을 수치
적으로 비교하고 있다. 또 실험적 평가를 이용할 경우 발생할 수 있는
잠재적 문제점도 점검하고 여기에 대한 대응도 논의하고 있다. 끝으로
실험적 평가방법을 우리나라에 도입할 경우 고려해야 할 점들도 논의
하고 있다. 새로움을 더해주는 연구이다.

한승준·최진수의 "우리나라 낙후지역 선정의 지표설정에 관한 연

구"[《한국행정학보》 35권 4호(2001년 겨울호)]는 기존의 낙후지역 선정지표 다섯 가지(도로율, 재정자립도, 제조업종사자비율, 인구증가율, 평균지가)에 대해서 의문을 제기하고, 여러 가지 특성들을 반영하는 새로운 지표들을 개발해서 새 선정기준으로 삼고 있다. 이 논문에서 개발한 지표들을 중심으로 선정한 낙후지역과 기존의 방법으로 선정한 낙후지역이 달리 나타나고 있음을 보여주고 있다. 기존의 선정기준에 대해서 이의를 제기하고, 보다 포괄적이고 다양한 입장에서 낙후지역 선정문제에 대해서 접근하고 있다는 점에서 거론할 만한 논문이다.

김현구의 "정부업무 기관평가의 이론적 논고"[《한국행정학보》 37권 4호(2003. 2)]는 기관평가의 접근모형으로서 조직론적 개념틀과 정책학적 실행논리를 통합한 정책총합모형(policy sum model)을 제시하고 있다는 점에서 주목을 끈다. 이 모형은 기본적으로 정책평가를 조직현상으로 이해하고, 실질정책뿐만 아니라 관리정책까지 평가의 대상으로 한다. 그리고 방법론적 다원주의에 입각해서 평가기준도 경제논리적 측면, 정책구조적인 맥락, 정치행정적 요인 등 다양한 차원을 고려함으로써 평가의 종합성과 심층성을 모색하고 있다는 데에서 창의성을 발휘한다.

함성득·임동욱·곽승준이 쓴 "한국 대통령 평가방법의 과학적 설계과정: 다속성 효용이론과 스윙기법을 중심으로"[《한국정치학회보》 38집 2호(2004년 여름호)]는 먼저 대통령 평가와 관련된 기존의 연구들을 살펴보고, 평가의 객관성과 신뢰성 확보문제와 관련하여 평가주체, 평가시기, 평가기준의 설정 등 전반적인 평가과정을 검토하고, 다속성 효용이론과 스윙기법을 중심으로 평가대상과 평가항목의 설정, 가설의 적절성 확인, 평가항목의 중요도 도출 등을 분석하고 있다. 이어서 평가방법의 한계점을 부연하면서 추적연구(tracking study)의 중요성을 강조하고 있다. 이 논문은 평가의 신뢰성과 객관성을 확보하기 위해서는 추적연구가 중요하다는 것을 강조함으로써 추적연구의 출발점 역할을 하고 있다.

박홍식(중앙대)은 "반부패정책 성과의 평가: 부패지수를 중심으로" 〔《한국행정연구》 10권 1호(2001년 봄호)〕에서 정부의 반부패정책의 성과에 대한 평가는 아직 실험단계이고 초점도 부패실태, 유발요인에 관한 정보수집, 반부패노력의 촉구, 경각심 제고 등에 둔 것으로서, 부패의 심각성 조사이자 시민평가라고 본다. 평가지표는 타당성, 정확성, 정책적 노력과의 연계 등에서 미흡하다고 지적한다. 이 논문은 향후 과제로서 반부패정책의 법적 책임기관의 필요, 시민단체의 협력적 평가, 평가단 방식의 실적평가, 평가지표의 정확도 및 타당성 개선, 투명지수의 추가 등을 제시하고 있다. 자료제출 및 방문조사의 방법도 필요하다고 덧붙이고 있다.

황성돈의 "과학적 지식의 정치적 오용: 서울특별시의 민생관련 취약분야 반부패지수의 타당성에 관한 비판 이론적 검토"〔《한국행정연구》 13권 2호(2004년 여름호)〕는 1999년부터 실시해온 '민생관련 취약분야 반부패지수조사'의 방법론상의 문제점을 지적하고 대안을 제시하고 있다. 판단의 기준으로 하버마스가 제시한 세 가지 기준―사실성, 정당성 및 신실성을 들고 있다. 이 세 가지 기준으로 볼 때 현 조사방법에는 심각한 문제점이 담겨 있다는 것이다. 첫째, 설문조사, 측정이론, 통계분석 같은 기법들이 타당하지 않은 주장을 펴는 데 사용되었다는 것이다. 둘째, 서울특별시가 각 구청들에게 왜곡된 의사소통행위를 통해 영향력을 행사하는 정치적인 성격의 오용을 보여주었다는 것이다. 이 논문은 방법론상으로 기존의 조사에 도전하고 있다는 점에서 살펴볼 만한 논문이다.

제 8 장
지방행정 분야

우선 지방행정 하면 그 개념이 모호하다. 어디서 어디까지가 지방행정인지 명확하지가 않다. 지방자치, 지방정부, 자치행정, 지방정치 등 비슷한 개념들이 많기 때문이다. 그러나 여기서는 분석의 편의상 이러한 개념들 ─ 지방의 정치와 행정에 관한 모든 연구를 지방행정에 포함시켜 검토하기로 한다.

1. 저서 편

지방자치의 연구는 정인흥의 《지방자치론》(박영사, 1961)과 같이 시작되었다고 할 수 있다. 이 책은 지방자치에 관한 최초의 교과서로서 이 분야 연구에 길잡이 역할을 하였다. 정부수립과 더불어 활기차게 추진되던 지방자치는 군사정부의 등장으로 된서리를 맞으면서 자취를 감추게 된다. 지방자치가 사라지게 되자 지방자치나 지방행정에 대한 연구가 사각지대로 밀리게 되는 것은 당연한 일이다. 따라서 1990

년대의 지방자치가 활성화되기 전까지는 지방자치나 행정에 대한 연구가 미미하였다. 이러한 현상은 안병만의 연구(1986)와 권경득의 연구(1996)에 의해서도 밝혀지고 있다. 지방행정 연구에 굳건한 의지를 갖지 않은 사람 이외는 여기에 관심조차 두지 않았던 것이다.

그런데 이러한 열악한 상황 속에서도 지방행정에 대한 교과서를 위시한 저서들이 적지 않게 나왔으니 예를 든다면 다음과 같은 책들이다. 조재승, 《지방자치의 기초이론》(세문사, 1963), 차일석, 《비교지방행정》(박영사, 1964), 김보현, 《각국지방행정론》(청구출판사, 1964), 강병근, 《지방자치》(일조각 1965), 최창호의 3권의 저서인 《지방행정구역론》(법문사, 1977), 《한국지방행정의 재인식》(삼영사, 1983), 《지방자치론》(박영사, 1988), 손재식, 《현대지방행정론》(박영사, 1981), 장지호, 《지방행정론》(대왕사, 1982), 한원택, 《도시 및 지방행정론》(법문사, 1982), 정세욱, 《지방행정학》(법문사, 1984), 김종표, 《지방자치구역론》(단국대 출판부, 1985), 손봉숙, 《한국지방자치의 연구》(삼영사, 1985), 노융희, 《한국의 지방자치: 회고과 전망》(녹원, 1987), 이종익, 《한국지방자치론》(박영사, 1987) 등이다. 이러한 책들은 지방자치가 햇빛을 보지 못한 암울한 시대에 나온 책들로서 훗날의 지방행정 연구에 바탕이 된 저서들이다. 위에서 열거한 저자들 중에 노융희, 최창호, 정세욱, 김안제 등은 지방행정 연구에 헌신한 학자들로 이 분야의 선구자의 역할을 한 사람들이다. 위에서 든 책들은 대개가 교과서들인데, 개중에는 연구서도 있고 특히 최창호, 손봉숙의 저서는 전형적인 연구서로서 내용이나 분석 및 접근방법의 면에서 창의력을 보여주는 기억할 만한 작품들이다.

1990년대에 들어와서 지방자치가 본격적으로 실시됨에 따라 여기에 대한 연구는 가히 폭발적이었다. 과거의 교과서들이 수정 및 보강되어 개정판으로 줄을 이어 나오고, 새로운 교과서들도 선을 보인다. 그러나 무엇보다도 논문들이 쏟아져 나온 것이 특기할 만하다. 새로 눈에 띄는 교과서로는 조창현, 《지방자치론》(박영사, 1991), 김병준, 《한국지방자치론》(법문사, 1994), 김학로, 《지방행정의 이론과 실제》(박영사, 1994) 등이다. 정성스럽게 씌어진 교과서들인데 이 중에서도 김병준 교수의 책은 지방자치의 긍정적인 면과 부정적인 면을 출발부터 다루고 지방자치를 지방정치 · 자치행정 · 자치경영의 세 가지 범주로 나누어 깔끔하게 정리하고 있다는 데서 특색이 두드러진다.

배용수의 《지방자치경영론》(법문사)은 지방자치 수준에서 일어나고 있는 사업경영문제를 지방공기업, 제 3섹터 및 민자유치론을 중심으로 다루고 있다. 이 분야에 이론과 실제문제를 소개하고 있어 계몽적 역할을 한다.

지방행정 분야에서 교과서들과 논문들은 많은데 연구서의 성격을 띤 심층 분석의 저작들은 아주 적다. 연구서의 성격을 띤 책들을 살펴보면, 우선 손정목의 《한국지방제도: 지방자치사연구》(일지사, 1992)를 꼽을 수 있다. 이 책은 지방자치의 역사를 추적하고 있는 역사적 자료를 담고 있는 연구서이다.

다음에 언급하고 싶은 책은 이승종이 쓴 《민주정치와 시민참여》(삼영, 1993)이다. 우선 시민참여라는 하나의 주제를 가지고 책을 엮어냈다는 것이 특기할 만하다. 이 책이 강조하는 바는 시민참여 문제는 시민만의 몫이 아니라 참여의 대상으로서의 정부 또는 공직자도 같이 책임을 져야 하는 문제라는 것이다. 따라서 시민참여의 성공과 활성화는 시민의 참여에 대한 정부의 대응에 크게 좌우된다고 본다. 시민참여는 이론의 문제보다도 실천의 문제이기 때문에 참여의 구체적인 대안제시

152

에 역점을 두고 있다. 시민참여를 친절하게 알려주는 계몽서라고 할 수 있다. 그러나 실증적인 분석이 없어 창의성이 덜하다는 아쉬움이 남는다.

이어서 언급하고 싶은 책이 임도빈이 집필한 《지방조직론: 한국지방자치의 새로운 이해》(박영사, 1997)이다. 이 책은 전략분석적 시각에서 한국 지방조직의 현황을 읍·면의 하부 수준부터 시·군·구를 거쳐 광역단체에 이르기까지, 여기서 다시 중앙행정기관에까지 연장하면서 철저하게 현장의 구체적인 자료들을 동원하면서 생동감 있게 분석하고 있다. 지금까지의 많은 저서들이 외국의 이론 소개에 그치고 있을 때에 이 책은 한국의 현장성이 있는 자료들을 동원해서 한국의 지방자치를 본격적으로 분석하려고 하였다는 점에 후한 점수를 주어야 할 것 같다. 내용이 참신하고 자료적 가치가 높은 연구서라고 할 수 있다. 책의 부제처럼 명실공히 한국지방자치의 새로운 이해를 담고 있는 책이다.

강형기가 펴낸 3권의 저술인 《지방자치경영: 혁신과 진단》(한국지방자치경영연구소, 1997), 《지방자치 가슴으로 해야 합니다》(한국지방자치연구원, 1997), 《향부론(鄕富論)》(비봉, 2001)은 한국의 지방행정 연구에 적지 않은 자산을 보탰다고 생각한다. 강형기는 지방행정을 경영적 시각에서 접근하고 있다는 점에서 새로움을 주는 사람이다. 첫 번째 책은 지방정부의 생산적 경영을 위해서 어떻게 해야 할 것인가를 진단과 혁신을 중심으로 서술하고 있다. 두 번째 책은 일본의 자치현장을 누비고 다니면서 그 경험을 생생하게 소개한 책이다. 일본의 자치현장을 우리에게 알려줌으로써 타산지석의 사례를 제시한다. 세 번째의 책은 지방의 문화유산을 지방의 자산으로 보고 어떻게 하면 이를 산업적 시각에서 육성하고 부를 창출하는 원천으로 관리할 수 있을까를 다루고 있다. 지방자치를 경영의 시각에서 바라보는 계몽서로서 이 방면 연구에 참고가 될 수 있는 책들이다. 강형기의 저서들은 특히 지방자치를 주민들에게 가까이 다가가게 하고 그것이 남의 것이 아닌 자기들의 것이라고 이해시키는 데 기여를 하였다고 생각된다.

박종민 편, 《한국의 지방정치와 도시권력구조》(나남출판, 2000)는 최초로 한국의 지역사회의 권력구조를 분석하였다는 점에서 주목을 끈 작품이라고 할 수 있다. 이 책은 지방의 5개 도시인 성남, 부천, 평택, 청주, 진주를 선정해서 누가 이 지역사회를 다스리고 있는가를 의사결정방법을 통해서 분석하고 있다. 이 책에서 발견하고 있는 것은 미국의 권력구조에 대한 접근방법이 우리 사회를 분석하는 데는 한계가 있다는 것이고 우리의 지역사회의 권력구조는 미국의 경우와는 전혀 다르다는 것이다. 우리사회를 분석하는 데 적절한 모델은 집단에 기초한 이론보다는 사적 교환관계에 기초한 후견주의(clientalism)의 모델이라는 것이다. 이 책은 연구에 참여한 연구자들의 고뇌에 찬 작품으로 창의성과 자료성을 동시에 갖춘 연구서이다.

박종민 · 이종원 편, 《한국지방민주주의의 위기》(나남출판, 2002)는 여러 교수들의 지방정치에 대한 글들을 모아 놓은 연구서이다. 지방자치시대에 들어서면서 지방정치의 여러 국면들을 다루고 있는데, 여기서 다룬 국면들이란 지방정치 민주화의 본질, 지방정치의 현실, 지방민주주의 조건과 가능성, 지방거버넌스 등의 문제들이다. 지방정치를 이념, 접근방법, 제도, 성과, 조건, 거버넌스 등의 시각에서 살펴봄으로써 지방정치 연구에 크게 참고가 될 수 있는 연구서이다.

윤영진 · 김태룡 외, 《지방정부 개혁》(대영, 2001)은 12명의 교수들이 김대중 정부 이후 지방정부가 성공적으로 추진해온 지방정부 개혁

의 11개의 사례들을 선정해서 개혁의 흐름, 내용, 효과성을 분석 및
평가하고 있다. 여기서 선정된 사례들은 경기도 일몰제도의 성과평가
(하혜수), 경상남도 개방형 임용제도(윤태범), 인천광역시 실·국장
책임인사 운영제와 승진자 복수심사제(정정화), 강동구 종합품질관리
(TQM) (박병식), 광양시 목표관리제(서순복), 제주도 경영수익사업
(양영철), 삼척시 자연문화관광 개발(최진석), 대전광역시 도시개발공
사(배용수), 대구의료원 경영개혁(이시경), 서울특별시 민원처리 온라
인 공개시스템(김태룡), 김해시 전자결재시스템(김행범) 이다. 여기에
담겨진 내용들은 지방행정의 개혁사업을 연구하는 데 크게 참고가 될
수 있다.

유재원의 《한국지방정치론》(박영사, 2003) 은 필자가 이미 발표한
논문들을 책으로 엮은 연구서이다. 이미 저서로 발간할 것을 염두에
두고 발표된 논문들이라 체제상의 일관성을 지니고 있는 단행본이다.
여기서 다루고 있는 주제들은 지역사회에서의 권력구조, 지방관료제,
지방민주주의의 문화적 토대, 지방민주주의의 확립방안 등이다. 대부
분의 주제들이 실증조사를 통해서 심도있게 다루어지고 있다. 논리적
이론전개가 돋보이고 창의적 사고가 여기저기서 엿보이는 작품이다.
앞으로 지역사회에서 일어나는 지방정치를 연구하는 데 크게 참고가
될 수 있는 문헌이다.

이달곤의 《지방정부론》(박영사, 2004) 은 언뜻 보면 교과서의 모습
을 띠고 있지만 교과서 이상의 책이다. 저자가 20여 년 동안 연구해온
이론들과 연구물을 총정리해서 내놓은 책이 아닌가 싶다. 이 책의 가
장 특징적인 것은 이론중심으로 책을 엮었다는 것이다. 무수히 많은
책들이 지방행정 하면 제도나 기구설명에 치우치고 있는데, 이 책은
제도의 바탕이 되는 이론에 역점을 두고 있다. 이 때문에 이 책이 단

순한 교과서가 아니라는 것이다. 지방정부를 다룰 때에 그 뿌리가 되는 지방정치부터 깊게 다루고, 이어서 체계와 행정관리, 다시 이어서 재정문제와 정책문제를 다루고 있다. 지방정부를 이 네 가지 카테고리로 분류해서 체계적으로 다룬 품위 있는 작품이라고 할 수 있다.

행정학자들에 의해서 지방재정에 관한 교과서들이 씌어지고 있는데, 이 중에서 두 권만을 골라서 검토하여 보기로 한다. 하나가 전상경이 저술한 《현대지방재정론》(박영사, 2002)이다. 이 책은 자치행정의 재정문제를 깔끔하면서도 깊이 있게 다룬 품위 있는 교과서라고 할 수 있다. 무엇보다도 이 저서는 한국의 문제를 연구의 출발점으로 삼고 있다는 점에서 점수를 주고 싶다. 대개의 지방재정 교과서들이 외국의 이론이나 제도의 소개에 치중하고 있는데 이 책은 한국의 지방재정 실태를 이론과 제도를 잘 조화시키면서 생동감 있게 다루고 있다. 필요에 따라서는 미국과 일본의 제도를 비교하면서 한국의 지방재정 실태를 선명하면서도 생동감 있게 설명한다. 특기할 것은 지방재정을 소극적이고 정태적인 면에서 다루지 않고 능동적이고 적극적인 면을 부각시키면서 다루고 있다는 것이다. 예컨대 허다히 많은 교과서들이 지방재정을 다룰 때에 수입부터 다루는데 이 책은 세출부터 다루면서 세출확보를 위해서 어떻게 수입을 확보해야 하는가를 고민한다. 이 책은 특히 기존의 오해와 잘못된 인식을 바로잡는 데도 크게 기여함으로써 계몽성을 유감없이 발휘하고 있다.

다른 하나는 김종순의 《지방재정학》(삼영사, 1997)이다. 이 책은 지방재정에 관한 모든 이론과 제도를 망라적으로 소개하고 있으면서도 지방재정의 특이성(국가재정과 비교해서)을 밝히고 있어 점수를 줄 만하다. 이 책은 4부 11장으로 구성되어 있는데, 1부에서는 지방재정의 기초이론을, 2부에서는 지방정부의 지출, 3부에서는 지방재정의 확보, 마지막 4부에서는 정부간 재정관계를 다루고 있다. 지방재정의 여러 문제를 포괄적으로, 그러면서도 체계적으로 다루고 있어 계몽성을 충분히 발휘하고 있다.

　지방행정에 이어서 도시행정에 대해 잠깐 살펴보기로 한다. 이 분야의 최초의 단행본은 노융희의 《신도시 개발론》(박영사, 1973)이다. 이 책은 모형정립, 각국의 신도시 개발 비교, 인구문제, 성남단지의 이동형태 분석 등을 담고 있는 연구서이다. 후에 나올 책들에 영향을 준 계몽성을 발휘한 책이다. 이어서 김원, 이종익 외, 《도시론》(법문사, 1977)이 나오게 된다. 이 책은 기왕에 발표한 논문들을 모아서 이론, 공간, 관리의 세 부분으로 나누어 엮고 있다. 도시이론, 도시공간이론, 도시정비, 재개발, 도시교통, 행정수도 등 도시의 주요한 개념들이 다루어지고 있다. 김원의 《도시행정론》(박영사, 1981)이 최초의 교과서로 나오는데 이 책은 도시행정에 관계되는 여러 개념들을 포괄적으로 다루어 후에 나올 교과서들의 원형의 역할을 하게 된다.

2. 논문 편

이재성의 "지방자치단체의 정책지표개발"[《한국행정학보》 24권 1호 (1990)]은 지방정부 수준에서 정책결정에서 활용할 지표를 개발함으로써 이 방면 연구에 초석을 깔았다는 점에서 거명할 만한 논문이다. 이 논문은 산출과 투입 면에서 지표를 개발하고, 지표의 측정문제와 활용문제를 정밀하게 분석하고 있다.

김익식의 "수도권 광역행정 관리체제 개편에 관한 연구"[《한국행정학보》 25권 4호(1992)]는 수도권 문제를 '과대·과밀'의 문제에서 벗어나 '협조·조정'의 문제로 파악하고, 그 대책 또한 '집중의 억제'에서 벗어나 '유기적인 관리체제'의 구축에서 탐색하고 있다는 점에서 주목을 끈다. 이 같은 시각에 따라 행정관리상의 제반문제의 실태를 파악하고, 대도시권 관리체제 개편에 관한 세 가지 이론모형으로서 분산형, 집중형 및 이원형의 세 가지 모형을 제시하고 있다. 각 모형에 관한 이론적 내용뿐만 아니라 경험적 연구의 결과도 함께 제시하면서, 개편방안으로 집중형의 '서울권역정부'와 이원형의 '수도권연합'의 두 가지 대안을 제시하고 있다. 수도권 문제를 협조와 조정의 관리체제의 시각에서 연구하는 데 귀중한 문헌이라고 생각한다.

정재욱의 "민원행정의 효율화방안에 대한 모색: 복합민원사례를 중심으로"[《한국행정학보》 27권 4호(1993년 겨울호)]는 처리방안의 모색과 관련하여 경남지역에서 발생하였던 복합민원사례를 중심으로 처리실태와 문제점 및 개선안을 모색하고 있다. 개선안은 문제점을 중심으로 인식전환의 차원, 조직의 차원 및 법률·제도적 차원에서 모색되고 있다. 이 방면 연구에 보탬이 되는 논문이다.

김태룡이 쓴 "한국지방정부의 권한배분구조: 기초자치단체를 중심으로"〔《한국행정학보》28권 1호(1994년 봄호)〕는 1982년부터 1992년까지 10년 동안 기초자치단체인 시·군·구에서 단체장과 보좌기관들 간에 권한배분의 변화가 어떻게 일어나고 있는가를 분석하고 있다. 분석의 방법은 위임전결규정을 중심으로 제도적 측면과 심리적 지표를 사용한 행태적 측면을 다 같이 사용하면서 그 변동의 추이를 추적하고 있다. 여기서의 발견은 10년 동안 권한배분의 변화는 획일적인 것은 없고, 기능이나 업무별로 계층간 권한의 집중도가 다르다는 것이다. 행태 면에서도 특성변수에 따라 권한배분구조를 달리 인식하고 있다는 것이다. 이 논문은 지방정부에서 계층간 권력배분구조를 정밀한 자세로 분석하고 있다는 점에서 높이 살 만하다. 지방정부의 수직적 권력구조 연구에 크게 기여한 논문이라고 할 수 있다.

윤영진은 "지방재정확충방안으로서의 제3섹터 설립모형"〔《한국행정학보》27권 3호(1993년 가을호)〕에서 지방재정확충방안으로서의 제3섹터의 개념, 설립배경 및 우리나라의 제3섹터의 운영현황을 고찰하고 설립모형을 모색하고 있다. 설립모형에 대해서는 설립단계에서 필요성과 실현가능성, 설립주체, 참여정도, 대상사업, 조직형태를 살펴보고, 이어서 제약조건과 성공조건을 고찰하고 있다. 제약조건은 제도적, 행태적, 환경적 측면에서 검토하고 있으며, 성공적 조건으로 첫째, 법적·제도적 보장을 강화하고 둘째, 기업의 자율성을 최대한으로 보장해주고, 셋째, 적합한 민간사업자를 공정하게 선정해야 하고, 넷째, 성공적인 사례를 선정하여 표준모델로 만들어야 함을 제시한다. 이 방면 연구에 길잡이 역할을 할 수 있다.

김석태의 "지방정부간 수평적 재정 조정: 이론적 근거와 방법"〔《한국행정학보》26권 3호(1992년 가을호)〕은 재정조정 문제를 수평적인 차원에서 다루고 있다는 점에서 주목을 끌고 있다. 일반적으로 재정조정 문제는 중앙과 지방 간 또는 상급지방단체와 하급단체 간의 수직적 차원에서 다루어졌는데, 이 논문은 시와 군 간의 재정문제를 다루고 있다. 이 논문은 지역간의 지방세 부담의 전가가 세 부담의 형평성이나 자원배분의 효율성에 바람직하지 못한 결과를 초래한다는 사실에 주목하여, 이를 시정하는 방법으로서 지방정부간 재정조정 방법을 모색하고 있다. 이 논문은 이러한 조정제도를 통해서 지방세의 전가에 따르는 문제점을 극복하고, 지역간 협력의 장을 마련한다고 주장하고 있다. 이 분야의 연구에 초석을 깔았다고 할 수 있다.

김정완의 "지방세의 지역적 불균형도와 결정요인"〔《한국행정학보》 28권 3호(1994년 가을호)〕은 지방재정의 근간인 지방세의 세목별 조세 체계와 지역간 불균형도와 점유율을 측정하고, 그 결정요인을 분석함으로써 지방재정운용에 대한 기초정보를 발굴하는 것을 목적으로 한다. 분석결과, 지방세는 전체적으로 지역적 불균형이 심한 편이고 조세체계에 있어 보통세보다 목적세, 재산세나 소비세보다 소득세의 불균형도가 높게 나타나고 있다. 이러한 불균형을 지역별로 살펴보면 서울을 비롯한 수도권이 세수 점유율이 높은 반면에 전남과 충남을 비롯한 남서부지역이 취약하다. 이러한 불균형은 제조업과 서비스업의 지역적 편중과 직결되어 있다고 밝히고 있다.

고창훈·김진호는 "지방정부의 민주화: 제주도 사례에서 본 관용성의 맥락과 전략"〔《한국행정학보》 28권 4호(1994년 겨울호)〕에서 관용이라는 개념을 강자가 약자에게 베푸는 은전이나 시혜라는 개념과는 전혀 다른 입장에서 억압과 갈등의 상황 속에서 획득되는 투쟁의 산물로 정의한다. 여기서 정의되는 관용은 다른 신념이나 사상을 수용하는, 유엔에서 사용하는 관용의 개념과 유사하다. 이 연구는 이러한 관

160

용의 개념을 가지고 네 가지 영역, 즉 정치적 영역, 사회·문화적 영역, 법률적 영역 및 행정적 영역에서 민주화 전략을 단기전략과 장기전략으로 나누어 설명하고 있다. 군사·외교·안보 분야를 제외한 모든 분야에서 독자성을 주장함으로써 미국의 주정부 형태의 준 독립국가를 제창하고 있어 가히 혁명적 발상이라고 할 수 있다. 아이디어가 참신하고 과격하다고 할 수 있으나 이후 제주도의 발전문제를 연구할 때에 비교의 틀이 될 수 있다.

김재훈이 쓴 "집권과 분권의 조화: 환경규제를 중심으로"〔《한국행정학보》 31권 1호(1997년 봄호)〕는 집권화와 분권화는 획일적으로 결정할 것이 아니라 자치단체의 자치능력에 따라 상대적이고 차별적으로 이루어져야 함을 주장한 데서 주목을 끌 만하다. 이 논문은 환경규제문제를 중심으로 지방자치단체들간에 환경의 규제능력과 규제의지에 커다란 차이가 있다는 것에 주목하고 규제능력과 규제의지가 충분한 자치단체에게는 선택적으로 규제권한을 위임하고 그렇지 못한 자치단체에게는 중앙정부가 직접 규제업무를 담당하는 것이 가능하다고 주장하고 있다. 집권화와 분권화를 획일적으로 추진하지 말고 상황에 따라 차별적으로 추진하자는 데서 논문의 의미를 찾을 수 있다.

이종수(연세대)의 "분권화의 패턴: 지방자치 논의의 배경과 맥락에 대한 국가간 비교분석"〔《한국정치학회보》 32집 2호(1998년 여름호)〕은 분권화의 유형을 세 가지로 나누고 있는데, 첫째 유형은 정치적 민주화를 제도적으로 보장하기 위한 것, 두 번째 유형은 경제적 효율화를 확보하기 위한 것, 세 번째는 포스트모더니즘 등 현대국가의 구조변화에 대한 대응으로서의 분권화이다. 이 논문은 각 분권유형의 특징들을 색출하고 각 나라의 분권상황을 위의 세 가지 유형에 안치시킴으로써 설명하고 있다. 예컨대 한국은 정치적 민주화를 확보하기 위한 유형에

속할 때에 미국은 경제적 효율화의 유형에 속한다. 이 논문의 세 가지 유형의 분권화 모색은 이론적인 관심을 끌 만하다.

하혜수는 "차등적 지방분권제도의 한국적 도입가능성에 관한 연구" 〔《한국행정학보》 38권 6호(2004. 12)〕에서 영국과 일본의 차등적 지방분권제도의 도입에 영향을 준 거시적 요인들을 탐색하고, 우리나라에서 그러한 거시적 요인들의 배치구조를 고려하면서 차등적 지방분권제도의 도입가능성을 분석하고 있다. 분석결과, 우리나라의 경우 대통령의 강력한 권한, 중앙-지방 간의 수직적 관계, 상황적 압박, 리더십의 전략적 선택 등은 자치단체의 정책성과나 행·재정능력의 차이에 따라 권한이양의 정도를 달리하는 차등적 분권제도의 도입가능성을 높여줄 것이라고 지적하고 있다. 이어서 제도의 역사나 정치·행정문화에 의한 공정한 평가시스템의 결여 등은 성과평가에 기초한 영국식 분권제도보다는 인구기준을 토대로 한 일본식 분권제도의 도입이 용이할 것이라고 지적하고 있다. 이 방면 연구에 크게 참고가 될 수 있는 연구라고 할 수 있다.

이은국의 "우리나라 지방의회의 최적규모에 관한 연구"〔《한국행정학보》 31권 3호(1997년 가을호)〕는 현재 한국의 지방의회의 규모가 적절한 규모인가를 기존의 이론모형인 세제곱근 법칙과 이를 수정한 Taagepera의 모형을 이용해서 진단 및 분석하고 있다. 지방의회의 규모문제는 대표성과 능률성의 문제를 위시해서 의원들의 신분문제(명예직인가 유급직인가)에 이르기까지 대단히 중요하다. 지금까지는 막연히 어느 정도의 규모이면 가능할 것 같다는 주장을 했는데 이은국은 이 문제를 이론적인 실증적 차원에서 본격적으로 다루고 있다. 분석결과, 현재 한국의 지방의회의 규모는 최적보다 과대하다는 것이다. 특히 앞으로 유급직으로 전환되고 유급보좌관제를 둘 경우 그 규모는 현재보다 크게 줄어야 한다는 것이 이 논문의 요지이다. 지방의회의 규모문제를 다루는 데에 길잡이가 될 연구이다.

박성복의 "지역발전도 및 지역불평등도의 측정"〔《한국행정학보》31권 3호(1997년 가을호)〕은 1997년을 시점으로 여러 가지 지역지표를 선정해서 15개의 광역자치단체간의 지역발전도 및 지역불평등도를 분석하고 산출해서 보여주고 있다. 이와 비슷한 연구들이 더러 있지만 이 논문은 접근방법이나 분석에서 보다 정치성을 보여준다. 지역발전도를 밝혀내기 위해서 8개의 영역(지역경제, 지방세계화, 지방행정, 지방사회간접자본, 과학기술수준, 인적 자본 형성, 생활환경 및 사회통합)으로 나누고 여기서 다시 83개의 지역발전지표를 선정하여 그것들을 다시 표준화 점수 및 용인분석 기법을 사용하여 단일의 측정치를 구하고 있다. 이러한 연구를 통해서 각 광역단체들이 어디가 부족하고 어디가 다른 지역보다 우수한가를 점검함으로써 지역발전사업을 추진하는 데 소중한 자료로 활용할 수 있다.

김덕준이 쓴 "지역개발격차의 측정 및 원인분석에 관한 연구"〔《행정논총》41권 4호(2003)〕는 우리나라 개발수준의 지역간 격차가 어떠한 특성을 나타내며, 시간경과에 따라 어떻게 변화되었으며, 그 변화를 초래한 원인은 무엇인가를 심층적으로 분석하고 있다. 이를 위해서 지역개발수준을 대변하는 종합적 지표체계를 개발하고, 이를 58개 도시정부의 시계열자료에 적용하여 개발격차의 특성 및 변동추세를 검토하고 있다. 분석결과, 전반적으로 지역간 개발수준의 격차가 완화되는 것으로 파악되지만 경제개발 영역에서는 아직도 상당수준의 격차가 존속되고 있는 것으로 나타나고 있다. 지역개발수준의 변동을 가져온 요소간의 상대적 영향력을 측정한 결과, 지역격차는 외생적 요인보다는 지역 자체의 내생적 요인에 있다는 것을 밝히고 있다. 수준 높은 분석이라고 할 수 있다.

지방행정 및 도시행정 서비스의 민간위탁 문제는 효율적인 봉사행정을 구축하는 데 대단히 중요한 문제이다. 이 방면 연구에서 눈길을 끄는 몇 편의 논문들을 소개하기로 한다.

하나는 남치호의 "지방행정 서비스의 민간공급 가능성"〔《한국행정학보》23권 2호(1989)〕이다. 이 논문은 이 방면의 기존의 이론을 간략히 정리한 후, 공급의 기준을 제시하고 지방의 소도시인 경주, 구미, 안동의 업무를 검토하면서, 한국의 경우 민간공급을 실시하는 데 여러 가지 제약점이 많아 실시 전에 여건조성은 많은 사항에 대한 검토가 필요함을 지적한다. 이 방면 연구에 안내자가 되는 논문이다.

또 하나는 박경원이 쓴 "민간부문과의 계약을 통한 도시 서비스 공급방안에 관한 연구"〔《한국행정학보》23권 2호(1989)〕이다. 이 논문은 현재 한국에서 실시하고 있는 공공 서비스의 민간화 공급현황을 분석하고 아울러 문제점도 밝혀낸다. 그리고 여기에 대한 설문조사를 통해 장·단점을 가려내고 있다. 이 논문도 이 방면 연구에 크게 도움을 줄 것으로 기대된다.

세 번째는 박경효의 "공공서비스 생산의 민간화에 대한 평가: 서울시 쓰레기수거업무 사례분석"〔《한국행정학보》25권 4호(1992)〕인데, 이 논문은 시 직영과 민간업체의 쓰레기 수거작업을 비교하고 다음과 같은 결론을 제시하고 있다. 가시적인 측면에서 보면 민간업체가 시 직영에 비해서 톤당 수거비용과 미화원 1인당 수거량에서 훨씬 능률적인 것으로 나타난다. 그러나 근로자의 사기, 이직률, 서비스의 질, 주민의 만족도, 전문성 등에서 시 직영이 더욱 우수한 것으로 나타난다.

네 번째 논문은 김승현의 "지방자치단체의 복지서비스 계약 공급에 관한 연구: 노원구의 위탁시설을 중심으로"〔《한국행정학보》 32권 3호 (1998년 가을호)〕는 복지서비스의 민간위탁 제공의 효과성을 공무원과 시설종사자들에 대한 설문조사를 통해서 분석하고 있다. 분석결과, 민간 시설자들간의 낮은 경쟁성, 자동적인 재계약과정에서 발생하는 로비에 의한 불공정한 계약, 서비스 제공에 있어서 책임성을 확보할 수 있는 지도감독 등 여러 가지 문제점이 노출되고 있다. 현재의 지도감독은 양적 감사에 치중하여 서비스의 표준화를 촉진하고 있어 다양한 서비스전달체계를 가로막고 있다. 앞으로 공정한 계약과 성과 위주의 지도감독이 이루어질 수 있는 제도적 장치를 마련하고 지도감독의 결과가 보조금 지급이나 재계약과 연계되어야 한다고 제안하고 있다.

김대원이 쓴 "쓰레기 감량을 위한 요금제도: 감량목표량의 추정과 요금수준의 적정성 분석을 중심으로"〔《한국행정학보》 29권 2호 (1995년 여름호)〕는 쓰레기종량제의 성공적인 실시를 위해서 감량목표량의 설정과 이의 달성을 위한 적정요금제와의 관계를 분석하고 있다. 감량목표량의 추정은 배출자들의 감량의지를 통해서 추정하고, 이의 달성을 위한 요금수준의 적정성을 분석하고 있다. 분석결과, 감량목표량은 종량제 시행 전과 비교하여 50% 이상의 감량이 가능한 것으로 나타났으며, 현행 종량제하에서 이의 달성을 위한 요금수준은 매우 낮은 것으로 나타나고 있다.

김헌민의 "도시재개발이 저소득층의 주거입지에 미치는 영향: 접근성에 대한 형평성을 중심으로"〔《한국행정학보》 30권 3호 (1996년 가을호)〕는 재개발사업으로 인하여 저소득층의 주거입지가 어떤 영향을 받는가를 분석하고 있다. 분석결과, 저소득층은 소득향상의 기회 및 도시시설들이 집적되어 있는 집적경제로의 접근성은 거의 없다고 한다.

실제 이들에게는 먼 곳의 외곽지역에서 양호한 주택에서 사는 것보다는 불량한 주택에서 집적경제로의 접근성이 높은 지역에 거주하는 것이 소득향상이나 삶의 질 등의 실제의 생활 면에서 유리하다는 것이다. 따라서 재개발사업은 이러한 접근성을 확보할 수 있는 방향으로 정부의 간섭하에 추진되어야 한다고 본다. 이 논문은 원 주민들이 어디로 가서 어떤 불이익을 받는지 구체적으로 언급하고, 여기에 대해서 나름대로의 정책적 대안을 제시하고 있다는 점에서 기존연구보다 한 걸음 앞서고 있다.

박정수의 "지방교부세 배분방식의 새로운 개념과 방향모색"〔《한국행정학보》29권 2호(1995년 여름호)〕은 현재의 지방교부세의 배분방식이 가지는 문제점을 시정할 수 있는 대안으로서 편익-노력 균등화공식을 도출하고 이를 1992년도 결산규모에 적용시켜보고 있다. 여기서 제시한 공식은 지금까지 문제점으로 지적된 재정효율성 측면, 재정수요 파악에서의 부익부 빈익빈 현상, 재정수입 파악에서의 징세 및 자구노력에 대한 역의 유인효과를 해결할 수 있도록 고안되고 있다. 이 공식에 의한 경우 목표가 되는 단체의 수준에 모든 자치단체의 편익-노력이 도달하도록 교부금을 배분하게 됨으로써 수평적 형평성이 크게 제고될 뿐만 아니라 자구노력에 대한 유인효과도 나타나게 되는 장점도 지니고 있다. 현재와 같이 모든 지방자치단체의 특수사정을 감안하려는 것은 가능하지도, 바람직하지도 않다는 것을 제시하고 있다는 점에서도 본 연구의 의의를 찾을 수 있다.

유재원의 "보통교부세 기준세율의 정치경제적 의미"〔《한국행정학보》31권 1호(1997년 봄호)〕는 자치단체의 세원확대노력을 자극하는 방안을 보통교부세 산정방식이라는 맥락에서 검토하고 있다. 분석결과, 교부세 총액이 변동이 없는 경우, 기준세율과 조정률을 동시에 인

166

하하는 방향으로 교부세 산정공식을 변화시킬 때에 자치단체의 세원확
대노력을 가장 효과적으로 촉진시킬 수 있으며, 교부세 총액이 증액될
경우에는 기준세율의 인하를 통해 증액된 교부세를 배분하는 방식이
자치단체의 세원확대노력을 자극하게 된다는 것이다. 여기서 자치단
체의 세원확대의 노력과 징세노력을 촉진하는 데에 기준세율을 인하하
는 것이 기준 재정수요액을 인상하는 대안보다 우월함을 논리적으로
규명하고 있다. 참신하고 창의성이 엿보이는 논문이다.

신무섭의 "지방교육 세출예산의 결정요인과 배분의 형평성"〔《행정논
총》38권 1호(2000)〕은 지방교육비의 결정요인과 지방교육재정교부금
의 형평성 문제를 1970년부터 1997년까지의 지방교육 세출예산을 가
지고 분석하고 있다. 독립변수로 사회경제적 변수와 정치행정적 변수
로 나누어 그 영향력을 분석하고 있는데, 분석결과, 사회경제적 변수
보다는 정치행정적 변수인 중앙의존재원의 증가율이 지방교육비의 결
정에 가장 큰 영향력을 행사하고 있는 것으로 나타나고 있다. 중앙의
재정교부금은 대체로 형평성을 가져오는 데 긍정적 역할을 하고 있지
만, 서울과 부산의 희생으로 강원도, 충청북도, 전라남도 등이 다소
혜택을 보는 것으로 나타나고 있다. 그러나 이러한 경향도 1990년부
터는 다소 완화된다. 분석의 수준이 높은 연구이다.

김인이 저술한 "경찰서비스 공동생산의 효과: 자율방범활동을 중심
으로"〔《한국행정학보》31권 4호(1997년 겨울호)〕는 범죄예방을 위해서
경찰방범활동과 더불어 시민참여의 자율방범활동이 어떠한 역할을 하
고 있는가를 분석하고 있다. 분석결과, 주민들의 자율방범활동이 활
성화되어 있는 지역은 그렇지 않는 지역에 비해서 안전감이 높으며,
주민들간의 친밀성은 경찰서비스의 안전감에 영향을 주며, 자율방범
대의 활성화에도 영향을 준다는 것이다. 따라서 정부는 이러한 시민단

체의 서비스 공동생산의 활동에 관심을 기울이고 더불어 적극적으로 홍보정책을 펴야 한다고 주장한다. 이 연구는 시민단체의 자발적이고 자율적인 공공서비스 생산문제의 연구에 개척자적인 역할을 한다.

이명석의 "지방자치단체 공무원 규모의 결정요인에 관한 연구: 도시 공무원을 중심으로"〔《한국행정학보》 32권 2호(1998년 여름호)〕는 도시를 중심으로 지방자치단체의 공무원의 규모가 어떠한 요인들에 의해서 결정되는가를 실증조사를 통해서 규명하고 있다. 본래 결정요인들 중에는 공급의 측면과 수요의 측면이 있는데 이 논문은 수요의 측면에 한정해서 요인들을 밝혀내고 있다. 분석결과, 인구, 차량등록수, 면적, 지방의회의원 선거, 자치단체장 선거 등이 도시공무원의 규모에 영향을 끼치는 요인들로 밝혀지고, 민원처리건수인 건축허가수나 복지수요인 생활보호대상자수는 영향을 미치지 않은 것으로 나타났다. 여기서 중요한 발견은 행정수요가 증가하면 공무원의 규모가 증가하는 것은 당연하지만, 행정수요가 감소하여도 공무원의 규모가 감소하지 않는다는 것이다.

김순양·배병돌의 "지방행정주사의 위상과 기능에 관한 연구"〔《한국행정연구》 13권 2호(2004년 여름호)〕는 지방행정에서 핵심적 역할을 하고 있다고 생각되는 6급인 주사를 위상과 역할을 중심으로 분석하고 있어 흥미를 끌고 있다. 이들의 위상과 역할은 지방행정의 어느 곳에서 일을 하느냐에 따라 다르다는 것을 알려주고 있다. 즉, 이들이 광역자치단체에서 근무하느냐 아니면 기초자치단체나 일선기관에서 근무하느냐에 따라 그 위상과 역할은 현저히 다르다는 것이다. 지방행정에서 주사의 위치와 역할을 상세히 검토하고 있어 지방행정에서 인사문제를 연구할 때에 여러 가지로 참고가 될 수 있는 논문이다.

　유재원의 "세계화, 신자유주의 그리고 지방정치"〔《한국행정학보》34권 4호(2000년 겨울호)〕는 한국의 지방정부가 지방차치의 실시 이후로 성장지향적이고 기업중심적인 모습보다는 분배지향적인 정책성향을 강하게 띠는 이유를 논리적으로 명쾌하게 설명하고 있다. 자본과 노동의 자유로운 흐름으로 국가경계가 무너지면서 세계의 모든 지방정부는 성장지향적이고 기업중심적인 정책성향을 강하게 띠고 있는데 한국의 지방정부는 이러한 세계의 흐름에 역행적인 분배 중심으로 나가고 있다. 이러한 주된 이유로 지적되는 것이 중앙정부의 지방정책이 시장과 경쟁원리에 역행하는 방향으로 나가고 있기 때문이라는 것이다. 다시 말해서 중앙의 지방정부에 대한 후견인적 역할에 기인한다는 것이다. 좀더 구체적으로 지적하면, 첫째, 지방재정의 중앙의존도가 높다는 것, 둘째, 국세중심의 조세체계라는 것, 셋째, 기업의 이동경로가 용이하지 않다는 것이다.

　김태일의 "지방의회 구성과 단체장 선출이 자치단체 사회복지 지출 규모에 미친 영향"〔《한국행정학보》35권 1호(2001년 봄호)〕은 이 방면 연구에 단연 으뜸이 되는 논문이라고 할 수 있다. 김태일은 이 방면의 선행연구들을 전부 점검하고 방법론상의 한계를 지적하면서 지방자치 실시의 기준(지방의회 구성 vs. 자치단체장 선출)과 자치단체 유형(광역시·도·시·군·구)에 따라 시기적으로 유형별로 분리하고 선행연구들보다 보다 타당하다고 판단되는 모형에 따라 분석하고 있다. 분석결과, 지방의회의 구성은 시와 자치구의 복지지출을 감소시킨 데 비해 단체장 선출은 광역시와 시·군 및 구의 사회복지 지출을 증가시켜 둘의 효과가 서로 상반된 것으로 나타났다. 이것은 주민의 지지획득을 노리는 데 충분히 이해될 수 있는 현상이다. 이 논문은 논의전개나 방법론상에서 모범이 될 만하다.

이재원의 "지방정부의 성과관리시스템 개발에 관한 연구: 서울시와 경기도의 성과관리체제를 중심으로"〔《한국행정학보》36권 1호(2002년 봄호)〕는 다기화되고 비체계적으로 전개되고 있는 지방정부의 각종 성과관리장치들을 통합 운영할 수 있는 통합성과관리체계를 모색하고, 이 모형을 가지고 서울시와 경기도의 경우를 분석하고 있다. 이 논문에서 관심을 끄는 대목은 예산과정과 정책과정을 연계 및 통합시키는 데 역점을 두고 있다는 것이다. 종래에는 조직, 예산, 인사, 기획이 각각 분리된 상태에서 개별적으로 관리 및 운영됨으로써 혼란과 무질서를 야기시켰는데 이러한 것들을 연계시킴으로써 톱니바퀴가 물고 물리면서 돌아가듯이 기관 내에서 이러한 통합적 성과관리가 요구되고 있는 것이 사실이다. 앞으로 이러한 연구를 하는 데 참고가 될 수 있는 논문이다.

박세정은 "지방자치단체의 행정서비스 제고를 위한 품질경영프로그램 도입 및 활성화 방안에 관한 연구"〔《정부학연구》8권 1호(2002)〕에서 품질경영의 개념에 대해서 간단히 언급하고, 지방행정 차원에서 품질경영프로그램 도입의 필요성을 이론적으로 설득력 있게 논의하면서, 현재 품질경영프로그램을 도입 실시하고 있는 자치단체들을 예로 들며 심도있게 분석하고 있다. 분석결과, 이 제도의 성과는 기대한 것만큼 크지 않고 문제점이 많다. 박세정은 문제점 극복을 위해 활성화 방안을 제안하고 있다. 변화관리의 중시, 기관장의 지속적인 관심과 지원, 품질경영의 토착화, 충분한 공감대 형성 등이 그것이다.

한승준·주재현이 공동 집필한 "지방자치단체 여성정책 업무의 표준화 방안에 관한 연구"〔《한국행정학보》37권 1호(2003년 봄호)〕는 지방자치단체 여성정책 업무의 실태를 조사하고, 지방자치단체 여성정책 업무의 정비를 위한 표준화방안 개발에 연구의 목적을 두고 있다. 현재 우리나라 지방자치단체의 여성정책 관련업무는 총 67개인데, 이 논문은 이러한 업무들에 대한 법적 구속력, 사무배분의 일반적 원칙, 업무수행률, 실무자와 전문가의 의견을 근거로 한 광역자치단체와 기초자치단체별 1, 2순위 업무목록과, 담당부서에서 수행해야 할 업무목록을 제시하여 여성정책 업무의 체계화를 시도하고 있다. 이 방면 연구에 효시라고 할 수 있다.

최남희의 "시스템 다이내믹스 기법을 이용한 서울시 도시동태성 분석과 정책지렛대 탐색: 인과순환구조와 시스템행태 분석을 중심으로" 〔《한국행정학보》 37권 4호(2003년 겨울호)〕는 인구, 주택, 경제, 교통, 환경 등 여러 가지 하위시스템간의 다중적 상호작용에 의해 나타나는 도시 시스템의 동태성을 인과순환구조와 시스템의 비선형적 변화를 통해 분석하고, 정책지렛대를 탐색하고 있다. 분석결과는 첫째, 서울시를 구성하는 다수의 하위시스템들간에는 인과순환적 상호작용의 피드백구조들이 내재화되어 있으며, 이로 인해서 서울시의 인구, 주택, 산업, 지방재정, 교통, 환경변수들의 변화가 동태적으로 나타난다. 둘째, 서울시의 동태성을 결정하는 중요한 인과순환구조에는 서울시 하위시스템과 수도권 시스템과의 피드백구조가 중요한 작용을 한다. 셋째, 서울시의 도시동태성을 볼 때 현재의 시스템 상태가 결코 균형수준이 아니며 향후에도 관련정책의 변화에 따라 150만 명 내외의 인구변화가 예상된다. 이 논문은 동원된 자료나, 분석의 규모나, 사용된 기법이나, 논의의 전개 면에서 거작이라고 할 수 있다. 도시의 동태성 연구에 초석이 되리라 생각된다.

주선미·한인숙의 "공론장과 지방자치: 고양시 '러브호텔 건립저지 사례'를 중심으로"〔《한국행정학보》 36권 1호(2002년 봄호)〕는 공론장의 본질에 부합된다고 생각되는 고양시 러브호텔 건립저지 운동을 사례로 선정하여 지역정치 상황, 공론장의 형성, 공론장의 작동, 의사소통의 정도, 의사소통의 효과 등의 차원으로 나누어 공론장과 지방정치의 관계를 분석하고 있다. 이 논문은 관련정책의 미비로 공론장이 자연스럽게 형성되어 정부와의 의사소통이 원활하게 되고 결국 정책변동이라는 긍정적 효과를 발생케 함으로써 지방정치의 성숙을 가져올 수 있는 사례를 분석하고 있다는 점에서 높이 살 만하다. 한국사회에서 공론장을 통한 지방정치가 가능하다는 것을 보여주는 의미 있는 논문이다.

주재복의 "지방정부간 공유재 분쟁과 협력규칙의 탐색: 제천시와 영월군의 취수장 분쟁사례 연구"[《정부학연구》 7권 1호(2001)]는 취수장 분쟁사례를 통하여 지방정부간 협력을 유도할 수 있는 협력규칙을 경험적으로 도출하고 있다. 분석결과, 취수장 분쟁은 상호의존구조와 비용편익 분리구조라는 문제구조하에서 발생하고 있는 것이라고 밝히고 있다. 분쟁해결의 중요한 규칙으로 참여규칙, 분해규칙, 지원확대규칙, 그리고 조정자규칙을 차례로 제시하고 있다. 지역간 분쟁문제를 다룰 때에 크게 도움이 되는 글이다.

이달곤·전주상이 쓴 "지방자치단체장의 갈등조정: 서울시 '시민과 시장의 토요데이트' 분석"[《행정논총》 40권 3호(2002)]은 서울시 민선 2기(1998~2002년)의 4년 동안에 일어났던 '시민과 시장의 토요데이트'를 연구사례로 들어 단체장의 갈등조정 역할을 체계적으로 분석하고 있다. 분석결과, 이 제도는 사후관리 측면이나 사전단계에서 민원호소 문제를 해소하는 데 일부 문제점이 드러나고는 있으나, 60% 이상의 민원해소가 이루어진 것으로 나타났다. 이러한 성공적인 해결의 요인으로는 전문성과 경륜, 그리고 성실성을 기초로 한 시장의 조정자로서의 역할과 원칙협상에 대한 의지라는 것이 구명되고 있다. 이러한 연구는 자치단체의 갈등문제를 이해관계자들의 토론을 통해서 해결하는 데 단체장의 신실한 역할이 얼마나 중요한가를 알리고 있다는 점에서 중요한 의미를 지닌다.

　고경훈의 "자치단체장의 정책형성 동기에 관한 연구: 성남시의 장학금 지급정책을 중심으로"〔《한국행정연구》 12권 2호(2003년 여름호)〕는 자치단체 수준에서 정책을 형성할 때에 자치단체와 중앙 및 상위정부 사이에 벌어지는 상호작용을 성남시의 장학금 사업을 중심으로 분석하고 있다. 중앙정부는 권력행사를 통해서 지방정부에 대한 영향력을 계속 유지하려 하고, 지방정부는 자율성을 확보하려고 안간힘을 쓰게 된다. 이때 중앙정부 및 상위정부와 지방정부 간의 상호작용이 역동적으로 전개되어 기존의 기능적 및 제도적 수준에 머물렀던 상하관계의 지방행정이 수평적 관계의 지방정치의 차원으로 올라가게 된다. 이 논문은 여기서 중앙과 지방 간의 상호작용이 수직적인 행정관계에서 수평적인 정치적인 관계로 옮겨가고 있다는 것을 지적하고 있다는 점에서 주목을 끈다.

　전영평의 "자치의 오류와 지방정부혁신: 성찰과 과제"〔《행정논총》 41권 3호(2003)〕는 우리나라의 자치행정상에서 일어나는 지방분권화가 자칫 지방관공서의 권한과 재정을 확대시키는 관공서 중심의 분권화로 변질되어 지방의 자발적 시민사회 형성을 가로막을 위험성이 있다고 지적하면서, 현재 일어나고 있는 부정적인 측면들을 들추어내어 성찰적 자세를 갖도록 하는 의미 있는 글이다. 여기서 지적한 부정적 측면들이란 주민참여가 부실한 자치, 당리당략적 정당지배의 자치, 단체장의 '제왕자치'와 공무원의 '충성자치', 인력개발 및 인력교류가 부실한 자치, 빈익빈 부익부 자치, 자원배분이 왜곡된 비효율 자치, 시민통제가 결여된 '행정홀로자치', 부패의 자치, 선 분권 후 자치, 협의과정이 무시된 자치 등이다. 이러한 지적들은 지방자치를 담당하는 공무원들이나 연구자들에게 경종의 역할을 할 수 있다.

강명구는 "분권과 발전주의 국가 재구조화: 한국의 경험과 대안적 조직"〔《한국정치학회보》37집 1호(2003년 봄호)〕에서 지방자치를 본격적으로 실시한 지도 10년 이상이 지났는데 분권화가 제대로 일어나지 않고 있어 분권의 실효성을 확보하기 위해서는 새로운 접근이 필요함을 지적하면서 대안점을 모색하고 있다. 이 논문은 왜 자치 10년의 역사 속에서 분권이 제대로 일어나지 않았는가를 소상히 밝히고 한국적 경험 속에서 지역시민사회의 민주적 강화와 개혁적 지방정부라는 대안을 제시한다. 이 논문은 대안의 실마리를 발전주의 국가관에서 찾고 있다. 본래 발전주의 국가는 억압적 성격과 성장의 견인차적 성격을 동시에 지니고 있는데, 여기서는 억압적 성격을 제거하고 성장의 견인차적 역할을 활용함으로써 분권의 실마리를 탐색할 것을 권유한다. 분권의 문제를 새로운 시각에서 접근하고 있다는 점에서 신선함을 주는 한편, 논의의 전개도 심오함을 지니고 있다. 단지 아쉬움이 있다면 발전주의 국가관에서 분권의 실마리를 끌어내는 논리가 약하다는 것이다.

한표환·김선기의 "자치단체간 협력사업의 유형별 성공·실패요인 분석과 추진방안"〔《한국행정학보》37권 3호(2003년 가을호)〕은 자치단체간 개별적 사업추진을 지양하고 협력관계에 기초한 공동사업을 추진하기 위한 정책방안을 마련하는 것을 목적으로 하고 있다. 이 논문은 먼저 자치단체간 협력사업을 유형별로 나누고 그 각각의 사업의 성공·실패의 요인들을 추출하였으며, 추진방안을 모색하기 위하여 담당 공무원의 의견을 조사하였다. 성공의 요인으로 보조금 지원 및 재정적 이익, 문제해결 및 서비스 향상, 관리자의 협력에 대한 긍정적 가치관, 내부역량의 보완 등이 밝혀졌고, 실패의 요인으로 과다비용 및 재정손실, 관리자의 협력에 대한 부정적 가치관 등이 밝혀졌다. 자

174

치단체간 협력사업을 추진하고 연구하는 데 길잡이의 역할을 할 수 있는 논문이다.

이종수(연세대)의 "한국지방정부의 혁신에 관한 실증분석: 혁신패턴, 정책행위자 및 영향요인을 중심으로"[《한국행정학보》38권 5호 (2004. 10)]는 한국 지방정부들이 지향하는 혁신패턴, 주요 정책행위자 및 환경요인들을 분석하고, 이들간의 매개관계도 규명하고 있다. 분석결과, 지방정부들이 지향하는 혁신패턴은 민주성, 효율성, 형평성, 유연성의 순으로 나타나고 있고, 혁신의 추진세력은 단체장과 공무원으로 나타나고 있다. 일반주민은 혁신에 직접적 영향력을 행사하지는 않지만, 혁신을 추진하는 원동력이 되고 있다는 것이 밝혀지고 있다. 영향요인들 중에서 인구규모나 도농차이는 별다른 영향을 주지 못하고, 재정자립도는 민주성 제고에 영향을 주고 있다. 지방정부의 혁신문제를 다룰 때에 참고할 만한 연구이다.

한세억의 "지식기반 지역혁신시스템의 탐색과 실천: 지역특성화 개발전략을 중심으로"[《한국행정연구》13권 2호(2004년 여름호)]는 지역발전이나 지역혁신전략도 지식사회에 부합하는 맥락에서 추진되어야 한다는 입장에서 지역혁신시스템의 의미와 성격을 개관하고, 국내외의 경험적 성공사례를 분석, 이어서 지역혁신시스템의 성공가능성을 위한 조건들을 탐색하고 있다. 앞으로 지식사회를 기반으로 하는 지역발전 문제를 연구할 때에 참고가 될 수 있는 논문이다.

김종성·신원득의 "주민자치센터의 운영체제에 관한 연구"[《행정논총》42권 2호(2004. 6)]는 1999년부터 읍·면·동사무소가 주민자치센터로 전환 추진되는데, 그 운영체제에 관해서 논의를 전개하고 있다. 추진과정에서 운영체제, 주민자치위원회, 전담직원, 주민참여, 운영

재원 등에서 많은 문제점이 발견되고 있다. 제시된 개선방향을 보면,
운영주체의 면에서는 현재의 관주도형에서 관민합동형, 준 민간주도
형, 민간주도형으로의 전환을, 기관형성 면에서는 위원회형과 지배형
의 장·단점을 제시하는 것으로 대체한다. 이 방면 연구에서 첫발을
디딘 업적이다.

제 9 장
정책학 분야

1. 저서 편

1980년대에 들어서면서 가장 활발하게 연구가 전개된 분야가 정책학 분야이다. 그렇다면 그 이전에는 정책학에 대한 이론의 소개가 없었느냐 하면 그렇지도 않다. 이미 1963년에 이용필의 《정책결정원리》(일조각)가 선을 보인다. 이 책은 묵중한 이론들을 담고 있는 무게 있는 책이다. 너무 시대에 앞서서 씌어져서 오히려 햇빛을 보지 못하고 기억 속에서 사라져버렸지 않았나 싶다.

한참 세월이 흐른 후에 유훈 외, 《정책학개론》(법문사, 1976)이 발간된다. 최초의 교과서로 정책학이란 무엇인가를 알리는 데 계몽적 역할의 일익을 담당한다.

본격적인 단행본 교과서는 안해균의 《정책학원론》(다산, 1984)이다. 이 책은 정책학 일반이론을 체계적으로 설명하고 있어 초기에 계몽적 역할을 하고 있다.

1980년대부터 1990년대에 걸쳐 정책연구가 활발하여진 것은 이 분야의 수요의 급증과 더불어 1992년에 정책학회가 창립되면서부터이다. 교과서도 2000년까지 20여 종 이상이 발간되었다.

여기서는 몇 개의 교과서만 선정해서 살펴보기로 한다. 노화준의 저서 《정책평가론》(법문사, 1983)은 교과서이지만 인과관계에 대한 이론에 역점을 두면서 논의를 전개하고 있다. 이 방면의 최초의 책으로서 계몽성을 발휘한 책이다.

정정길의 《정책결정론》(대명, 1988)은 단순한 외국이론의 소개서가 아니고 핵심적인 이론들을 한국적 상황과 연결시키면서 그 적합성을 찾아 종합적으로 정리한, 모범이 되는 교과서라고 할 수 있다. 여기서 사용하는 분석의 틀은 정책분야 전체를 포괄하는 종합적 틀로서 정정길이 만들어 낸 독창적 틀이다. 한국적 특수상황을 강조한 창의적인 내용이 책 전체를 통해서 발견된다.

김명수의 《공공정책평가론》(박영사, 1987)은 다양한 정책평가기법을 자세하게 소개하고, 이론의 응용으로서 우리나라의 정책평가기관, 심사분석제도, 감사, 정부투자기관 경영평가제도 등을 고찰한 특징이 있다.

노화준의 《정책분석론》(박영사, 1989)은 분석에 관한 이론들을 상세하게 소개하고 있고, 특히 기존의 교과서에서 다루지 않았던 정책정보시스템, 정책지표, 정책윤리를 다루고 있어 특기할 만하다. 분석기법들을 자세하게 설명하고 있고, 2장과 3장에서 다룬 사례들은 모호함을 감소시켜 주는 역할을 함으로써 계몽성을 지닌다.

김형열의 《정책학》(법문사, 1990)은 다른 교과서에서 다루지 않았던 독특한 이론들을 다양하게 소개함으로써 정책학의 범위를 넓게 이해시키는 데 계몽성을 발휘한다. 특히 정책형성에서 직감적 요소와 상황적 요소를 강조하는 특색을 보이고 있다.

최병선의 《정부규제론》(법문사, 1992)은 한마디로 모범이 되는 빼어난 교과서이다. 규제에 관한 복잡한 이론들이 친절하면서도 풍성하게 그리고 질서있게 전달되고 있다. 교과서지만 철저한 문제의식을 가지고 논의를 전개하고 있으므로 독창성도 엿보인다. 최병선은 정부의 규제는 어느 때 해야 하고 어느 때 해서는 안 되는가? 또 하게 되면 어떻게 해야 하는가의 문제의식을 가지고 이 책을 관통하고 있다. 특히 한국사회에서 일어나는 많은 사례들을 이론과 연결시키면서 설명하는 면은 이 책의 백미라고 할 수 있다.

김동건의 《비용편익분석》(개정판, 박영사, 2004)은 비용편익의 이론과 기법들을 다각적으로 정리 및 소개하고 있어 이 방면에 관심을 가지고 있는 사람들에게 크게 도움이 되는 저서이다. 이 책은 모두 13장으로 되어 있는데 마지막 3개의 장은 사례연구를 다루고 있어 실무에 적용하는 데 크게 도움이 되리라고 생각된다. 비용편익문제를 알기 쉽게 이해시키는 계몽성을 발휘하고 있다.

유금록의 《공공부문의 효율성 측정과 평가》(대영문화사, 2004)는 정책결정에서 효율성을 측정하는 구체적인 기법들을 소개하고, 그러한 기법들을 이용해서 구체적인 정책사례들을 분석하고 있다. 이 책은 효율성을 측정하는 데에 과거의 전통적 방법과 그 한계를 잠깐 언급하고, 새롭게 부각되는 변경분석방법을 자료포락분석과 확률변경분석으로 나누어 자상하게 소개한다. 또한 이 두 가지 방법을 이용해서 한국과 일본의 국세행정의 효율성 및 공공연금제도의 효율성, 지방하수도 공기업의 효율성, 민원행정서비스의 효율성 등을 분석하고 있다. 효율성 문제를 연구하는 데 계몽적 가치와 적용적 가치를 십분 발휘함으로써 기여하는 바가 적지 않으리라고 생각된다.

다음에 정책학 분야에서 연구서의 성격을 띤 저술들을 살펴보기로 한다. 김영평이 저술한 《불확실성과 정책의 정당성》(고려대 출판부, 1991)은 저자가 서문에서 밝히고 있듯이 '불확실한 상황에서 정책결정을 정당화하는 기반은 무엇인가'를 중심으로 엮은 연구서이다. 김영평은 정책과정이 동태적이고 계속적이며 불확실성을 동반하는 복잡한 과정이라는 입장에서 정책문제를 추적하고 있다. 정책결정에 불확실성이라는 개념을 도입함으로써 연구의 시야를 넓히고 정책결정과정을 새롭게 인식시켰다는 점에서 창의성을 발휘하고 있다.

이어서 이대희의 《정책가치론》(대영, 1991)을 살펴보기로 한다. 이책은 정책결정에서 이것을 이끄는 가치의 실체와 그것의 실현방법은 무엇인가를 밝히는 데 심혈을 기울이고 있다. 행정 또는 정책가치의 변화를 추적하는 것도 흥미롭다. 더욱이 친근감이 가는 것은 논의를 전개하는 데에 한국의 사례들을 원용하고 있다는 것이다. 창의성이 발휘된 작품이다.

다음에 언급할 책은 강민·김석준 외, 《국가와 공공정책》(법문사, 1991)이다. 이 책은 6인의 교수가 국가론적 시각에서 정책문제를 다루고 있는데 여기에서 역점을 두는 것은 국가론이 정책현상 설명에 어떻게 적용될 수 있는가와 이러한 틀 안에서의 사례분석이다. 심도있는 분석으로서 값진 문헌이라고 할 수 있다.

다음으로 들고 싶은 책은 이달곤이 쓴 《협상론》(법문사, 1995)이다. 하나의 주제를 가지고 책을 한 권 쓴다는 것은 쉬운 일이 아니다. 저자는 민주사회에서 갈등해결의 제 1의 기제가 협상이라고 확신하면서 공공부문의 갈등관리에 초점을 맞추고 논의를 전개하고 있다. 이 책에서 협상에 관한 모든 것들, 즉 이론, 구도, 규범과 이해관계, 과정과 절차, 유형과 전략, 윤리, 사례 등이 다루어진다. 계몽성이 넘치고 발상의 창의성도 발휘된 연구서라고 할 수 있다.

전상경의 《정책분석의 정치경제》(박영사, 1997)는 정책연구 분야에서 거둔 대어라고 할 수 있다. 한마디로 진지한 고뇌 속에서 탄생한 묵중하면서도 아름다운 산물이라고 할 수 있다. 저자는 공공선택적 접근방법이야말로 현실을 적실성 있게 설명할 수 있다고 확신하면서 공공선택론적 시각에서 정책현상을 일관되게 분석하고 있다. 따라서 사용되는 이론적 도구들이 게임이론, 비용편익의 비교, 지대추구이론 등이다. 한국행정학의 위상과 그 이론성을 높이는 데 기여한 연구서라 하겠다.

문태현의 《글로벌화와 공공정책》(대명, 1999)은 현대사회는 글로벌화와 정보화로 특징지어지고, 이것은 피할 수 없는 현상이라는 인식하에 공공정책을 분석하고 있다. 저자는 글로벌화의 긍정적 측면과 부정적 측면의 양면을 들추어내고 여기서 파생되는 문제점들에 어떻게 대응할 것인가에 초점을 맞추어 논의를 전개한다. 글로벌화될수록 지방화가 촉진된다는 것이 저자의 입장이다. 계몽성이 풍부한 준 연구서라고 할 수 있다.

최병선이 쓴 《무역정치경제론》(박영사, 1999)은 우선 분량이 1,100쪽에 이르는 방대한 책이다. 내용의 질 또한 양에 못지 않게 빼어난 작품이다. 이 책은 국제무역과 무역정책을 정치경제학적 시각에서 분석한 최초의 연구서이다. 이 분야의 연구물을 체계적으로 정리하고 있고, 논의의 포괄범위나 심도, 문제의식과 분석시각의 일관성, 논리적 설득력 면에서 희귀한 역작이라고 할 수 있다. 자료적 가치가 빼어나고 계몽성과 창의성을 갖춘 저서이다.

오연천·이달곤 외, 《세계화시대의 국가정책》(박영사, 2004)은 11인의 교수들이 세계화의 흐름 속에서 전문영역별로 정책을 연구한 일종의 논문집이다. 분야별 정책연구이지만 이 책의 핵심적 주제는 글로벌 시대의 초국가적 거버넌스가 어떻게 형성되고 변모되어 왔으며, 이러한 글로벌화가 각국 정부의 개혁과 분야별 정책에 어떻게 영향을 미치는가에 대한 분석이다. 여기서 다룬 분야는 경제정책, 복지정책, 문화정책, 체육정책, 산림정책, 도시정책 등인데 하나하나가 진지한 고민 끝에 다루어지고 있다. 글로벌화와 정책을 연결시키고 있다는 점에서 새로운 맛이 있는 책이다.

다음에 최고의 정책결정기관을 연구하는 대통령학에 대해서 살펴보기로 한다. 한국에서의 대통령학 연구는 구광모의 《대통령론: 지도자의 개성과 유형》(고려원, 1984)으로부터 시작된다. 이는 대통령의 개성과 권력에 대한 연구서라고 할 수 있다. 한국에서 3명, 미국에서 6명을 분석대상으로 선정한 후 이들을 장인형, 사원형, 야수형, 승부사형으로 분류해서 설명한다. 성공적 대통령이 되기 위해서는 3개의 기본변수들—개성, 정치적 경험, 공식적 권한—과 11개의 주요 요소들—권력의지, 자신감, 목표감각, 참여의지, 경쟁조성, 처리시한 설정, 정보, 정책시기, 정책대안준비, 지혜, 권력의 지지—이 융합되어야 한다고 주장한다. 최초의 연구서라는 점에서 의미 있는 책이다.

10년의 세월이 지나 정정길의 《대통령의 경제리더십》(한국경제신문사, 1994)이 나온다. 이 책은 박정희, 전두환, 노태우 대통령의 3대에

걸쳐 경제정책을 통해서 본 한국정부의 정책결정과정과 그 속에서 지
배적 역할을 해온 대통령의 국정운영방식에 관한 연구서이다. 이 책은
정책결정을 접근할 때, 환경, 정부의 구조·사람·통치이념, 대통령
의 정책관리방식, 대통령의 개인적 특성 등 여러 가지 변수들을 동원
해 종합적인 시각에서 다루고 있다. 대통령의 리더십 행태에 관한 최
초의 본격적인 연구물이라고 할 수 있다. 저술과정에서 당시에 정책결
정에 관계한 핵심인사 100여 명을 면담하면서 많은 시간과 노력을 기
울인 역작이라고 할 수 있다. 생생한 자료들이 많아 자료적 가치가 풍
성하고 분석의 시각이 창의적이다.

이어서 김충남의 《성공한 대통령 실패한 대통령》(둥지, 1998)과 최
평길의 《대통령학》(박영사, 1998)이 동시에 출간된다. 김충남은 이승
만으로부터 김영삼 대통령에 이르기까지의 업적을 평가하고 대통령을
평가할 때에는 민주주의나 도덕성이라는 좁은 잣대에서 평가할 것이
아니라, 당시의 시대적 배경, 국가적인 당면과제, 정치적 행정적 조건
등을 고려해서 평가해야 한다고 주장한다. 따라서 국민적 인기와 역사
적 평가는 달라야 한다고 주장하면서 성공적인 대통령이 되기 위해서
는 경영자적 대통령이 되어야 한다고 역설한다. 최평길은 대통령의 국
가운영에 대한 연구가 중요하다고 강조하면서 청와대 조직에 대한 비
교연구를 제도적인 면에서 상세하게 다룬다. 김충남의 책은 대통령 업
적평가의 기준을 포괄적인 범위로 넓혀야 하고 '경영자적 대통령'을 주
장하는 데 의미가 있고, 최평길의 책은 대통령 비서실과 수상 비서실
의 비교를 처음으로 시도하였다는 점에서 의미가 있다.

대통령에 대한 연구가 '대통령학'으로 자리를 잡는 과정은 함성득의
연구물을 통해서 촉진되었다고 할 수 있다. 함성득은 이 방면에 논문
도 많지만 저서도 적지 않다. 특히 《대통령학》(나남출판, 1999)은 교

과서이지만 이론화의 틀 속에서 씌어진 연구서의 냄새도 풍기는 책이
다. 미국 대통령학 이론의 단순한 소개를 넘어서 한국적 상황에서 대
통령을 연구할 수 있는 방법론적 틀을 마련하였다는 점에서 점수를 주
어야 할 것 같다. 저자는 대통령에 대한 연구를 구조적 측면과 시간적
측면으로 나누어 분석하고 있는데, 대통령에 대한 연구는 그의 성격으
로부터 시작해서 대통령실과 행정부를 포함해 입법부와 정당에 이르기
까지 다각적으로 연구해야 한다는 것이다. 눈길을 끄는 대목은 '정책
실명제'를 토대로 해서 '대통령 리더십의 순환이론'을 제창하는 장면이
다. 연구의 안내서로 계몽성을 발휘하고 있고, 방법론적 틀을 마련하
였다는 점에서 창의성도 보인다.

함성득의 또 하나의 책인 《대통령 비서실장론》(나남출판, 2002)은
대통령학의 학문성을 다지는 데 벽돌을 보탠 역할을 하였다. 대통령
비서실장이라는 자리는 대통령의 역할과 권한을 연구하는 데 빼놓을
수 없는 중요한 분야이기 때문이다. 특히 이 책은 한국의 대통령 비서
실장을 중심으로 연구하였다는 점에서 앞으로 이 방면 연구에 초석을
깔았다고 할 수 있다. 역대 비서실장에 대한 개별적 분석을 통해서 풍
부한 자료를 제공하고 있다.

김석준의 《현대대통령 연구 1》(대영, 2002)은 미국형 대통령제와 각
국의 대통령제를 비교하고 여러 가지 접근방법들, 예컨대 정치권력적
접근, 심리적·개인적 접근, 제도적·조직적 접근 등을 소상하게 소
개함으로써 계몽성을 발휘하고 있다.

박세일 외의 《대통령의 성공조건》(동아시아연구원, 2002)은 행정학
의 중견학자들(김판석, 박재완, 염재호, 최병선, 황성돈)이 중심이 되
어 대통령의 역할·권한·책임을 중심으로 씌어진 내용이 충실한 연구

서이다. 여기서 다룬 주제들은 대통령의 덕목과 역할, 청와대 보좌시
스템, 정책조정, 정치사회로 크게 나누고 다시 세분해서 다양한 주제
들을 다루고 있다. 글들 하나하나가 묵중하고 심도있는 분석을 토대로
해서 논의를 전개하고 있기 때문에 대통령 연구에 귀중한 문헌이 되리
라고 생각한다.

이송호 저, 《대통령과 보좌관》(박영사, 2002)은 대통령학을 연구하
는 데 크게 도움을 주는 작품이라고 할 수 있다. 성공적인 대통령이나
수상이 되기 위해서는 이들 자신들도 유능해야 하지만 여기에 못지 않
게 그들을 보좌하는 참모진과 비서진들의 능력이 큰 역할을 한다는 것
은 의심의 여지가 없다. 이 책은 대통령 및 수상의 보좌기구의 조직화
와 보좌관들의 활동에 관한 연구서이다. 언뜻 보면 각국의 보좌기구들
의 조직과 역할들을 소개하는 자료집 비슷한 책으로 오해될 수도 있겠
으나 그러한 소개서에 끝나는 책이 아니다. 오랜 세월을 걸쳐서 각고
의 노력 끝에 탄생된 양질의 작품이라고 할 수 있다. 여기에 이용된
자료는 저자 자신이 직접 다니면서 구한 1차 자료요, 자료가 미흡하다
고 생각될 때에는 직접 인터뷰를 하면서 구한 자료들이다. 책을 구성
할 때에도 각국별로의 단순한 비교가 아니라 나라별로 가진 독특한 역
사와 성격 및 역할을 찾아내는 데 심혈을 기울이고 있다. 대통령학을
연구하는 데 견고한 벽돌을 하나 쌓은 작품이라고 할 수 있다. 아쉬운
점은 우리나라의 보좌기구에 대해서 전혀 언급이 없다는 것이다.

박동서·함성득·정광호의 《장관론》(나남출판, 2003)은 장관을 연
구하는 최초의 단행본이라는 데 의의가 있다. 그 사이 장관을 중심으
로 한 논문들은 수없이 발표되었지만 단행본으로는 《장관론》이 처음
이다. 이 책은 김대중 정부하에서 장관을 역임한 사람들을 중심으로
리더십과 역할에 관해서 조사 분석하고 있다. 좀더 구체적으로 말해서

대통령과 관료, 국회와 정당, 그리고 언론과 이익단체와의 관계에서
장관이 어떠한 역할을 했는가를 공식적 및 비공식적인 면접을 통해서
분석하고 있다. 기초자료들이 많이 모아져 앞으로의 연구에 밑거름의
역할을 할 수 있다.

  다음에 갈등분야로 눈을 돌려 살펴보기로 한다. 갈등분야는 정책학
분야에서 대단히 중요한 분야인데 연구물은 비교적 적은 편이다.

  박호숙 저, 《지방자치단체의 갈등관리》(다산출판사, 1996)는 갈등
문제를 본격적으로 다룬 최초의 연구서가 아닌가 한다. 이 책은 갈등
에 관한 이론을 정리하고 이 이론을 가지고 갈등사례들을 분석하고 있
다. 지역사회 수준에서 자치단체의 기관인 의회 및 집행기관과 지역단
체, 그리고 주민들간의 갈등양상이 어떻게 전개되고 해결되는가를 논
의함으로써 갈등연구에 참고가 될 만한 책이다.

  최홍석·주재복·홍성만·주경일의 《공유재와 갈등관리》(박영사,
2004)는 공유재 중 대표적인 공유재인 수자원을 중심으로 일어난 갈등
을 중심으로 연구를 하고 있다. 이 연구의 대상은 수자원의 공급, 이
용 및 유지를 둘러싼 집단간의 갈등이다. 갈등을 연구하는 데 하나의
접근방법만을 쓰지 않고 갈등의 성격에 따라 다른 접근방법을 이용한
다. 연구과정에서 현장을 다니면서 얻은 인터뷰와 단체간의 교신내용
등을 통해서 많은 직접적인 자료와 통계자료를 수집한 후 갈등의 당사
자들별로 분류하고, 그 갈등의 원인, 심화 및 확대·완화 그리고 협력
및 해결과정을 성실하게 분석하고 있다. 갈등연구에 크게 참고가 될
만한 연구물이다.

2. 논문 편

윤재풍의 "공공행정부문의 생산성 측정에 관한 연구"〔《한국행정학
보》15호(1981)〕는 공공영역에서 생산성의 문제를 본격적으로 다룬 논
문으로서, 앞으로 이 방면 연구에 안내자의 역할을 할 수 있을 것이라
생각된다. 공공영역에서 생산성은 사영역에서의 그것과 어떻게 다른
가, 측정상 고려해야 할 사항들은 어떠한 것들인가, 측정모형에는 어
떠한 것들이 있는가, 측정상 곤란한 문제들은 어떠한 것들인가 등이
정갈하게 정리되어 있다. 공공부문에서의 생산성은 단순한 능률성이
나 효과성과 다른데, 앞으로 이러한 문제를 연구하는 데 길잡이의 역
할을 하리라고 기대된다.

이영균의 "공공영역의 생산성 측정모형에 관한 소고"〔《한국행정학
보》28권 3호(1994년 가을호)〕는 공공부문에서 생산되는 재화와 서비
스의 양적 및 질적 측면을 포괄할 수 있는 생산성의 측정변수들 — 생
산단위당 효율성, 정확성, 구체화 정도, 적절성 및 고객의 만족도 —
과 체제적인 개념요소들 — 행정조직의 환경, 투입요인, 정부활동, 최
종적인 산출, 투입 대 산출의 비교 — 을 고려하여 생산성의 측정모형
을 탐색하고 있다. 생산성 문제를 다루는 연구를 진일보시킨 업적이라
고 할 수 있다.

문태현의 "공공정책의 신뢰성에 관한 경험적 연구"〔《한국정치학회
보》21집 2호(1987)〕는 정책의 신뢰에 영향을 미친다고 생각되는 여러
가지 독립변인들을 개인적 변인과 정책체계적 변인으로 나누어 검토하
고 있다. 분석결과, 개인적이고 심리적인 변인들은 신뢰에 별로 영향
을 주지 않고 정책체계적 변인들이 신뢰에 영향을 준다는 것이 밝혀지

고 있다. 정책체계 변인들로는 정책의 내용, 공직자, 정책홍보, 참여 등이 포함된다. 여기서 정책의 신뢰를 높이기 위해서는 정책의 내용 면에서 현실성, 관성, 형평성, 공익성 등이 확보되어야 하고, 공직자 의 요인들로서는 책임성, 공복의식, 능력, 탈권위주의 등을 높여야 하 며, 정책홍보 면에서는 보도의 공정성과 적시성을 견지해야 하고, 참 여 면에서는 참여의 확대와 정보의 공개성을 확보해야 한다고 언급한 다. 접근방법 면에서나 분석의 수준이나 논의의 전개 면에서 수준급의 논문이다. 앞으로 정책의 신뢰를 연구하는 데 크게 참고될 만하다.

김영섭의 "우리나라의 토지이용과 지가정책에 관한 연구"〔《한국정치 학회보》 15집(1981)〕는 토지이용과 지가정책 간의 상호관계의 성격을 설명하고, 지가폭등의 현상과 문제점 및 그 요인을 짚은 후, 끝으로 바람직한 토지이용과 지가정책의 수립을 위한 방향을 제시한다. 여기 서 제시한 방향점은 첫째, 토지이용의 기준이 경제성의 논리에 의해서 지배될 것이 아니라 주민복지와 미래의 이용이란 논리에 의해서 지배 되어야 하고, 둘째, 지가상승폭을 물가상승폭 이상으로 방임해서는 안 되고, 셋째, 개발이익은 환수되어야 하고 개발손실은 보상되어야 하고, 넷째, 토지는 다음 세대를 위해서 어느 정도 미개발 상태로 남 겨 두고, 다섯째, 토지이용과 지가정책은 일괄적으로 동시에 다루어 져야 한다는 것이다.

김윤상의 "토지의 효율적 사용을 위한 정부의 개입"〔《한국행정학 보》 23권 1호(1989)〕은 정부의 토지정책을 다루는 데에 이론적인 방향 점을 잡아 줄 수 있는 논문이라고 할 수 있다. 토지는 다른 재화와 다 르고, 그것의 특수한 성격으로 그 소유나 사용이 정부규제의 대상이 되지 않을 수 없다. 특히 우리나라처럼 인구는 많은데 국토가 좁은 경 우에는 토지는 처음부터 '공개념'의 성격을 띠지 않을 수 없다. 정부개입의 원인을 세 가지 측면에서 내세우고 있는데, 하나가 토지초과소득의 발생이고, 둘째가 토지시장 기능의 공간적 한계이고, 세 번째가 토지시장 기능의 시간적 한계이다. 앞으로 토지의 공개념 문제는 행정학에서도 중요한 연구과제가 될 것인데 여기에 대비해서 나온 중요한 논문이라고 할 수 있다.

최병선, "민영화의 정치경제"〔《한국행정학보》 25권 2호(1991)〕는 민영화의 문제를 공기업부문의 운영상의 비효율성의 극복이라는 미시적이고 기술적인 문제에서 벗어나서 국가의 역할구조라는 거시적인 관점에서 다루고 있다. 이 논문은 거시적인 관점에서 민영화의 개념을 논하고, 민영화의 유형, 민영화의 추진동기 및 기대효과와 그간의 우리나라의 민영화 경험을 평가하고 있다. 앞으로 민영화 문제를 다룰 때에 특히 국가역할 문제와 관련해서 다룰 때에 크게 참고가 될 수 있는 논문이다.

공공서비스 제공의 민간위탁 문제는 봉사행정을 구현하는 데 대단히 중요한 문제이다. 공공서비스 제공의 민간화 문제에서 사회복지 업무 등 여러 가지 업무가 민간화의 대상이 될 수 있지만 그 중에서도 제일 먼저 떠오르는 것이 쓰레기 수거 문제이다. 쓰레기 문제는 우리 생활과 직결된 것으로, 도시환경은 물론 우리의 문화수준까지 결정짓는 절박한 문제이다. 이 문제를 본격적으로 다룬 두 편의 논문을 살펴보기로 한다.

하나가 박경효의 "공공서비스 생산의 민간화에 대한 평가: 서울시 쓰레기 수거업무 사례분석"〔《한국행정학보》 25권 4호(1992)〕이다. 이 논문은 민간업체가 시 직영에 비해 톤당 수거비용과 미화원 1인당 수거량에서 훨씬 능률적이라고 분석하고 있다. 그러나 수치상의 차이만으로 평가해서는 안 된다는 것이 이 논문의 요지다. 근로자의 자질, 근무의욕, 이직률, 주민만족도, 민간업체의 전문성 등에서 민간업체의 쓰레기 수거작업은 문제점이 많다는 것이다. 이 논문은 현재의 민간위탁 쓰레기 수거 문제에 대해서 많은 문제점을 지적하고 있어 앞으로의 연구에 초석의 역할을 하고 있다.

또 하나의 논문은 손희준이 쓴 "도시 쓰레기 수거 서비스의 공급유형에 따른 능률성 분석: 민영화 방안을 중심으로"〔《한국행정학보》 26권 1호(1992년 봄호)〕이다. 이 논문은 도시 공공서비스의 민영화 방법을 쓰레기 수거 서비스에 적용하여 능률성의 차원에서 민영화 방법이 한국의 경우에도 성과가 있는지 분석하고 있다. 분석결과, 시 직영이나 공기업 형태 등 공공공급의 형태보다는 계약이나 허가형태, 또는 혼재형태 등의 민영화 방법이 보다 능률적이라고 밝혀지고 있다. 민영화 방법 중에도 계약에 의한 독점형태보다는 복수의 민간기업들이 존재하는 허가형태나 혼재형태(민간기업과 공공부문이 같이 하는)가 보다 능률적이라는 것이다. 이 논문은 민영화의 경우도 여러 가지가 있는데 계약에 의한 독점식 운영에 대해서 부정적이다. 위의 두 논문은 쓰레기 수거문제를 본격적으로 다루고 있다는 점에서 앞으로 이 방면 연구에 안내자의 역할을 할 것이다.

김준기의 "한국에서의 '제3자적 정부'에 대한 논의"〔《행정논총》 39권 2호(2001)〕는 민영화나 민간위탁에 의해서 제3자적 주체인 민간단체에 의해서 공공서비스의 공급이 증가하고 있는 상황에서 긍정적인 요소도 적지 않으나 책임성에 대해서 심각한 문제가 발생한다는 것이다. 이러한 문제를 근원적으로 해결하기 위해서는 정부의 역할변화의 정립이 필요하다는 것이다.

최성모·소영진이 쓴 "사회규제완화와 풍선효과: 규제완화조치에 대한 규제기관의 대응전략을 중심으로"〔《한국행정학보》27권 4호(1993년 겨울호)는 사회규제를 완화시켰을 때에 거기에서 새롭게 나타나는 부작용과 폐해를 제거하기 위해서 다시 규제를 해야 하는 현상을 풍선효과와 규제여분의 현상이라고 설명하고 이러한 개념들을 이론적으로 구축하고 있는 창의적인 논문이라고 할 수 있다. 실제 이 연구에서 규제의 완화가 또 다른 규제를 불러온다는 현상을 풍선효과로 정의하면서 여기서 개발한 풍선효과 규제여분을 이론적으로 다듬고 설명력을 보여주기 위해서 1993년에 통과된 기업활동완화 특별조치법과 미국의 환경규제정책을 사례로 들어 논의하고 있다. 이 논문에서 주장하는 것은 규제정책의 풍선효과 때문에 규제완화조치를 취할 때에는 규제여분 감소조치를 동시에 고려해야 한다는 것이다. 발상이나 논의의 전개에서 창의성과 치밀성이 넘치는 논문이다. 규제를 다루는 실무행정가들에게도 크게 도움이 되는 글이다.

김성배의 "공공정책결정의 내생성에 관한 연구"〔《한국행정학보》29권 2호(1995년 여름호)]는 정책결정의 내생성 문제를 우리나라의 토지이용 규제의 사례를 들어 분석하고 있다. 여기서 이야기하는 내생성이란 공공정책이 환경과의 상호영향을 미치면서 형성된다는 것을 의미한다. 이 연구는 토지이용 규제가 정책의 시행여부를 가변수로 나타냄으로써 외생적으로 결정되는 것이 아니라 정책환경에 해당하는 주변지역의 특성인 토지가격, 도심으로부터의 거리, 인접한 도로의 폭 등과 서로 영향을 미치면서 결정된다고 분석하고 있다. 여기서는 토지이용 규제에 다중선택모형을 적용해서 이 문제를 실증적으로 분석하고 있다. 분석결과, 토지이용 규제와 토지가격 수준은 상호 연관되어 결정되는 것으로 나타나므로 토지이용 규제를 가변수로 표시하고 그것이 지가에 미치는 영향을 검토하게 되면 오류가 발생할 수 있다는 것이다. 따라서 이 연구에 사용된 분석방법은 정책과 환경이 상호 연관되는 상황에서는 보다 정확한 효과분석을 약속할 것이다. 이 분야 연구에 진일보의 벽돌을 쌓은 연구이다.

김상헌의 "님비(NIMBY) 문제 해결을 위한 최적 보상체제"〔《한국행정학보》 31권 4호(1997년 겨울호)〕는 무엇이 님비문제를 해결할 수 있는 최적보상제인가의 질문에서 출발하고 있다. 이 논문은 기존의 보상체제가 최적이 아니라고 입증하면서 4개의 보상체제를 제안하고 있다. 이 논문은 이론적으로 예측된 사항들을 검증하기 위해서 실험을 하고 있다. 여기서 얻은 정책적 시사점은 다음과 같다. 첫째, 님비현상을 해결하기 위해서는 조정자가 있어야 하고 이 조정자는 참가대상지역을 선정하고 선정된 지역들이 탈퇴를 못하도록 강제권을 가지고 있어야 한다. 둘째, 혐오시설의 비용이 혐오물질을 생산하는 개인들의 의사결정에 반영되도록 해야 한다. 셋째, 구체적으로 어떤 보상체제를 택해야 하느냐는 해당지역들간의 비용에 관한 정보구조가 어떻게 되어 있느냐에 따라 달라져야 한다는 것이다. 님비문제를 다루는 데 참고가 될 수 있는 연구라고 할 수 있다.

최종원은 정책문제 분야에서 주로 이론적인 모형에 관심을 가지고 논문을 발표하고 있는데 주목을 끄는 두 개의 논문만 거명하기로 한다. 하나는 "정책집행연구의 이론적 틀에 대한 비판적 고찰"〔《한국정책학회보》 7권 1호(1998)〕인데 이 논문은 상향식 접근과 하향식 접근의 통합을 위해서 정책결정과정과 집행과정을 연계시키는 방안을 제시하고, 이 틀을 이용해서 공정거래법의 집행이 지지부진한 원인을 밝히고 있다. 집행연구에서 부닥치는 모형선택의 어려움을 극복하기 위한 이론적 탐색이라는 점에서 창의성을 발휘하고 있어 높이 평가할 만하다. 그러나 집행과정에서의 문제점을 출발점으로 하기 때문에 자칫 정책 전체의 규범적 가치전제나 목표 등을 경시할 위험성이 있다.

또 하나의 논문은 "불확실성하에서의 정부의 규제정책결정의 한계: '잘못된 긍정'의 오류 최소화전략의 문제점과 대안적 전략"〔《한국행정학보》 33권 4호(1999년 겨울호)〕은 규제정책의 발상의 전환을 촉구하는 창의성이 있는 논문이라고 할 수 있다. 불확실성하에서 규제정책을 다루는 정책결정자는 부적격자를 적격자로 오인하는 '잘못된 긍정'의 오류를 줄이기 위해서 많은 규제기준을 도입한다. 그러나 이러한 많은 기준의 설정은 극소수의 부적격한 사람을 가려내기 위해서 다수의 선량한 피해자를 양산시키고, 대다수 국민을 잠재적 범법자로 만들며, 사회적 의사결정자원을 낭비시키는 불합리한 현상을 초래한다는 것이다. 여기에 대한 대안으로 세 가지 전략을 제시하는데 하나는 정책결정 전략의 단순화이고, 둘은 적격자의 추정이고, 셋은 사전적 경쟁과정의 적극적 도입이다.

박천오는 "한국 이익집단의 정책과정상의 영향력과 활동패턴: 정부 관료제와의 관계를 중심으로"〔《한국행정학보》 33권 1호(1999년 봄호)〕에서 정책과정에서 이익집단들이 담당관료들에게 어떠한 영향력을 행사하는가를 부처별로 압력역할을 하고 있는 모든 이익단체들을 총망라하여 다룬다. 이들이 정책과정의 어느 단계에서 어떤 방식으로 영향력을 행사하고 있는가에 대한 실상과 앞으로의 변화전망을 실증적으로 심도있게 분석하고 있다. 분석결과, 이익집단과 행정기관의 관계는 종래의 수직적 관계에서 수평적 관계로 점차 이동하고 있다는 것을 밝히고, 앞으로는 양자간의 상호작용이 다양해질 것이라고 전망하고 있다.

권찬호의 "한국 정당과 행정부의 정책협의제도 연구: 이론적 근거를 중심으로"〔《한국행정학보》 33권 1호(1999)〕는 과거 35년 동안 한국 국가정책결정의 주요 메커니즘으로 역할을 해온 한국 특유의 당정협의제도를 이론적으로 고찰하고 있다. 이 논문은 당정협의제의 이론적 기반이 무엇인가를 탐색하면서 이론적 근거를 집권여당과 행정부의 국민에 대한 책임성에서 찾고 있다. 아울러 한국특유의 권력구조적 요소와 정치권력의 성격 및 정권의 정통성 유지 등이 그 바탕이 되고 있다고 본다. 이 논문은 당정협의제도를 당과 정부의 정책이 대통령을 중심으로 통합되는 과정이라고 개념 정의하면서 거의 최초이면서 본격적으로 이 제도를 다루고 있다는 점에서 거론할 만한 연구이다. 앞으로 이 방면 연구에 선구자의 역할을 할 수 있을 것이다.

전상경의 "집합적 의사결정과 대표제도에 관한 시론적 논의"〔《한국행정학보》 34권 1호(2000년 봄호)〕는 국회를 중심으로 집합적 의사결정의 문제를 다루고 있다. 대의제로서 국회가 집합적 결정을 내리는 데 두 가지 문제가 고려되어야 하는데, 하나는 집합적 의사결정 그 자체에 내재되어 있는 문제이고, 다른 하나는 구성원들과 대표자들 간에 존재하는 위임자-대리인 문제라는 것이다. 집합적 결정을 내리는 데에는 이 두 가지 요소가 다 고려되어야 한다는 것이다. 집합적 의사결정과 직접적으로 연관된 사항들은 집합체 대표의 선출규칙, 대표성의 토대, 대표성의 정도, 대표들의 의사결정규칙 등인데, 이것들은 모두 상호 연관되어 있다. 다른 한편 위임자-대리인 문제는 정보의 비대칭성 문제로 역선택이나 도덕적 위해를 불러일으킬 수 있다는 것이다. 따라서 집합적 의사결정은 이러한 여러 요소들을 고려하면서 모색되어야 한다는 것이다. 이 분야의 연구에 길잡이의 역할을 할 수 있는 논문이다.

함성득의 논문 "한국 대통령의 업적 평가: 취임사에 나타난 정책지표와 그 성취도를 중심으로"〔《한국정치학회보》 34집 4호(2000년 겨울호)〕는 박정희, 전두환, 노태우, 김영삼 대통령의 취임사를 중심으로 역대 대통령이 국민에 대한 약속을 얼마만큼 달성하였는가를 분석하고 있다. 앞으로 대통령 업적연구에 참고가 될 수 있는 논문이다.

윤경준·안형기의 "심의민주주의적 의사결정의 효과성: 지방의제 21 작성을 중심으로"〔《한국행정학보》 38권 2호(2004. 4)〕는 대의민주주의를 중심으로 발전한 절차적 민주주의의 한계를 극복하기 위해 대두된 심의민주주의가 의사결정의 효과성과 어떻게 관련되는지를 실증적으로 분석하기 위해 8개의 시를 선정해서 지방의제 21 작성에 참여한 경험이 있는 280명을 선정해 설문조사를 한 후 이를 해석하는 방식을 취한다. 여기서 심의민주주의(deliberative democracy)란 특정의 의사결정에 영향을 받는 사람들에게 심의과정에 평등하게 참여하고 자유롭게 토론할 수 있는 공론영역을 제공하는 것이다. 심의민주주의적 의사결정의 조건은 다섯 가지(참여주제의 포괄성, 참여주체의 균등, 적극적 참여분위기, 충분한 발언기회 및 정보제공)인데, 이러한 다섯 가지 조건들은 직접적으로 아니면 매개변수(참여의 적극성 및 참여의 효능감)를 통해서 의사결정의 효과성(의사결정 결과의 효과성 및 의사결정 과정의 효과성)에 긍정적 영향을 미친 것으로 나타나고 있다. 이 논문은 앞으로 이 분야의 연구에 초석으로서의 역할을 할 것이다.

정책과정에서 집행에 초점을 맞추고 집행과정은 결정과정과 별개의 과정이라고 강조하면서 쓴 논문 두 편을 소개하기로 한다. 하나가 최성모·송병주의 "정책집행의 정치적 성격과 특징: 의약분업정책을 중심으로"〔《한국행정학보》 26권 3호(1992년 가을호)〕인데 이 논문은 집행의 정치적 성격을 의약분업정책이라는 구체적인 사례를 들어 구명하고 있다는 점에서 거론할 만하다. 일반적으로 '집행과정' 하면 행정과정으로 이해되고 있는데 이 논문은 집행이 정치과정이라는 것을 구체적인 사례를 들어 설명함으로써 이 방면 연구에 선구자의 역할을 한다. 이 논문은 민주화가 확산됨에 따라 집행과정은 정치과정으로 왜곡되어 정책실패가 야기될 가능성이 많기 때문에 집행과정에서 벌어지는 이익갈등을 관리할 수 있는 메커니즘이 제도화되지 않으면 수없는 정책실패를 겪게 될 것이라고 경고한다.

또 하나의 논문이 안병철의 "의약분업 정책변동과 정책실패: 정책 어그러짐의 개념을 중심으로"〔《한국행정학보》 36권 1호(2002년 봄호)〕 이다. 이 논문 역시 의약분업정책을 중심으로 정책의 실패를 정책의 집행과정에서 찾고 있다. 이 논문은 정책의 실패를 집행과정에서 여러 관계 행위자들간의 갈등을 동반하는 상호작용을 통해서 나타나는 정책의 어그러짐이라는 현상을 통해서 설명하고 있다. 일반적으로 정책결정이 의도한 대로 결실을 맺지 못하면, 다시 말해서 정책의 실패가 발생하면 그 원인을 정책의 결정이나 집행과정 자체에 내재된 문제에서 찾으려고 하였는데, 이 논문은 그 실패의 원인을 집행과정에 관계된 여러 행위자들의 갈등과 상호작용 속에서 나타나게 된다는 것을 지적하고 있다. 여기서 집행은 또 다른 결정을 불러오는 모습이라는 것을 보여줌으로써 결정과 집행은 순서의 과정이 아니라 순환의 과정이라는 것을 지적한다. 이 논문 역시 집행의 정치적 성격을 구명하고 있다.

박경효·정윤수·최근희가 공동 연구한 "다조직적 구조하에서의 핵심적 집행문제: 국가 GIS 정책의 사례"〔《한국행정학보》 32권 2호(1998년 여름호)〕는 여러 부서가 모인 다조직적 구조하에서 정책의 집행이 얼마나 어려운가를 GIS 정책사례를 들어 집행의 동태과정을 깊이 있게 분석하고 있다. 구체적인 분석내용은 업무배분 및 수행의 합리성, 조정기능의 원활성, 평가 및 보상체계의 적정성이다. 분석결과 나타난 것은 정책적 공감대와 책임의식이 없으며 조정미비에 따른 문제점들이다. 여기서 11개의 중앙부처와 지방자치단체, 정부투자기관 및 민간기업들이 모인 위상이 높지 않는 조직에서 집행문제가 얼마나 어려운가를 실증적으로 분석을 통해 보여줌으로써 다조직의 집행문제 연구에 참고가 될 수 있다.

정정길의 "행정과 정책연구를 위한 시차적(時差的) 접근방법: 제도의 정합성(整合性) 문제를 중심으로"〔《한국행정학보》 36권 1호(2002년 봄호)〕는 정책결정에서 성공적인 종속변수를 확보하기 위해서는 독립변수의 시차적 동원이 필요하다는, 다시 말해서 인과법칙에서 시간적 요소가 중요하다는 것을 제기함으로써 관심을 불러일으킨다. 시차적 인과관계를 설명하는 데 있어 화학적 인과관계를 이용하는데, 그 이유는 화학적 인과관계는 원인변수들의 작동순서가 결과변수의 변화를 근본적으로 다르게 하기 때문이다. 정책수정이나 제도개혁에서 개혁적 요소의 도입순서가 개혁의 성공여부를 결정한다. 이 논문에서는 화학적 인과관계의 원인변수들을 보완적 관계와 모순적 관계로 분류하고, 이 관계를 제도의 정합성이라는 측면에서 검토한 후에, 정합성 확보의 방안을 탐색하고 있다. 앞으로 이 방면 연구에 선구자의 역할을 하는 논문이라고 할 수 있다.

이곤수, "장애인 고용정책집행의 평가: 집행부실과 문제점 진단"〔《한국행정연구》 11권 1호(2002년 봄호)〕은 집행상의 문제점을 정책결정과 연계시키면서 설명하려는 데에 큰 의미가 있다. 종래의 많은 논문들이 집행상의 문제를 집행상의 변수들을 중심으로 설명하고 있는데 반해, 이 논문은 집행상의 문제를 정책결정과 연결시키면서 그 원인을 규명하고 있다는 점에서 정책집행 연구진화를 한 걸음 앞당긴 논문이라고 할 수 있다. 이 논문은 정책결정과 집행의 연계성에 대한 이론적 논의를 검토하고, 집행결과에 영향을 미치는 핵심적 변수들인 정책체계, 정책도구, 정책대상, 정책결정과정의 특징을 도출하여 분석의 틀을 만들고 이를 적용하여 장애인 고용정책의 실패를 설명하고 있다. 이 논문은 정책집행의 실패를 위의 네 가지 변수들을 중심으로 설명함으로써 정책이 의도한 성과를 내려면 처음의 단계인 정책결정부터 제대로 이루어져야 한다는 것을 강조하고 있다. 이 논문은 정책집행의 실패를 정책결정에서 찾고 있다는 점에서 거명할 만하다. 논의전개가 돋보이는 논문이다.

김병준의 "정책집행에 있어 대상집단의 정책관여: 개념적 틀의 확립을 위한 시론"[《한국정치학회보》 19집(1985)]은 정책집행에서의 대상집단의 관여에 대해 이론적 모델을 탐색하고 있다. 관여의 독립변수들로는 환경변수, 정책변수, 대상집단 변수 및 집행기관 변수를 들고, 종속변수로는 태도적 관여와 행위적 관여를 나누어 들고 있다. 개념개발이나 이론적 모형의 시도가 빈약한 우리 학계의 풍토 속에서 비교적 이른 시간에 이러한 이론적 모형을 탐색하고 있다는 학문적 자세가 찬양할 만하다. 논의전개가 깔끔하다.

이시원·하상근이 쓴 "정책대상집단의 불응에 관한 경험적 연구: 국민연금정책을 중심으로"[《한국행정학보》 36권 4호(2002)]는 1998년부터 시행한 국민연금제도가 왜 아직도 국민들의 불응으로 어려움에 처해 있는가를 분석하고 있다. 이 연구에서는 종속변수인 불응을 적극적 불응과 소극적 불응으로 분류하고, 적극적 불응에는 국민연금 미가입과 비합법적인 방법에 의한 납부예외, 소극적 불응에는 소득하향신고와 보험료체납을 포함시킨다. 분석결과, 도입 초기에는 정치적인 동기에 따른 불응의 원인이 있었지만, 지금은 그러한 정치적인 동기보다는 국민연금제도에 대한 가입대상자들의 소망성 차원과 정부에 대한 신뢰성 및 심리적 요인 등 현실적인 부분에 그 원인이 있다고 규명된다. 정책불응 문제를 체계적으로 다루고 있어 이 분야에서 최초의 연구가 아닌가 싶다.

김용철의 "정책과정에 있어 정부실패의 조건: 신도시개발정책을 중심으로"〔《한국행정연구》13권 2호(2004년 여름호)〕는 정부의 신도시개발정책의 실패를 수요적 측면, 공급적 측면 및 제도적 측면에서 분석하고 있다. 수요적 측면으로는 정부정책으로 인한 편익향유집단과 유·무형 비용부담집단의 분리현상, 시장실패에 대한 일반인들의 인식고조, 그리고 공공관료들의 책임에 대한 통제성을 들고 있다. 공급적 측면으로는 공공재화 생산의 독점성 인정, 공공산출물 생산의 비합리성 존재, 공공부문 평가 환류메커니즘의 부존재 등을 들고 있다. 제도적 측면으로는 주택분양제도 및 국민주택규모 의무비율제도 등을 들고 있다. 이 논문이 시사하는 것은 정부실패는 실패를 수정할 수 있는 학습능력과 조건을 치유하지 않는 한 계속된다는 것이다.

김순양이 쓴 "정책과정과 이익매개의 양식: 세 가지 관점의 비교와 결합"〔《한국행정연구》12권 2호(2003년 여름호)〕은 정책과정에서 이익매개의 세 가지 모형인 다원주의, 조합주의 및 정책네트워크 모형을 비교하고, 세 가지 모형의 결합의 필요성과 그 방안을 제시하고 있다. 세 모형을 행위자, 행위자간 관계구조, 행위자간 상호작용, 그리고 정책산출의 네 가지 국면으로 구분하여 비교하고 있다. 이 논문은 현실적 대안으로 정책네트워크 모형을 중심으로 다원주의와 조합주의 모형을 통합할 수 있는 방안을 제시한다. 정책과정을 연구하는 데 흥미를 끄는 논문이라고 할 수 있다.

하혜수의 "지방정부간 분쟁조정과정에 관한 협상론적 분석"〔《한국행정학보》37권 1호(2003년 봄호)〕은 분쟁에 관한 협상론적 시각에 준거하여 분쟁해결 및 협상에 영향을 미치는 요인으로 협상유형과 전략, 타협의 규칙, 당사자간 관계 및 제도·환경적 요인을 도출하고, 세 가지 분쟁협상 사례를 분석한 것이다. 분석결과, 첫째, 분배적 협상에서 재빨리 통합적 협상으로 전환하는 노력이 필요하고, 입장협상전략보다는 객관적인 원칙이나 기준에 입각하여 협상을 전개하는 원칙협상전략을 주로 사용해야 하고, 둘째, 일반원칙적인 이슈와 이해관계적 이슈가 혼재되어 있을 때에 일반원칙적 이슈에 대한 합의 이후 이해관계적 이슈에 대한 합의로 이행하는 이슈분리원칙을 활용해야 하며, 셋째, 당사자간 신뢰 또는 생산적 관계를 유지하고, 협상력을 높이기 위해서는 정치적 자원보다는 전문적 자원을 활용하는 것이 유리하다는 것이다. 협상연구에 하나의 큰 벽돌을 쌓았다고 할 수 있다.

김석태의 "선호(PIMIY)시설 유치를 둘러싼 렌트추구와 렌트의 사회적 환원: 도청이전 후보지 선정을 중심으로"〔《한국행정학보》 37권 1호 (2003년 봄호)〕는 도청유치가 지역간 렌트추구 경쟁으로 변모한 현실에서 렌트 그 자체를 축소시키지 않고는 문제해결이 어렵다는 판단하에 렌트소산의 방법으로 시설유치권의 경매-입찰 방법을 제시한다. 이 방법은 사회적인 부의 공유를 통해서 선호시설입지에 대한 사회적 합의를 이끌어 낼 수 있는 집단적 의사결정방법이라는 점에서 주목을 끌 만하다.

김행범의 "공공서비스의 공급권자 선정에 관한 렌트추구 비용에 관한 연구"〔《한국행정학보》 38권 5호(2004. 10)〕는 공공서비스 민간위탁 계약과정에서 지금까지 간과되었던 지대추구 행위를 또 하나의 개입요소로 상정하고 그 비용을 수식모형 및 시뮬레이션을 통해서 산출 분석하고 있다. 일반적으로 정부-기업 간의 공공서비스 공급계약은 공급업체에 대한 내부관리, 공급계약의 성공적 집행조건, 공급업체의 비

용 및 서비스 품질을 고려대상으로 삼고 이루어졌다. 그러나 이 논문
은 지대추구 행위가 필연적으로 또 하나의 요소가 된다고 생각하고,
지대추구 지출비용들의 크기 및 변인들을 분석하고, 나아가서는 지대
추구 비용을 줄일 수 있는 처방도 모색하고 있다. 공공서비스 공급자
선정에 필히 참고할 논문이라고 할 수 있다. 아울러 이 분야의 연구에
새로운 진일보의 보탬을 가져왔다고 하겠다.

  심준섭의 "불확실성과 정책오차의 이중성(duality of policy errors):
신용카드사 규제정책을 중심으로"〔《한국행정학보》 38권 8호(2004. 12)〕
는 Taylor-Russell의 분석틀은 불확실성의 차원에서 정책의 거짓긍정
과 거짓부정 오차의 상호의존적 관계를 설명함으로써 정책연구자들에
게 정책오차의 이중성을 분석할 수 있는 개념적 틀을 제공한다고 지적
한다. 또한 이 분석틀을 적용하여 정책오차의 조작적 개념화를 시도하
고 신용카드 규제정책의 사례를 분석함으로써 불확실성이 일정한 상황
에서 한 가지 정책오차를 줄이려는 오차시정 시도는 또 다른 오차의
비례적 증가를 초래하는 현상을 지적한다. 아울러 불확실성하에서 두
정책오차를 동시에 감소시키는 유일한 방법은 정책예측체계의 정확도
를 높이는 길이라고 지적하고 있다. 정책결정의 불확실성 상황 연구의
수준을 높인 논문이라고 할 수 있다.

  박경효·정윤수가 집필한 "규제순응의 확보전략: 규제대안 및 규제
다원주의 관점에서"〔《한국행정연구》 10권 2호(2001년 여름호)〕는 규제
개혁의 추진에서 규제순응을 확보할 수 있는 정책적 기본방향과 전략
을 체계적으로 모색하는 것이다. 이를 위해서 이론적 고찰, OECD의
규제순응 개혁사례, 그리고 우리나라의 규제순응 확보전략을 검토하
고 있다. 여기서 기본방향 및 실천전략을 여섯 가지 원칙(17개의 세부
원칙)으로 나누어 포괄적으로 제시했는데, 이는 앞으로 규제순응 연구

를 위한 하나의 분석의 틀이 될 수 있다는 데 큰 의의가 있다.

전영평·박기목·최병선·최장원의 "유전자 변형생산물에 대한 위험인지와 규제정책의 비교연구"(《한국행정연구》 13권 4호(2004년 겨울호))는 세계적으로 확산되고 있는 유전자 변형생산물에 대한 각국의 대응유형을 규제정책의 차원에서 비교 검토하고 있다. 변형생산물의 수입, 수출, 검사, 생산, 상용화를 둘러싸고 나타난 국가간 대립은 첨예하다. 이러한 대립은 개별국가 내에서도 이념 및 이해관계를 중심으로 나타난다. 여기서 유전자 변형생산물에 대한 규제정책의 성격도 다양해지고 있다. 분석결과, 세계 각국의 정책은 역시 자국의 경제적 이익과 소비자 및 환경운동에 의해서 크게 영향을 받고 있는 것으로 나타난다. 미국, 아르헨티나, 캐나다, 칠레, 우루과이 등은 규제의 강도가 상대적으로 약하고, 그런가 하면 소비자단체와 환경단체의 저항을 받는 EU, 스위스 등의 국가나 경제적 이익이 없는 국가들은 강한 형태의 규제방식을 채택하고 있는 것을 이 연구를 통해 알 수 있다. 앞으로 이 방면 연구에 필히 거쳐야 할 논문이라고 생각된다.

정책이나 제도의 학습과정을 통한 진화적 변화에 대해서 두 개의 논문을 살펴보기로 한다. 두 논문은 이동통신사업자 선정정책이라는 동일한 주제를 다루고 있다. 첫 번째 논문은 최성락·노화준이 공동 작업한 "통신사업부문에서의 정부-기업관계 변화: 이동통신사업자 선정정책을 중심으로"(《행정논총》 41권 3호(2003))인데, 이 논문은 다섯 차례에 걸쳐 이루어진 이동통신사업자 선정정책을 분석하면서 선정정책이 어떻게 변화되었는가를 추적 분석하고 있다. 분석결과, 선정정책은 조금씩, 일정한 방향으로 변화되었으며 이러한 진화적인 정책의 변화 속에서 정부와 기업이 상호의존하는 관계로 자리를 잡게 되고, 이를 통해 정책과정에서 직접적인 손실자가 줄어드는 추세를 보이고 있음이 드러났다.

두 번째 논문은 성지은이 쓴 "정책과 제도의 적응과 학습: 이동통신 신규사업자 선정과 기준을 중심으로"〔《한국행정연구》 13권 1호 (2004년 봄호)〕인데, 이 논문 역시 정책과 제도의 진화과정의 하나인 적응 및 학습과정을 살펴보기 위해서 이동통신 신규사업자 선정방식과 기준을 사례로 들어 분석하고 있다. 즉, 이 선정방식과 기준이 도입, 선택, 제도화되고 점진적으로 변이가 이루어지는 과정을 적응과 학습과정으로 인식하고 있다. 이러한 선정방식과 기준은 그 사이 여러 가지 우여곡절의 변동사항을 겪으면서도 학습과 적응과정을 통해서 그 본래의 모습을 견지하여 왔다는 것이다. 즉, 외생적 환경변수의 영향을 받기보다는 내생적 변수에 의해서 선정기준과 방식이 탐색과 선별 및 시행착오를 거치면서 진화적으로 정착화되는 것을 추적하고 있다. 정책이나 제도가 학습과정을 거치면서 진화적으로 발전 및 정착화되는 과정을 설명하는 이 두 편의 논문은 앞으로 학습이론의 연구에 귀감이 될 수 있다.

김서용의 "비용편익 분석에서 인지적, 문화적 판단편향(judgement biases)에 대한 연구"〔《행정논총》 42권 2호 (2004. 6)〕는 새만금개발사업의 비용편익을 분석하면서 나타난 전문가들간 체계적 차이의 원인이 무엇인가를 구명하는 것을 목적으로 하고 있다. 체계적 차이의 원인으로 기계적, 인지적, 문화적 편향이라는 것이 지적되고 있다. 이 논문의 분석결과는 비용편익의 분석이 단순한 경제학적 구성물일 뿐만 아니라, 심리적, 문화적 구성물이라는 것이다. 아울러 제도적 차원에서 판단편향을 제거하기 위해서 이해관계자의 참여, 공론의 활성화, 심의적 검증절차 등의 필요성도 주장한다. 비용편익 분석에 경제적 요소에다 인지적, 문화적 요소를 보탰다는 점에서 참신하고 창의적인 연구이다.

제 10 장

전문영역별 행정

여기서 전문영역이란 복지, 환경, 정보, 과학기술, 북한 등의 특정 연구분야로서 이러한 분야를 행정학적 시각으로 연구하는 경우를 이야기한다. 이러한 특정영역은 다른 학문분야, 예컨대 경제학이나 사회학 또는 언론학 같은 분야에서도 얼마든지 접근할 수 있다. 환경경제학, 언론정보학, 사회복지학 등이다. 이러한 전문영역을 행정학이 어떻게 접근하고 연구하였는가를 살펴보기로 한다.

1. 복지 분야

1) 저서 편

복지분야에서 최초로 나타난 책은 김종섭의 《복지행정론》(법문사, 1976) 이다. 이 책은 최초의 교과서로서 복지행정을 보급하는 데 계몽적 역할을 하였다. 이어서 신상준의 《복지행정학》(한국복지행정연구소, 1983) 과 이계탁의 《복지행정론》(고려원, 1983) 이 나온다. 두 권다 교과서인데 신상준의 책은 행정관리적 시각에서 복지문제를 행정이 어떻게 다루어야 하는가에 역점을 두었고, 이계탁의 책은 노인, 아동, 장애자, 부녀자 등 복지의 세부분야를 자세하게 소개하는 특징이 있다. 이 책들은 초기의 작품들로서 다음에 나올 교과서들에 영향을 준 것이 사실이다.

김영섭의 저서 《사회개발계획론》(법문사, 1988)은 사회복지문제를 개발이라는 계획론적 시각에서 다룬 연구서의 성격을 띠고 있는데, 저자의 각고의 노력이 엿보인다. 김영종의 《복지정책론》(형설, 1988)은 빈곤과 불평등의 문제를 넓게 다루고 있다는 점에 특징이 있다. 이후로 1990년대 들어와서 내용이 대동소이한 교과서들이 적지 않게 많이 나오고 있다.

1990년대에 들어와 출간된 책으로 주목을 끄는 것은 송근원의 《사회복지와 정책과정》(대영, 1994)과 박광덕의 《현대사회복지정책론》(박영사, 1998)이다. 전자는 정책과정 이론을 사회복지정책에 적용하여 분석하고 있는 특징을 보이고, 후자는 종합 학문적 접근을 취하면서 많은 자료를 지니고 있다는 데에 그 특징이 있다.

2) 논문 편

논문 쪽으로 눈을 돌려보면 안병영은 비교적 일찍부터 복지 분야에 관심을 가지고 내실이 있는 논문들을 발표하고 있는데 여기서는 두 개 논문만을 골라 소개하기로 한다. 하나는 1980년에 발표한 안병영의 "사회복지정책의 가치정향과 사회과학"(《한국정치학회보》14집)이다. 이 논문은 사회복지 문제를 미시적이고 기술적인 시각에서 벗어나 거시적이고 철학적인 시각에서 다루어야 한다고 주장한 점에서 주목을 끈다. 허다히 복지문제 하면 사회적 약자인 빈곤계층이나 심신노약자에게 물적 부조나 하는 것으로 생각하는데, 이 논문은 이러한 기술적이고 미시적인 시각에 대해 경고하면서 복지문제는 보다 근본적인 거시적이고 사회과학적인 시각에서 다루어야 한다고 주장한다. 복지문제를 위해서 사회과학과 사회과학자는 어떠한 역할을 해야 하는가를 논의하고 있다. 복지문제를 풀어가는 데 큰 방향점을 제시한 유용한 논문이라고 생각된다.

두 번째 논문은 안병영의 "국민기초생활보장법의 제정과정에 관한 연구"〔《행정논총》 38권 1호(2000)〕이다. 이 논문은 국민의 기초생활보장 문제를 해결하는 데 대통령, 시민단체, 그리고 관료집단이 어떻게 영향력을 행사하면서 서로 상호작용하고 있는가를 심도있게 분석하고 있다. 따라서 이 논문은 '과정분석'과 '참여자분석'에 초점을 맞추면 정책결정에 관한 논문이 되고 '쟁점분석'에 초점을 맞추면 복지분야의 논문이 되는 이중성을 지닌다. 어느 면에서나 거론할 만한 논문이다. 특히 쟁점분석을 통해서 기초생활을 보장하는 데 부닥치는 여러 가지 문제점들, 즉 근로의욕의 감퇴, 소요예산, 제도운영을 위한 행정체제, 대상자 선정 문제 등을 심도있게 논의하면서 해결책을 모색하고 있다.

이환범의 논문 "수급자 만족도 분석에 따른 국민기초생활보장제도 평가"〔《한국행정연구》 13권 4호(2004년 겨울호)〕는 국민기초생활보장 제도에 대해서 그 수혜자들이 얼마나 만족하고 있는가를 기대 및 경험을 토대로 실증적 조사를 펼치고 있다. 아울러 사회복지전담공무원의 서비스에 대한 만족도 및 수혜자의 인적 특성과 만족도 간의 관계도 병행해서 분석하고 있다. 이 논문은 향후 국민기초생활보장제의 고객만족 증진과 서비스 개선 연구에 도움이 될 수 있는 논문이다.

　　김광웅의 "정치복지론: 대통령 시정연설문 내용분석(1962~1983)"
〔《한국정치학회보》 17집(1983)〕은 복지의 정치적 측면을 탐색하기 위
해서 국내 정치·행정학자들이 규정한 복지의 개념을 상세히 추적 및
검토하고, 복지의 정치적 측면인 자유, 평등, 정의, 박애 등을 고찰하
며, 특히 평등에 주안점을 두고 논의를 전개하고 있다. 이어서 과거
22년간 정부의 복지에 대한 정책의지 표명과 정책실천(예산배정)의 관
계를 파악하기 위해서 지난 22년간의 '예산안 제출에 따른 대통령의
시정연설'의 내용을 분석하고 있다. 분석결과, 복지의 정치적 측면인
자유와 정의에 대해서는 정책의지도 예산배정도 거의 없고, 있다면 평
등에 관한 것임이 드러났다. 평등에 관한 정책의지도 정책실천인 예산
배정과는 별로 관계가 없는 것으로 나타나고 있다. 다시 말해서 의지
뿐이지 별로 실천이 없었다는 것이다. 분석의 수준이 넓고 깊다고 할
수 있다. 또 한 가지 의미 있는 발견은 대통령의 시정연설마저 수사학
적 형식문서에 가깝다는 것이다.

　　정무권은 복지분야에서 이론과 철학이 깊이 깔려 있는 무게 있는 논
문들을 발표하고 있는데, 그 중에서 관심을 끄는 논문들을 살펴보면
첫째가 "국가자율성, 국가능력, 사회보장정책"〔《한국행정학보》 27권 2
호(1993년 여름호)〕이다. 이 논문은 한국의 사회보장정책의 발전과정
에 대한 역사적, 구조적 분석이다. 필자의 주장은 한마디로 사회보장
문제는 국가자율성과 국가능력에 의해서 결정되는 역사적이고 구조적
인 산물이지, 일개 행정부처(예컨대 보건복지부)나 정치 지도자의 의
지로 결정되는 즉흥적이고 단선적인 산물이 아니라는 것이다. 국가자
율성은 국가와 사회세력 간의 관계를 가리키는 개념으로서, 국가능력
은 국가의 조직구조 및 행정능력을 가리키는 개념으로서 이들간의 상
호작용에 의해서 사회보장정책의 발전의 시기 및 형태와 내용이 결정
된다는 것이다. 이러한 시각에서 유신체제하에서 연금제도와 의료보

험정책이 어떻게 나타나게 되었는가를 심도있게 분석하고 있다. 논리적 주장이 견고한 논문으로서 이 방면 연구에 참고가 많이 될 수 있는 작품이라고 하겠다.

두 번째는 "적극적 노동시장정책의 정치경제: 한국에서의 제도적 정착을 위한 모색"〔《한국정책학회보》 7권 3호(1998)〕인데, 이 논문은 세계화시대에 경쟁력을 높이고, 인적 자원을 개발해서 효율적으로 활용하고, 실업문제를 해결하기 위해서 새로운 차원의 노동시장정책과 복지제도의 틀로서 '적극적 노동시장정책'을 소개한다. 이것이 한국사회에서 성공적으로 정착하기 위해서는 첫째, 노사정간의 사회적 합의도출제도를 마련하고, 둘째, 노사정의 참여하에 노동시장정책을 운영하고, 셋째, 적극적 노동시장정책의 합의구조가 국가중심적으로 강화되어야 한다고 본다.

이희선의 "한국복지정책과 기본적 욕구의 결정요인에 관한 연구: 시계열분석을 중심으로(1962~1987)"〔《한국행정학보》 25권 4호(1992)〕는 1962년부터 1987년에 이르기까지 한국의 복지정책이 경제적, 정치적 및 사회적 요인들에 의해서 어떻게 영향을 받았는가를 요인분석, 다중회귀분석, 경로분석 등의 통계기법들을 이용해서 추적 및 분석하고 있다. 분석결과, 경제적 변수들이 정치 및 사회적 변수들보다 한국복지정책 및 기본적 욕구충족에 강하게 영향을 미쳤음이 나타난다. 우리나라 복지정책의 결정요인을 연구하는 데 선구자적 역할을 한 논문이다.

전영평은 복지분야, 특히 장애인 복지문제에 지속적으로 관심을 가지고 논문을 계속 발표하고 있는데 서너 편을 골라서 검토하여 보기로 한다. 첫 번째 논문은 "장애인 고용정책의 변화와 그 수용에 관한 비교 연구: 미국과 한국의 사례"〔《한국정책학회보》 7권 2호(1998)〕다.

이 논문은 미국과 한국의 장애인 고용정책의 특성을 비교하여 앞으로 한국의 장애인 고용정책을 개선하는 데 교훈을 삼기 위해서 씌어지고 있다. 여기서 양국간의 차이점과 유사점을 밝히면서 앞으로 장애인 고용정책을 펴는 데 계몽적인 역할을 하고 있다.

두 번째 논문은 "장애인 고용촉진을 위한 행정전략의 평가"〔《한국행정학보》 29권 1호(1995년 봄호)〕로 정부가 1990년에 장애인 고용에 관한 법을 제정한 후 고용실태가 어떻게 변천되었는가를 살피고 아울러 뚜렷한 진전이 없음을 밝히고 있다. 이 논문의 주된 목적은 이러한 실패의 원인을 규명하고 이를 해결할 수 있는 효과적인 전략을 제시하는 데 있다. 여기서 제시된 전략은 처벌의 전략, 보상의 전략, 교육 및 상담의 전략, 정보제공의 전략 등이다.

세 번째 논문 "장애인 고용정책의 논리와 위상분석"〔《한국행정학보》 34권 3호(2000년 가을호)〕은 장애인 고용정책 실패의 근원을 정책논리 정립의 실패에서 찾는다. 여기서 제시하고 있는 논리는 보상의 논리, 부성주의 논리, 총생산 증가의 논리, 갈등완화의 논리, 차별금지의 논리, 공존의 논리, 노동주권의 논리 등이다. 한국의 경우 부성적 논리에만 의존함으로써 실패를 거듭하고 있는데 정책의 실패를 극복하기 위해서는 부성적 논리에서 공존의 논리, 차별금지의 논리, 총생산 증가의 논리로 전환되어야 한다고 기술한다.

네 번째 논문은 이곤수와 공동 집필한 "항해와 정박효과의 은유를 통한 장애인 고용정책 집행의 해석"〔《한국행정학보》 36권 1호(2002년 봄호)〕으로, 이 논문은 정책변동과 정책집행의 한계를 '정책항해'와 '정책의 정박효과'로 규정하고 장애인 고용정책의 변동과 그 집행과정을 분석의 사례로 삼는다. 장애인 고용정책이 의도대로 집행되지 않고 새로운 정책결정으로 유도된 이유로 정책목표의 불확실성으로 인한 정책집행의 일관성 결여, 정책논리의 부재로 인한 집행자의 선별적 대응, 정책비용 전가에 따른 정책대상 집단의 반발, 정책집행자의 재량권 확대와 낮은 수준의 규제수준, 이원적 집행체제와 전문성 결여를 제시한다. 이 논문은 정책결정과 집행 간의 괴리현상을 밝히는 데 두각을 나타낸다. 전영평의 이상의 논문들은 장애인 복지분야의 연구에 초석의 역할을 한다.

한종희·안병철의 "공공부문 장애인 고용정책의 분석과 고용확대를 위한 정책대안에 관한 연구"〔《한국행정연구》 13권 4호(2004년 겨울호)〕는 우리나라에서의 장애인 공무원의 고용현황과 고용수준을 외국 선진국들과 비교해 볼 때 그 수준이 미흡하다는 것을 밝히고, 임용확대를 위한 정책대안을 제시하고 있다. 제시된 정책대안으로서는 의무고용 적용 제외직종의 축소, 장애인 공무원 인턴제 도입, 고용실적을 기관평가에 반영, 장애인에 적합한 직종 개발, 일반공무원들의 인식전환 등을 들고 있다. 장애인 고용정책에 참고할 만한 연구이다.

김정화·이원경의 "의료개혁의 현안과 정책과제"〔《한국행정학보》 31권 4호(1997년 겨울호)〕는 한국의 의료체계를 이념적인 면에서부터 의료전달체계에 이르기까지 총체적 위기로 진단하고 여기에 대한 대안을 모색함으로써 의료개혁에 기본방향을 제시하고 있다는 점에서 거론할 만하다. 의료개혁에는 3대 과제가 있는데 그것은 접근성, 의료의 질, 그리고 비용이다. 이 세 가지 문제가 상호 조화롭게 해결되기 위해 정부는 어떠한 역할을 해야 하는가를 논의하고 있다. 논의가 심도있는 수준은 아니지만 방향점을 제대로 잡았다는 점에서 이 방면 연구에 참고가 될 만하다.

한인숙의 "포스트모더니즘, 복지정책 그리고 여성"〔《한국행정학보》 34권 4호(2000년 겨울호)〕은 기존의 모더니티에 근거한 사회복지정책 이론은 여성을 포함해서 수많은 사회적 약자들을 주변부 내지 불평등 관계로 몰고 왔다고 비판하면서, 이러한 사회적 약자들의 존재들을 재인식하고 평등관계에서 접근할 수 있는 대안으로 포스트모더니즘을 들고 나온다. 포스트모더니즘과 페미니즘, 그리고 후기구조주의는 기존의 틀에 잡힌 모형에서 벗어나서 여성의 복지문제를 새로운 시각에서 주체적인 문제로 다루는 공통의 요소가 있다고 지적하면서, 여성의 복지문제를 다루는 데에 근본적인 패러다임의 변화가 와야 한다고 보고 그 가능성의 대안을 포스트모더니즘에서 찾고 있다. 기존의 사회복지정책 이론을 비판적 시각에서 되돌아보게 하고 새로운 대안을 모색하고 있다는 점에서 거명할 만한 논문이다.

양재진의 "경제위기, 정책망 그리고 연금개혁 패러다임: 멕시코와 한국의 연금개혁 비교연구"〔《한국행정학보》 35권 2호(2001년 여름호)〕는 연금이 가지는 경제적, 정치적 효과가 한 사회의 정치경제적 맥락에서 서로 어울려 어떻게 특정 개혁패러다임을 낳는지를 살펴본다. 경제위기를 배경으로 연금개혁이 이루어진 멕시코와 한국을 사례로 삼아 다음과 같이 주장하고 있다. 멕시코의 경우 저축률이 낮고 거시경제가 불안하고 신자유주의적 정책망이 자리잡은 상태에서는 연금민영화가 개혁의 패러다임으로 방향을 잡을 것이고, 한국처럼 저축률이 높고 거시경제가 안정되고 친복지적 정책망이 자리잡았을 때에는 공적 연금의 개선에 초점을 맞춘다는 것이다. 연금문제를 거시적인 정치경제학적 시각에서 다루고 있다는 점에서 관심을 끌고 있다.

양재진의 또 하나의 논문인 "한국의 산업화시기 숙련형성과 복지제도의 기원: 생산레짐 시각에서 본 1962~1986의 재해석"〔《한국정치학회보》 38권 5호(2004년 겨울호)〕은 생산이론적 관점에서 한국산업화의

특징과 이에 결부되어 나타나는 노동시장과 노사관계, 그리고 숙련형
성과정에 대한 분석을 통해 산업화시기에 형성된 한국복지제도가 단순
히 국가·노동·자본 간의 힘의 관계나 정치적 정당화 기제만으로 설
명될 수 없으며, 대기업중심의 산업구조를 배경으로 자본의 이해관계
가 반영된 것임을 밝히고 있다. 여기서 복지제도의 출발은 노동자의
복지를 위한 상향적 노력에 기원하고 있는 것이 아니라, 산업구조의
고도화와 더불어 내부노동시장의 형성을 추구하는 대기업과 국가의 하
향적 결단에 연원하고 있다는 것이다.

권용수의 "선택적 복지제도가 공무원의 조직행태에 미치는 영향에
관한 연구"〔《한국행정학보》38권 5호(2004. 10)〕는 현재 선택적 복지제
도를 시범적으로 실시하고 있는 기획예산처, 중앙인사위원회, 경찰청
과 비 시범기관인 행정자치부, 국세청, 금융감독위원회, 공정거래위원
회를 설문조사를 통해서 비교하면서 선택적 복지제도가 공무원의 근무
의욕과 조직몰입에 어떠한 영향을 주고 있는가를 실증조사를 통해 분
석하고 있다. 분석결과, 선택적 복지제도가 기존의 복지제도에 비해
공무원들의 만족도를 높이고, 나아가 공무원들의 근무의욕과 조직몰
입도를 제고하는 긍정적 영향을 끼치고 있다는 것을 보여주고 있다.
선택적 복지제도의 확산에 큰 기여를 할 수 있는 논문이다.

김태일의 "국민연금과의 비교를 통한 공무원연금의 형평성 분석"
〔《한국행정학보》38권 6호(2004. 12)〕은 국민연금과의 비교를 통하여
공무원연금의 수평적 형평성을 분석하고 있다. 이는 공무원과 비교대
상 민간기업 종사자의 생애소득을 비교함으로써 이루어졌는데, 분석
결과는 공무원의 재직중 보수와 퇴직금의 합계는 민간기업 종사자의
그것과 비교하여 적지만 연금수령액은 훨씬 많아서 생애소득은 공무원
이 더 높은 것으로 나타나고 있다. 지금까지의 공무원연금 개편에 관

한 연구들은 대부분 재정건전성 측면에서 공무원연금의 개편의 필요성을 주장하였는데, 이 연구는 재정건전성뿐만 아니라 국민연금과의 형평성의 차원에서도 공무원연금의 개편이 필요하다고 주장하여 이 방면 연구에 한 걸음 더 나가고 있다고 할 수 있다. 뿐만 아니라 이 논문은 자료를 동원하고 논리의 근거를 세우며 분석결과를 논의하는 데 정치함을 보여주고 있다.

김태일의 "국민기초생활보장제도의 소득·소비증대효과 분석"〔《정부학연구》 10권 2호(2004)〕은 국민기초생활보장제도가 수급자 가구의 소득을 얼마나 증가시켰으며, 이로 인한 소비지출은 얼마나 증가하였는가를 분석하고 있다. 분석결과, 소득의 경우 28% 이상을 증가시키고, 소비의 경우 8% 이상이 증가한 것으로 나타나고 있다. 연구의 시사점으로 첫째는 현행생계비 측정은 가구원 수만을 기준으로 하지만, 그 밖에 연령이나 거주지역 등 다양한 특성을 반영할 필요가 있다는 것이고, 두 번째는 기초보장제도의 근로소득 감소효과에 대해서는 보다 체계적인 연구가 필요하다는 것이다. 앞으로 이 방면 연구에 크게 참고가 될 것이라고 생각된다.

문신용·윤기찬의 "사회복지서비스 생산성에 관한 통합적 분석: 자료포락분석(DEA)과 SERVQUAL 기법을 중심으로"〔《한국행정학보》 38권 6호(2004. 12)〕는 민간위탁과 직영의 형태로 나뉘어 운영되고 있는 서울특별시 여성발전센터를 사례로 선정해서 생산성을 분석 및 측정하고 있다. 측정의 결과 양적인 측면에서는 민간위탁이나 직영이 별 차이가 없으나, 질적인 측면에서는 민간위탁이 높은 것으로 나타나고 있다. 이 논문의 특기할 점은 기존의 논문들이 양적인 측면과 질적인 측면의 어느 한쪽만을 측정하는 경향이 강하였는데, 이 논문은 자료포락분석 기법을 이용해서 양적 측면을 측정하였고, SERVQUAL 척도를 이용해서 서비스의 질적 측면을 측정하고 난 후, 양 기법을 종합하여 통합적으로 생산성을 분석 및 측정하고 있다는 것이다. 생산성을 양적 및 질적 측면을 종합해서 통합적으로 분석 및 측정하고 있다는 점에서 기존의 연구들보다 한 걸음 앞서 나가고 있다고 할 수 있다.

2. 환경 분야

1) 저서 편

환경분야에서 최초로 나온 책은 조직구성이 저술한 《환경과 국토》
(박영사, 1979)이다. 이 책은 환경을 중심으로 지방문제와 개발문제를
다룬 교과서이다. 최초로 나와서 계몽적 역할을 하였다는 데 의미가
있다. 이 방면에 대한 연구가 한동안 뜸하다가 1990년대에 들어와서
안문석의 《환경행정론》(법문사, 1993)이 나온다. 이 책은 환경행정의
내용이나 체제 면에서 본격적인 교과서로서 자리를 잡는다. 교과서지
만 단순한 이론의 소개가 아니라 시스템이론과 환경경제학적 시각에서
논의하고 분석의 초점을 유지함으로써 논리의 일관성을 유지하고 있
다. 깨끗하게 정리된 계몽적 교과서라고 할 수 있다.

김병완이 저술한 《한국의 환경정책과 녹색운동》(나남출판, 1994)이
출간되었는데, 이 책은 교과서보다는 연구서의 성격을 띠고 있다. 이
책의 주장은 환경정책이 다른 정책에 비해서 왜 밀리는가에 대한 문제
의식에서 출발한다. 환경문제는 과학·기술의 입장보다는 정치·경제
학적 입장에서 접근해야 하고, 기술과 정치, 정부와 민간인의 상호보
완적 협력과 역할분담 속에서 다루어져야 한다는 것인데 창의성이 있
는 주장이다. 김병완은 7년 후에 《환경정책의 논리와 실제》(나남출판,
2001)라는 책을 펴내는데 환경정책에 관한 제반이론들을 담으면서 저
자 나름대로의 체계성을 세우고 있다. 이 책은 총 4편으로 엮여 있는
데, 1편은 서론편이고, 2편은 환경문제에 대한 이해와 대응이고, 3편
은 환경문제 해결을 위한 정부의 역할이고, 4편은 환경문제에 대한 지
방과 지구차원의 대응이다. 핵심적 내용은 3편의 정부의 역할편으로,
저자는 여기에서 정부의 역할을 조직화, 동원화, 정보화, 제도화, 실

행화로 짜임새 있게 나누어 설명하고 있어 돋보인다.

김번웅·오영석의 《환경행정론》(대영, 1997)은 과거에 발표한 논문들과 체제상 새로 추가한 부분을 합쳐서 엮은 책이다. 따라서 제목은 교과서의 모습을 띠고 있지만 내용은 교과서의 수준을 넘는 장들이 많다. 두 사람의 글들을 모아 놓았지만 생태학적 맥락에서 엮었기 때문에 일관성을 지니고 있다. 환경문제는 비용효과의 비교분석 이상의 철학적인 문제라는 것을 강조한다. 이 방면 연구에 크게 참고가 되리라고 생각된다.

문태훈의 《환경정책론》(형설, 1997)은 연구의 출발을 공유지의 비극에서 끌어내고 있으며, 여기서 환경문제는 부분적 이익이 아니라 전체적 이익에서 접근해야 한다는 철학에 바탕을 두고 있다. 이 책의 특징은 환경문제에 대한 여러 정책대안들과 각국의 환경정책을 소상하게 설명하고 있다는 것으로 계몽성을 십분 발휘하고 있다.

2) 논문 편

김번웅이 발표한 "생태학적 정치이론과 공공정책"〔《한국정치학회보》 14집(1980)〕은 기존의 정치이론이나 공공정책은 당세대의 생태학적 위기를 효율적으로 관리하기에는 한계가 있다고 지적하면서 생태학적 정치이론과 여기에 적합한 공공정책을 모색하고 있다. 이 논문에서 논의되는 주요 내용은 생태학적 위기의 근원, 생태학적 정치이론, 생태학적 정치체제와 공공정책이다. 우선 위기의 근원으로서 인간/자연의 이원주의, 개방사회의 패러다임, 성장체제의 한계를 들고 있다. 생태학적 정치이론으로 생태학적 패러다임, 생태학적 정치이념, 생태학적 정치문제에 대해서 논의를 전개하고 있다. 생태학적 정치체계로는 개인주의에서 지역주민의 공생주의로의 전환, 자유로부터 권위 위주로의 전환, 평등적 민주주의에서 계도적 엘리트주의로의 전환, 경쟁적 시장메커니즘의 지양 등을 제안하고 있다. 환경의 생태문제에 대해서 인식조차 제대로 되어 있지 않은 시기에 광야의 선지자처럼 생태문제의 중요성을 일깨워 주고 있어 선구자의 역할을 하고 있는 논문이라고 할 수 있다.

변동건의 "한국인의 환경문제인식에 관한 연구: 사회계층, 성별, 거주지, 교육수준에 따른 차이를 중심으로"[《한국정치학회보》19집 (1985)]는 한국인들이 환경문제에 대해서 어느 정도로 심각하게 생각하고 있는가를 가치관과 인식내용을 통해서 밝히고자 한다. 이 조사에서 밝혀진 '심각한' 문제는 일반적으로 거의 모든 분야의 사람들이 환경문제에 대해서 심각하게 생각하고 있지 않다는 것이다. 기껏 생각한다는 것이 환경문제는 도시적인 문제에 지나지 않다는 것이다. 이 논문은 환경문제의 심각성을 국민들의 인식수준을 통해서 알리고 여기에 대한 정책적 대비와 본격적인 연구를 촉진하는 데 밑거름의 역할을 하고 있다.

이시경의 "지방환경행정조직의 기구개편과 기능조정"[《한국행정학보》27권 1호(1993년 봄호)]은 자치단체 소속인 환경행정조직과 환경처의 특별지방행정기관인 지방환경청의 기구개편과 이들 양 기관간의 기능조정문제를 중점적으로 다루고, 아울러 이들 양 기관과 중앙의 환경처와의 기능조정문제를 검토하고 있다. 여기서 주장하는 것은 지역환경행정의 주체는 지방자치단체가 되어야 하고, 지방환경청은 자치단체의 부족한 환경행정 능력을 보완하고 지원하며 감독하는 후원자의 역할을 담당해야 한다는 것이다. 지방의 환경문제를 다룰 때에 참고가 될 수 있는 논문이다.

김병완의 "환경정책 결정에 있어서 정·경·관의 삼각관계"[《한국행정연구》4권 3호(한국행정연구원, 1995)]는 두 가지 면에서 거론할 만하다. 하나는 1960년대부터 1990년대 중반에 이르기까지 환경보전문제와 여기에 대응하는 여러 가지 대책과 제도들이 어떻게 변천 발전되었는가를 일목요연하게 정리하고 있고, 두 번째는 환경문제를 중심으로 정책을 세울 때에 여기에 관계되는 정치(의회, 정당, 시민단체 등), 경제(기업 및 경제단체 등), 관계(개발부처와 보전부처 등) 세력들이 어떻게 상호간에 역동적 역할을 하며, 이러한 역할들이 어떻게 변천되었는가를 생동감 있게 그리고 있다는 점이다.

문태훈의 논문 "보전과 개발을 둘러싼 중앙부서간의 환경갈등 원인과 저감방안에 관한 연구"[《한국행정학보》35권 1호(2001년 봄호)]는 환경문제를 둘러싸고 중앙부서간에 갈등이 어떻게 일어나고 있는가를 분석하고 여기에 대한 처방도 모색하고 있다는 점에서 관심을 끌고 있다. 대개 환경갈등 하면 지방정부 차원에서 많이 논의가 되고 있는데 이 논문은 중앙정부 차원에서 다루고 있다는 점에서 관심을 끈다. 문헌분석, 면담, 설문조사를 통하여 부서들간의 갈등구조, 갈등형태, 갈등해소 장치들을 밝히고 있다. 갈등해소 장치들은 사전적이라기보다는 사후적 방안에 머물고 있다는 것을 지적하고 있다. 아울러 부서간의 차이, 상호의존성의 문제에서 발생하고 있는 환경갈등의 해소방안을 보다 근원적인 차원에서 구체적으로 접근할 것을 제시하고 있다.

유재원·안문석·안광일·최성모·김정수의 "환경규제권의 분권화 효과"[《한국행정학보》29권 1호(1995년 봄호)]는 그동안 이원화되었던 환경규제권이 1992년 7월 이후로 자치단체로 이양 일원화됨으로써 환경규제활동이 어떻게 변화되었는가를 실증적으로 분석연구하고 있다. 분석결과, 자치단체로 일원화됨으로써 규제활동이 대폭 완화되고 있다는 것을 밝히고 있다. 다음으로 발견한 것은 자치단체별로 규제활동이 다르게 나타난다는 것이다. 여기서 함의하고 있는 것은 중앙의 획일적 규제나 지원활동보다는 자치단체의 특수성과 다양성에 따라 규제활동이 달리 나타나야 한다는 것이다.

김동환·김병완·윤견수·이하영·홍민기가 공동 집필한 "분산된 행정기능이 정책집행에 미치는 영향: 시뮬레이션을 통한 환경관리체계의 평가"〔《한국행정학보》 29권 1호(1995년 봄호)〕는 문제의식이나, 논의의 전개나, 모델개발이나, 시뮬레이션이론의 동원이나, 결론의 도출 면에서 빼어난 논문이라고 할 수 있다. 논문의 출발점은 환경관리체계를 일원화시킬 것인가 아니면 다원화시킬 것인가에 관한 질문이다. 이론적인 면에서나 경험적인 면에서 획일적인 답을 구할 수 없지만 몇 가지 가정을 추가하면서 시뮬레이션을 통해 두 가지 결론을 도출하고 있다. 첫째는 환경투자의 규모가 작은 경우에는 어떠한 관리방식을 취해도 공해수준의 감소는 기대하기 어렵다는 것이다. 두 번째는 대규모의 환경투자가 이루어지는 경우라 할지라도 환경관리방식의 효과성은 시간에 따라 다르게 나타날 수 있다는 것이다. 이것은 환경관리방식을 신축적으로 선택해야 함을 의미한다. 지방자치단체의 환경관리에 대한 전문성이 약할 때에는 일원화된 관리방식이 바람직하며, 전문성이 증가되고 향상되면 다원화된 관리방식이 바람직하다는 것이다. 이 논문은 조직이론, 정책이론, 지방행정이론 분야에서도 크게 적실성을 갖는 논문이라고 할 수 있다.

이시경의 "환경규제 정책수단 선택의 쟁점과 기준"〔《한국행정학보》 30권 1호(1996년 봄호)〕은 환경규제 정책수단 선택의 쟁점과 기준에 관한 논의를 재검토하고, 설정된 선택기준에 근거하여 정책수단의 평가를 시도해 보고 있다. 우선 정책수단을 유형화하고 개별적인 정책수단의 특성을 파악한 뒤에, 유형화된 정책수단을 선택하는 데에 주요 쟁점을 검토하고 있다. 다양한 정책수단들 중에서 특정한 정책수단을 선택하는 데에 고려해야 할 기준을 설정하고, 이에 근거하여 정책수단들을 총체적으로 평가하고 있다. 여기서 제시한 기준들은 정책수단들을 선택하는 데 규범적 기준으로 역할할 것이다.

김재훈의 "민선단체장 이후 환경규제행정의 변화"〔《한국행정학보》 30권 3호(1996년 가을호)〕는 민선단체장 이후로 환경행정이 어떻게 변화되었는가를 실증적으로 분석하고 있다. 여기서 나타난 첫 번째 발견은 민선단체장 이후로 전반적으로 환경규제활동이 강화되었다는 것이고, 두 번째는 환경규제가 각 자치단체별로 다르게 나타났다는 것이다. 환경상태가 좋은 지역일수록 규제가 강화된다는 것이다. 반대로 환경상태가 열악할수록 규제는 허술하다는 것이다. 여기서 시사하는 것은 환경규제 문제는 획일적으로 할 것이 아니라 선택적으로 해야 한다는 것이다.

김재훈 · 정준금이 함께 쓴 "지방자치단체의 환경규제 결정요인 분석"〔《한국행정학보》 30권 4호(1996년 겨울호)〕은 연구의 착안점이나, 방법론상의 세련된 통계처리나, 결론도출에서 거명할 만한 논문이다. 이 논문은 규제요인에 관한 이론들 중에서 변수들을 차출하여 이러한 요인들을 기초자치단체인 시 · 군 · 구의 환경규제행위에 적용해서 그것이 실제 기초자치단체들의 환경규제행위에 어떻게 영향을 미치고 있는가를 깔끔하게 분석하고 있다. 여기서 발견된 사항은 일반적으로 자치단체에서 내려진 규제행위는 강한 처분보다는 경고나 개선명령 등 약한 처분이 주종을 이루고 있다는 것이다. 또 하나의 발견은 자치단체간의 규제의 차이는 이전명령, 허가취소, 폐쇄명령 및 고발 등 강한 처분에서 나타나고 있다는 것이다. 여기서 시사하는 바는 환경규제행정에서 중앙정부의 지원이나 규제는 각 자치단체의 규제성과에 따라 차별적으로 이루어져야 한다는 것이다.

박기목의 "하천의 상·하류지역 간 물분쟁 해결모형: 부산시와 대구시의 분쟁을 중심으로"〔《한국행정학보》 31권 4호(1997년 겨울호)〕는 하천의 수질오염으로 인한 상류지역과 하류지역 간의 물분쟁을 해결하는 모형을 개발함으로써 이러한 분쟁을 해결하는 데 크게 도움을 줄 수 있는 연구라고 할 수 있다. 좀더 구체적으로 말해서 분쟁 당사자들인 오염자가 피해자에게 적절한 보상액을 지급해야 하는데 그 모형을 개발함으로써 실용성을 높이 발휘한 연구라고 할 수 있다. 이러한 모형을 이용해서 환경재의 경제적 가치를 산출해 보상액을 구체적으로 제시하고 있다는 점에서 유용하게 사용될 수 있는 연구이다.

안문석·문태훈·홍성걸의 "도시별 지속가능성의 측정과 도시간 지속가능성 비교연구"〔《한국행정학보》 33권 1호(1999년 봄호)〕는 지속가능한 발전의 상태를 모니터링할 수 있는 환경지표체계를 개발하고 이를 우리나라의 각 도시에 적용하여 도시별 지속가능성을 측정하고 비교하는 것을 목적으로 하고 있다. 이 논문은 지금까지의 선행연구들에서 제시된 환경관련 지표들을 유기적인 관점에서 통합하여 지속가능성의 개념에 입각하여 새로운 지표체계를 제시하고 있는데, 이 지표체계는 각 도시별 지속가능성을 측정하기 위하여 주기적으로 사용될 수 있다. 실제 이 연구에서 새로 설정한 지표들을 우리나라 80개 도시에 적용하여 환경의 지속가능성의 측면에서 도시간의 상대적 위치를 설정하고 있다. 연구의 결과, 6대 도시들은 전반적으로 부존환경은 우수한 편이나, 지속가능성을 위한 경제, 사회 및 정부부문의 제반노력이 취약하여 환경부하의 크기가 크고, 환경의 질이 나빠 지속가능성이 상대적으로 열악한 것으로 나타나고 있다. 이 논문은 지속가능성에 바탕을 둔 경제·사회개발정책을 추진하는 데 기초 역할을 하게 될 것이다.
창의성을 발휘하는 연구이다.

224

3. 정보 분야

1) 저서 편

이 분야에서 개척자적 역할을 한 사람들로 안문석과 방석현을 들 수 있다. 안문석의 《정보체계론》(법문사, 1989) 과 방석현의 《행정정보체계론》(법문사, 1989) 은 같은 연도에 같은 출판사에서 나왔다는 것이 눈에 띈다. 두 책은 정보체계에 관한 교과서로서 정보이론을 소개 및 보급하고 후속연구에 길잡이의 역할을 함으로써 계몽성을 유감없이 발휘한 책이다. 안문석의 책이 정보문제를 행정적 차원에서 접근함으로써 행정정보가 다른 경상정보와 어떻게 다른가에 역점을 두었다면, 방석현의 책은 거시적인 측면에서 개념정립과 분석의 틀 마련에 역점을 두었다는 것에 차이가 있다(이윤식, 1989). 이어서 나온 책이 이윤식의 《행정정보체제론 상·하》(1990, 법영사) 이다. 방대한 양의 저서로 정보이론에 관한 내용들을 보다 소상하게 소개하고 설명하고 있다는 점에서 계몽적인 역할을 한다.

정보기술이 행정에 어떻게 응용되는가의 문제를 다루는 계몽적인 역할을 한 몇 권의 책을 소개하면 우선 정충식, 《멀티미디어 시대의 행정》(나남출판, 1999) 을 들 수 있다. 이 책은 정보기술이 행정의 여러 가지 변화에 어떻게 영향을 주는가를 알기 쉽게 설명하고 있다. 강근복 외, 《지식정보사회와 전자정부》(나남출판, 1999) 는 지식정보사회에서 전자정부의 역할에 대해서 설명하는 소개서이다. 황성돈·정충식의 《전자정부의 이해》(다산, 2002) 는 전자정부에 대한 개념과 각국의 전자정부의 현황을 친절하게 설명하고 있다. 남궁근 외, 《전자정부를 통한 부패방지》(한울, 2002) 는 전자정부를 활용함으로써 행정부패를 어떻게 막을 수 있는가를 이론과 사례를 들어가면서 설명하고 있다. 오철호 편의《정보통신 기술과 행정》(대영, 2002)은 여러 교수들의 논문으로 구성된 짜임새 있는 연구서이다. 이 책은 정보통신의 기술을 단순한 정부운영이나 조직관리 수준을 넘어서 철학적 의미와 사회적 반향 그리고 체계적인 의미에서 접근하고 있다. 정보통신 기술이 행정학의 지식체계에 어떠한 변화를 가져올 수 있는가의 보다 본질적인 문제를 다루고 있다. 이 방면 연구에 도움이 될 수 있는 책이다.

2) 논문 편

조만형 · 이창기의 "정보화 시스템의 성공지표와 성공모형에 관한 실증적 연구"〔《한국행정학보》 31권 1호(1997)〕는 정보시스템의 성공여부를 평가할 수 있는 성공지표와 이들간의 관계를 설명하는 성공모형을 소개하고 실증적으로 검증하고 있다. 정보시스템의 성공지표로는 시스템의 질, 정보의 질, 서비스의 질, 시스템의 활용, 사용자 만족, 개인적 효과 및 조직적 효과 등 7가지를 제시하고 있다. 공공부문인 지방자치단체를 대상으로 성공지표들이 어느 정도로 나타나고 있는가를 실증 조사하고 있다.

하재룡 · 김영대의 "정보통신기술의 발달과 네트워크조직의 출현"〔《한국행정학보》 31권 2호(1997)〕은 정보통신기술의 발달로 끊임없이 복잡해지는 환경하에서 조직의 생존과 성장을 뒷받침해 주리라고 기대되는 새로운 조직형태인 네트워크조직의 구조적 특성을 고찰하고 아울러 그것의 미래발전을 예견하고 있다. 이 논문은 네트워크조직의 출현은 조직환경의 변화에 대한 대응의 필요성과 정보통신기술의 소산으로 이해하면서 네트워크조직의 유용성을 설득력 있게 설명한다. 여기서 주장하는 네트워크조직의 유용성은 정보의 전달이 효율적이며, 전달된 정보가 계층제 내에서 전달된 정보보다 신뢰도가 높고 풍부하다는

226

것이다. 그 결과 조직행위자간의 조정과 통합이 원활히 이루어지며, 규모의 경제를 확보할 수 있고, 소규모 기업이 갖는 혁신성과 유연성을 동시에 확보할 수 있다는 것이다.

정익재의 "정보의 가치와 평가방법: 환경정책 사례분석"〔《한국행정학보》 32권 2호(1998)〕은 정보자원의 활용과 정보시스템 구축에서 관리적 오류를 줄이는 학문적 노력의 일환으로서 정보가치 측정방법의 하나인 정보체계 접근법을 환경적 사례에 적용하여 정보가치평가의 방법론적 가능성을 탐색하고 있다. 정보의 내재적 특성에서 비롯되는 정보자원의 전략적 활용가능성이 높을지라도 자원활용에 수반되는 비용이 효과보다 상대적으로 높다면 정보자원의 실용성과 현실성은 재고해야 한다는 것이다. 비록 철저한 정량적 접근은 어렵지만, 이러한 손익분석적 시각에 근거한 정보의 가치평가는 정보화 사업의 방향을 제시하고 그 내용을 검토하는 관리적 준거틀로서 중요한 의미를 갖는다.

이윤식·오철호의 "국가정보화를 통한 정부생산성 제고방안에 관한 연구"〔《한국정책학회보》 8권 1호(1999)〕는 정보화와 생산성과의 관계에 대해서 실증적 분석을 시도하고 있다. 생산성의 양적인 면에서의 분석결과, 정보화의 정도에 따라 정부의 생산성이 증가할 것이라는 기대와는 달리 정부생산성 변화의 규칙성은 추론하기가 어렵다는 것이다. 그러나 질적인 면에서의 분석을 보면 대다수의 공무원들은 정보화의 증가에 따라 정부의 생산성도 증가했다고 평가하고 있다. 이 논문은 정보화와 생산성과의 관계에서 주관적 평가와 객관적 평가는 일치하지 않고 있다는 것을 발견하고 있다. 여기서 시사하는 중요한 점은 공공부문에서 정보화와 생산성의 관계는 반드시 정의 관계가 성립하기보다는 역관계의 성립 가능성도 배제할 수 없다는 것이다.

김동욱의 "정보화 관점에서의 생산적 복지정책의 시론적 검토"〔《행

정논총》 37권 2호(1999)]는 생산적 복지정책의 성공적 정착을 위해서
는 정보화추세와 정보기술의 활용을 적극적으로 수용해야 한다고 지적
한다. 현재의 실업과 빈곤에 대한 주요 원인으로 정책대상 인력들의
정보기술과 정보 활용능력의 부족을 지적하면서, 생산적 복지가 추구
하는 노동을 통한 복지, 자활, 자립을 위해서는 기존의 인력과 예비산
업인력의 정보기술 활용능력을 제고시켜야 한다는 것이다. 아울러 생
산적 복지의 기초생활보장, 교육훈련, 일자리 제공, 복지자원관리 등
의 핵심적 주제별로 정보화를 통한 정책의 효율성을 높이는 방안을 모
색하고 있다. 논의와 분석의 수준이 높은 연구이다.

문신용의 "행정정보화와 조직혁신: ERP 접근법을 중심으로"[《한국
행정연구》 9권 2호(2000)]는 정부조직의 혁신과 행정업무 전반의 프로
세스의 개선 및 변화에 대한 대응능력의 향상과, 행정조직에서 정보기
술 및 정보시스템의 활용수준을 향상시킬 수 있는 수단이자 전략인
ERP (Enterprise Resource Planning)의 도입과 활용가능성에 대해서 논
의하고 있다. 이 논문은 현재의 정보기술 및 정보시스템의 활용수준을
향상시키고 이를 통한 행정조직 운영의 혁신을 추진할 수 있는 전략을
모색하고 있다는 점에서 주목을 끌 만하다.

송희준의 "전자정부사업의 행정투명성 제고효과 분석"[《행정논총》
40권 4호(2002)]은 전자정부가 행정의 투명성을 올리는 데 어느 정도
역할을 하고 있으며, 이러한 투명성을 가져오는 요인들은 무엇이며,
미흡한 점이 있으면 어떤 것이 있는가를 분석하고 있다. 분석결과, 투
명성은 크게 향상되었고 이러한 투명성을 가져오는 데에는 첫째, 참여
자 및 시·공간의 확대를 통한 경쟁확대, 둘째, 대면접촉 축소, 이의
제기 보장, 문서감축 및 표준화를 통한 재량행위 축소, 셋째, 전자지
불과 정보공유 및 연계를 통한 업무정보화, 넷째, 웹사이트를 통한 정

보공개와 민원처리 상황공개를 통한 정보공개 등이 역할을 하였다는 것이다. 그러나 프라이버시나 금융거래정보, 법령상의 한계, 기관 사이의 협조 미흡, 전자서명 등 기술적 요인들이 문제점으로 지적되고 있다.

김성태·이동수는 "전자정부 구현을 위한 전자결재시스템 이용에 관한 실증분석"〔《한국행정연구》 11권 2호(2002년 여름호)〕에서 9개의 중앙행정기관에서 직접 전자결재시스템을 이용하고 있는 공무원들을 대상으로 전자결재시스템 이용에 영향을 미치는 요인들을 파악함과 아울러 문제점을 발견하고, 전자결재시스템의 활성화를 위한 방책을 제안하고 있다. 분석결과, 영향요인의 첫 번째가 시스템 사용에 대한 이해였고, 두 번째가 시스템 운영의 만족도였다. 문제점으로 나타난 것은 이중결재였다. 이중결재는 시간과 비용의 낭비를 가져왔다. 여기서 제안하는 것은 전자결재시스템이 업무생산성과 연계될 수 있도록 재설계되어야 한다는 것이다. 전자결재제도의 보편화에 참고가 될 수 있는 논문이다.

방석현·이경전의 "국가전략 차원에서 디지털 자본의 정의와 역할"〔《행정논총》 41권 3호(2003)〕은 국가의 자본을 물적 자본, 인적 자본, 사회적 자본 및 디지털 자본으로 분류하고, 이들이 국정운영체계와 주요 정책이라는 매개체를 통하여 국가목표 달성에 연계되는 체제를 구상하고, 디지털 자본이라는 자본의 요소를 새롭게 정의한 후 이의 필요성을 논의하고 있다. 이 논문은 기존의 지적 자본이론, 무형자산이론, 정보자본이론 등을 검토하면서, 지적 자본의 구체화와 정보자본의 확장으로서 디지털 자본 개념의 적실성을 주장하고 있다.

문신용·윤기찬의 "공공기관의 개인정보 침해사례 분석의 함의 및 과제"〔《한국행정연구》 13권 4호(2004년 겨울호)〕는 우리나라 공공기관의 개인정보보호제도 및 침해사례를 조직적, 기술적, 제도적 관점에서의 분석모형을 통해 살펴봄으로써 개인정보 침해의 문제점을 파악하고, 제한적이나마 향후 전자정부 구축과정에서 고려해야 할 개인정보보호의 바람직한 방향을 논의하고 있다. 정보화시대 사생활 보호문제를 다룰 때에, 특히 공공기관으로 보호문제를 다룰 때에 참고할 만한 논문이다.

석호익·김성태의 "통신·방송 융합효과에 관한 실증분석"〔《한국행정연구》 12권 1호(2003년 봄호)〕은 통신·방송 융합요인 및 지표를 도출하고, 이를 토대로 주요국의 통신·방송 융합지수를 산정한 후, 이러한 지수와 국가경쟁력지수, 국가정보화지수 등과의 상관관계를 분석한다. 이에 근거하여 통신·방송 융합의 진전과 정보화수준과 국가경쟁력 향상효과의 관계를 분석하고, 이를 바탕으로 정책적 시사점을 제시하고 있다. 분석결과, 통신·방송의 융합지수와 국가경쟁력지수, 국가정보화지수 간의 상관관계는 각각 높게 나타나고 있다. 이 연구는 후속 연구자들이 효율적으로 연구할 수 있도록 체계적이고 논리적인 틀을 제공하고, 통신·방송 융합요인과 지표를 개발함으로써 이 분야 연구에 크게 기여하리라고 생각된다.

조화순·송경재가 쓴 "인터넷을 통한 시민 정책참여: 단일이슈 네트운동의 정책결정과정"〔《한국행정학보》 38권 5호(2004. 10)〕은 인터넷 시민 네트운동이 정책결정과정을 어떻게 변화시킬 것인가를 성수여중 사건, 국민연금제도개선, 남산타운 21, 수지시민연대 등의 구체적인 사례를 통해서 분석하고 있다. 분석결과, 이 사례들은 정부 주도의 정책결정이 아니라 시민이 주도한 외부주도적 정책결정이라는 것이다. 시민은 사이버공간을 이용하여 정책의 변화를 요구하는 단일이슈 네트운동을 전개하여 실제로 정부의 정책변화에 영향력을 행사하고 있는 것이 밝혀지고 있다. 시민 네트운동은 과거의 오프라인적 방식에서 벗어나 보다 효율적으로 의제를 설정하고 세력화하는 데 사용되고 있다. 무엇보다도 정책결정과정에서 정보공개성과 의제설정의 확산 및 동원, 새로운 참여적 담론의 형성, 온라인과 오프라인의 쌍방향적 집단행동을 통해 시민사회의 의견을 보다 효과적으로 정책결정자에게 알리고, 시민들을 정책결정의 광장으로 나가게 함으로써 시민은 단순한 정책결정의 수동적인 수용자가 아니라 능동적인 동반자라는 것을 확인시켜 준다.

김은정의 "구조방정식모형을 이용한 정보공동이용의 결정요인 연구"〔《한국행정학보》38권 4호(2004. 8)〕는 실증연구를 통하여 공공기관에서 사용하고 있는 정보의 공동이용을 결정하는 요인을 분석하고 있다. 그 결과 외생변수인 법 제도요인, 기술요인 및 재정요인이 보안요인, 조직요인, 행태요인을 매개하여 정보공동이용에 영향을 주는 것으로 분석되고 있다. 법 제도요인은 직접적으로 영향을 미치지 않고 조직요인과 보안요인 및 행태요인을 매개하면서 간접적으로 영향을 주는 것으로 나타나고, 기술요인은 직접적인 영향을 주는 것으로, 재정요인은 직·간접으로 모두 영향을 주는 것으로 나타나고 있다. 분석의 수준이 기존의 연구들보다 한 걸음 앞서 있다고 볼 수 있다.

4. 과학 · 기술 분야

1) 저서 편

과학 · 기술 분야에서 단행본으로 나온 최초의 책은 이가종이 저술한 《기술혁신전략》(나남출판, 1990)이 아닌가 생각된다. 이 책은 과학기술정책과 기술혁신에 관해서 소상하게 설명하면서 연구개발투자, 기술이전, 혁신전략 등의 기술혁신의 핵심적인 부분을 다루고 아울러 20개의 회사를 선정해서 사례연구를 하고 있다. 이론과 현실을 연결하면서 펴낸 책으로 오래도록 읽혀질 수 있는 계몽서라고 할 수 있다. 이어서 나온 책이 김종범의 《과학기술정책론》(대영, 1993)이다. 이 책은 과학 · 기술정책에 관한 일반이론을 소개하고 각국의 과학 · 기술정책을 소상하게 다루고 있다. 이어서 김종범은 《한국기술혁신의 이론과 실제》(백산서당, 2002)를 발간하는데 여기서 기술혁신에 관한 역활(逆活)이론이라는 새로운 모델을 개발하여 포항제철을 사례로 들어분석하고 있다. 창의력을 보인 연구서라고 할 수 있다.

2) 논문 편

노화준은 이 분야에 오랫동안 연구를 하면서 다수의 논문들을 발표하고 있는데 이 중에서도 관심을 끄는 세 개의 논문만을 살펴보기로 한다. 첫째 "과학기술행정조직의 합리화"〔《행정논총》25권 2호(1987)〕인데 이 논문은 기술혁신의 이론을 토대로 기술혁신을 촉진시키는 데 중요한 역할을 하는 정책수단들을 식별하고, 이것을 어떻게 효과적으로 동원하고 정책간에 일관성과 통합성을 유지하여 최적의 효과성을 확보할 수 있느냐의 평가기준을 제시하고 있다. 아울러 이러한 기준에 입각해서 가장 바람직하다고 생각되는 조직개편의 방향을 제시한다.

232

두 번째 논문은 "우리나라와 주요 과학기술 선진국들간의 산업기술 혁신정책의 비교분석"〔《행정논총》 30권 1호(1992)〕이다. 이 논문은 우리나라와 주요 과학기술 선진국들(미국, 영국, 독일, 프랑스, 일본)간의 산업기술정책을 ① 연구개발 우선순위조정의 체제와 메커니즘, ② 부문별 연구개발예산의 조달 및 연구수행과 관련된 기술문화, ③ 기술 혁신정책의 변화 등에서 비교 분석하고 있다. 선진국들의 기술정책을 체계적으로 비교 설명하고 있어 우리의 기술정책을 수립 및 실천하는 데 크게 도움이 되는 글이다.

세 번째는 "기술혁신과 지역발전의 연계정책: 선진국들의 경험과 실효화를 위한 정책적 과제"〔《행정논총》 30권 2호(1992)〕인데, 이는 과학 기술 선진국들의 연계정책의 성공적인 수행과 여기에 영향을 미친 중요한 요인들을 추출하고 있다. 아울러 그 동안 우리나라에서 이루어진 기술혁신과 지역발전연계정책의 추진과정을 분석하고, 선진국들의 경험에 비추어 앞으로의 연계정책의 실효화를 위한 정책적 과제를 제시하고 있다.

박홍식(중앙대)의 "정부의 정책적 간여가 R&D 조직의 행정부담에 미치는 영향"〔《한국행정학보》 25권 2호(1991)〕은 정부의 정책적 간여가 R&D 조직에 의하여 인지되는 행정적 부담을 분석하고 있다. 부담은 비용부담과 시간부담으로 나누고 이것들에 영향을 끼치는 변수들로는 규제정책, 지원 프로그램, 연구소의 소속부문을 택하고 있다. 분석 결과, 첫째, 규제정책으로 인한 장애의 인지는 행정부담의 증가에 크게 기여한 것으로 나타나고 있다. 둘째, 정부지원정책에 의한 행정부담의 인지는 주로 구매계약의 형태에 의하여 영향을 받고 있다. 그러나 지원보조금의 경우는 행정부담의 인지를 감소시키는 효과를 가져왔고, 셋째, 보조 및 지원의 경우 그것이 정부에 의한 것이든 기업에 의한 것이든 행정부담의 인지에 차이를 보이지 않고 있다. 넷째, 행정부

담의 인지는 기업의 연구소보다는 정부나 대학의 연구소에 의해서 보
다 높게 나타나고 있다.

 기영석이 발표한 "첨단산업에서의 기술혁신 성공조건에 관한 연구:
국산전전자교환기(TDX) 개발사례를 중심으로"〔《한국행정학보》25권 4
호(1992)〕는 정부주관하에서 이루어진 대표적인 기술개발의 성공사례
인 국산 전전자교환기 개발사업을 심도있게 분석하고 있다. 분석결과
는 다음과 같다. 성공의 요인으로서는 첫째, 연구개발의 주체가 국내
및 국외 외부자원과 밀접한 관계를 맺었고, 둘째, 연구개발사업단장
은 소요자금의 전액을 지원한 한국통신공사의 품질보증단장을 겸하면
서 공식적 권한 이상을 행사하면서 많은 지원을 확보하였고, 셋째, 체
신부의 강력한 개입의지와 더불어 생산된 제품에 대한 구매자로서 사
업적 불확실성을 제거한 것을 들고 있다. 성공적인 기술사업을 연구하
는 데 도움이 되는 연구이다.

 김성훈·소영진·유재원의 "기업 연구개발 활동촉진을 위한 정부지
원제도 평가와 개선방안"〔《한국행정연구》11권 3호(2002년 가을호)〕은
정부의 연구개발 지원제도들이 기업중심의 연구개발체제의 제도화에
어느 정도 기여하였는가를 양적 및 질적 측면에서 평가하고, 이어서
제도적 보완을 제시한다. 평가의 결과 연구소의 수, 연구개발투자비,
연구인력 등 양적인 측면에서는 괄목할 만한 성장을 이룩한 것이 사실
이지만, 대기업 편중의 성장이었고, 기업의 연구개발 활동과 실제 경
영활동과의 연계가 미흡한 시스템 실패의 현상도 발견되었다. 여기에
대한 보완책으로 연구개발의 질적 내용을 보완하는 방향으로의 정책기
조변화, 시스템적 특성을 고려한 진단과 처방, 시장여건 변화를 적절
하게 고려한 유연한 지원방식을 제시하고 있다.

　홍형득의 "지역혁신체제 구축을 위한 정부출연 연구기관의 지역연계 방안: 정부출연연구기관의 지역연관도 분석을 중심으로"〔《한국행정연구》13권 4호(2004년 겨울호)〕는 지식생산기관으로서의 정부출연 연구기관의 지역과의 연계를 통한 지역혁신체제 구축방안을 탐색하고 있다. 이 연구의 결과 정부출연연구기관의 지역산업과의 연계를 통해 지역편중을 해소하고, 출연연구기관의 물리적인 이전보다는 분원형태의 지역연구센터의 설립 혹은 연계프로그램의 설립방안을 제시하고 있다. 앞으로 보다 깊은 연구를 위한 안내자의 역할을 하는 논문이라고 할 수 있다.

5. 문화행정 분야

1) 논문 편

문화 분야는 우리의 전통적 가치를 위시해서 음악, 연극, 영화, TV 드라마, 애니메이션 등 문화적 산물을 보호·육성 및 창조하는 것이 우리의 국력을 키우고 세계 속에 우리를 알리는 데 대단히 중요한 과제로 생각되어 행정학의 중요한 연구영역으로 자리잡기 시작하였다. 이 분야에 대한 단행본 저서는 없고 논문만이 몇 편 눈에 띈다.

정홍익의 "문화행정연구: 개념틀과 분석"〔《한국행정학보》25권 4호 (1992)〕은 문화행정을 연구하는 데에 안내자로서 초석을 깔았다는 점에서 큰 의미를 지닌다. 이 논문은 여러 가지 면에서 시사하는 바가 크다. 우선 법의 제정, 제도의 정비, 행정기구의 변천, 지원규모 및 예산의 변천과정 등을 정갈하게 정리함으로써 문화행정 50년의 발자취를 한눈에 파악할 수 있도록 하였다. 더욱 중요한 것은 연구를 위한 개념 및 분석의 틀을 마련하였다는 것이다. 문화행정이 추구하는 가치는 주체, 평등, 창의, 효용으로, 여기에 각각 상응하는 목적은 민족의식의 배양, 국민정서욕구의 충족, 예술발전, 가치관의 계도이다. 상응하는 연구영역은 문화유산 보존, 문화향수기회의 확대, 창작지원, 규범전파 및 경제성 진작 등이다. 이러한 분석의 틀로서 3·4공화국, 5공화국 및 6공화국의 문화행정을 든다. 이 논문은 앞으로 문화행정을 연구하는 데에 길잡이 역할을 할 것이다.

배득종의 "문화유통시장의 개방에 따른 문화정책: 미술품 시장의 시스템 다이내믹스 분석"〔《한국행정학보》25권 4호(1992)〕은 체계동학적 접근법을 원용하여 미술품시장을 ① 생산 - 공급체계, ② 수요 - 구매

체계, ③ 화랑 - 유통체계로 나누어 각각의 특성을 분석하고 나서, 하위체계들간의 상호작용을 탐구하기 위해서 통합체계를 구성하고 있다. 정책대안들은 생산, 수요, 유통체제별로 다양하게 모색되고, 그 대안들의 타당성을 논리적으로 검토하고 전문가들의 의견을 기초하여 그 적실성도 타진하고 있다. 문화정책의 주무부서는 미술시장의 개방에 대비해서 미술문화에 대한 마스터플랜의 수립, 전문인력의 충원, 외부전문가들의 활용을 위한 체제정비 등을 갖출 것이 요구된다.

고숙희의 "지방자치단체 문화행사의 경제적 효과: 단양 온달문화제의 분석"〔《한국행정학보》 33권 2호(1999년 여름호)〕은 단양 온달문화제의 경제적 파급효과를 분석하고 있다. 일반적으로 문화행사는 해당 지역주민들에게 문화향수의 기회를 제공함과 동시에 경제적 효과도 가져오는 것으로 이해하고 있는데, 이 논문은 문화행사를 경제적인 면에서 평가하고 있다는 점에서 주의를 환기시켜 주고 있다. 경제파급효과의 원천은 참관객들과 주최측이 소비한 지출액이며, 이것을 이용해서 생산파급효과와 부가가치 파급효과를 산출하는 것이다. 이 연구는 앞으로 지역사회에서 문화행사를 개최하고 경제적 효과를 노리는 데 안내자의 역할을 할 수 있다.

김정수는 이 분야 연구를 계속하면서 여러 편의 논문을 내고 있는데 각각 검토하여 보기로 한다. "스크린쿼터와 딴따라: 대중문화에 대한 정부개입과 문화산업경쟁력에 관한 시론"〔《한국행정학보》 33권 3호(1999년 가을호)〕은 문화산업 육성에 정부개입의 역할이 어떠한 의미를 가지고 있는가를 영화산업과 음반산업을 비교하면서 분석하고 있다. 영화분야는 스크린쿼터제를 위시해서 정부의 보호 및 지원의 대상이었지만, 음반분야는 전혀 지원의 대상이 아니었다. 그러나 음반분야는 치열한 경쟁 속에서 다양한 팝음악을 접하면서 우리 가요계는 음

악성을 향상시키면서 음반시장에서 팝송을 압도적으로 누르며 헤게모
니를 장악하는 모습을 보여주고 있다. 이 논문은 야생의 세계로 내던
져진 음반에 대한 잡초정책이 지원 및 보호의 대상이 되어온 영화에
대한 온실정책보다 성공적이고 우월하다는 것을 시사하고 있다. 여기
서 영화의 경우도 자생력을 키우기 위해서라도 외화의 직접적인 경쟁
을 가로막는 스크린쿼터제를 철폐해야 한다는 것이다. 두 번째 논문인
"'미녀와 야수': 문화행정의 새로운 패러다임 모색"〔《한국행정연구》11
권 1호(2002)〕은 문화의 영역에서는 정부의 개입이 다른 어느 영역보
다 실패의 가능성이 높기 때문에 정부의 개입은 신중하고 제한적이라
야 한다는 것이다. 다시 말해서 문제해결자로서의 '왕자'의 패러다임에
서 벗어나서 걸림돌을 제거하고 바탕을 깔아주는 '야수'의 패러다임을
제시하고 있다. 다시 말해서 정부는 직접 미녀를 만들 생각을 말고 미
녀가 될 수 있는 여건만 조성하면 된다는 것이다. 문화행정의 핵심은
직접 창조하고 생산하는 것이 아니라, 문화활동에 걸림돌이 되는 장애
들을 제거해주는 것이다. 세 번째 논문인 "'한류'현상의 문화산업 정책
적 함의: 우리나라 문화산업의 해외진출과 정부의 정책지원"〔《한국정
책학회보》11권 4호(2002)〕은 최근 동아시아권에서 한국 대중문화가
선풍적 인기를 끌고 있는 이른바 '한류' 현상의 원인과 특징을 분석하
고 문화산업정책에 대한 함의를 논하고 있다. 여기서 논의하는 정책적
함의는 창작의 자유보장과 문화시장의 개방이다.

최용부·김진혁·민병익의 논문 "도시역사문화공원의 사회적 가치:
진주성의 사례"〔《한국행정학보》36권 4호(2002년 겨울호)〕는 문화공원
으로서 진주성의 사회적 가치를 사용가치와 선택가치로 평가하고 있
다. 평가결과 진주성의 사회적 가치는 사적 가치에 비해 3.2배에서
6.5배 정도로 높은 것으로 추정되었다. 여기서 문화공간은 역사적 유
적지로서의 가치뿐만 아니라, 경제적 관점에서 보더라도 타당성이 있

는 것으로 판명되고 있다. 문화공간의 조성 및 유지는 공공정책의 중
요한 대상이 된다는 것을 이 논문은 계몽시켜 주고 있다.

이대회의 "조선시대 문화정책의 역사적 변화"〔《한국행정학보》 37권
4호(2003년 겨울호)〕는 조선시대 문화정책에 대해 경국대전, 대전회통
등의 법전과 조선조 실록 및 주요 관계문헌들을 토대로 분석하고 있
다. 우선 조선시대 총체적인 문화정책 및 그 변화를 살펴보고, 예술
문화 각 장르별로 정책특성에 대해서도 검토하고 있다. 문화정책을 설
명하는 데 ① 정책의 기저, ② 조직, ③ 정책내용으로 분류해서 다루
고 있고, 시대별로 문학, 음악, 미술, 연극 및 무용 등이 어떻게 변천
되었는가를 설명하고 있다. 문화정책의 역사적 변화는 현재의 정책실
상을 이해하는 데 도움을 주고, 향후 정책방향을 잡는 데에도 크게 참
고가 된다.

정광호가 쓴 "외부의 재정지원이 조직운영에 미치는 영향: 문화예술
단체에 대한 정부보조금·민간기부금을 중심으로"〔《한국행정학보》 38
권 4호(2004. 8)〕는 정부보조금과 민간기부금이 문화예술단체의 프로
그램 운영의 자율성, 전문성, 창의성 및 조직의 정당성에 어떻게 영향
을 주는가를 비교분석하고 있다. 분석결과, 첫째, 정부보조금과 민간
기부금의 비중이 높을수록 조직운영의 자율성과 프로그램 운영의 창의
성이 낮아지는 것으로 나타나고 있다. 둘째, 프로그램 운영의 전문성
의 경우 정부보조금은 부정적인 영향을 주지만 민간기부금의 경우는
긍정적 영향을 준 것으로 나타나고 있다. 셋째, 정부보조금의 비중이
높을수록 조직의 정당성에 긍정적 영향을 주지만 민간기부금의 경우에
는 관련성이 없는 것으로 나타나고 있다. 이러한 차이는 비영리 문화
예술단체의 조직운영 전략에 활용될 수 있다.

윤성식 외 5인이 공동 저술한 "지식정보사회의 문화산업정책"〔《정부학연구》 10권 2호(2004)〕은 한국문화산업의 발전정책 관점에서 대두되고 있는 현황과 문제점을 중심으로 정보화시대에 한국 문화산업정책이 어떠한 방향으로 나가야 하는가를 분야별로 검토하고 있다. 이 논문은 문화콘텐츠, 문화기술, 해외문화산업협력, 문화행정과 제도, 문화산업투자 분야의 현황과 문제점을 분석하고 개선책들을 제안하고 있다. 거시적인 시각에서 앞으로 다루어야 할 문제를 제시함으로써 향후 문화행정연구에 발판의 역할을 할 수 있다.

6. 북한 분야

1) 저서 편

북한행정연구에 선구적 역할을 한 연구자가 박영희이다. 그의 《북한재정 연구》(건국대 출판부, 1974)는 북한의 예산과정과 1946년부터 1974년까지의 재정규모의 변화추이를 심도있게 분석하고 있다. 이 방면 연구에 안내자의 역할을 할 수 있는 연구서로서 자료적 가치를 지니고 있다. 오랜 세월 끝에 박완신의 《북한행정론》(지구문화사, 1988)이 나오는데, 이 책은 북한행정 전반에 관한 소개서이다. 이 책은 계속해서 증보됨으로써 2002년에는 《신 북한행정론》으로 제목을 달리하면서 최근의 자료를 담고 있어 계몽적 역할도 하고 자료적 가치도 지닌 책이다. 이계만의 《북한국가기관론》(대영, 1992)도 북한연구에서 자료 면에서 참고할 만한 책이다.

2) 논문 편

이 분야의 발표된 연구논문들을 살펴보면 우선 가장 주목을 끄는 것이 안병영이 쓴 "북한 정치엘리트의 구조분석"〔《아세아 연구》16권 2호, 고대 아세아문제연구소(1973. 6)〕이다. 이 논문은 북한의 정치 엘리트 117명을 하나하나씩 '당성과 전문성', '군사성과 비군사성', 그리고 '혁명세대와 비혁명세대'라는 세 가지 변수를 중심으로 심도있게 분석하고 있다. 분석결과, 엘리트 집단은 당 서열상 다섯 가지 계층으로 분류되어 있고, 이 시점의 북한 엘리트는 전문성보다 당성이 강한 사람들로 충원되고 있다는 것이 밝혀지고 있다. 그러나 '당성'과 더불어 '전문성'을 동시에 갖춘 5 계층(서열 59위~117위)이 크게 자리잡고 부상함으로써 엘리트의 변화구조를 예측하고 있다. 이 논문은 접근방법

이나, 자료의 동원 면에서나, 분석의 깊이에서나 빼어난 논문이라고
할 수 있다. 1970년대 초에 이러한 논문이 씌어졌다는 것이 놀라울 일
이다. 여기서 제시된 분석의 틀은 아직도 북한 정치 엘리트의 연구에
유용하다고 생각된다.

유영옥의 "김정일체제 유지를 위한 정치적 상징전략 분석: 김정일의
성격분석을 중심으로"〔《한국정치학회보》30집 3호(1996년 가을호)〕는
북한에서의 김일성-김정일로 이어지는 권력구조의 창출 이면에는 주
체사상을 중심에 둔 고도의 상징조작이 작용했다고 지적하고 있다. 김
정일이 세습정권을 유지하기 위해서 어떠한 상징전략을 사용했는가를
설명하고 있다. 이 논문은 김정일의 성격을 분석하고, 이러한 성격과
상징전략의 선택과 어떠한 관계를 맺고 있는가를 검토하고 있다. 김정
일이 택한 상징전략은 리더십의 활용전략, 은유사용전략 및 신화창조
전략이라는 것이다. 그러나 이러한 전략들은 단기적으로는 유효할지
모르지만 장기적으로는 무력해질 것이라고 예측하고 있다. 김정일의
체제유지를 연구하는 데 도움이 될 수 있는 연구라고 생각된다.

정용덕 · 김근세의 "북한 사회주의 국가의 기능과 기구: '클락-디어
모형'의 적용을 중심으로"〔《한국행정연구》11권 3호(2002년 가을호)〕는
북한의 정치 경제의 변화를 크게 네 단계로 나누고, 각 단계별로 제도
화된 국가행정기구의 구조적 특성과 그 변화 및 지속성을 분석하고 있
다. 접근방법으로는 디어와 클락의 '국가기구유형화 모형'을 적용하고
있다. 분석결과, 억압기구와 이데올로기 제조기구가 정치기구나 복지
기구에 비해 상대적으로 큰 비중을 차지하여 경성국가의 특성을 지니
고 있음이 밝혀지고 있다. 뿐만 아니라 다양한 형태의 생산기구들이
매우 높은 비중으로 제도화되어 있어 시장이 존재하지 않은 사회주의
국가의 특성이 나타나고 있다. 그리고 정책을 결정하고 조정하는 집행

기구가 내각보다는 노동당에 주로 부착되고 제도화되어 있는 것도 눈에 띄는 현상이었다. 북한의 정치 및 행정체제를 연구하는 데 크게 도움이 될 수 있는 연구이다.

제 11 장
뿌리 분야

뿌리 분야는 행정학을 연구하는 데 바탕이 되는 분야를 이야기한다. 여기에는 과학적 방법론, 철학, 사상 및 윤리, 행정사, 행정문화 등이 포함된다.

1. 과학적 방법론 및 접근분야

여기에는 학문을 논리적으로 체계화는 이론과 학문을 어떠한 시각으로 접근할 것인가의 두 가지가 포함된다. 주로 접근방법을 다룬 연구들이 여기에 포함된다.

1) 저서 편

강신택의 《사회과학연구의 논리》(박영사, 1981 초판, 1995 개정판)는 이 방면의 기존의 이론들을 두루 섭렵하고 이것을 토대로 사회과학이 과학으로 가는 길을 논리정연하게 설명하고 있다. 사화과학연구의 필독서라고 생각한다. 교과서를 쓴다면 이렇게 써야 한다고 주장하고 싶은 귀감이 되는 책이다. 보통 교과서 하면 수명이 짧은 것이 특징인데, 이 책은 오래오래 읽힐 수 있는 책으로서 계몽성을 뛰어넘는 책이다. 강신택은 앞의 책의 후속연구로 《행정학의 논리》(박영사, 2002)를 펴낸다. 이 책은 행정학에 한정해서 이론정립의 방법을 설명하고 있고 여러 가지 접근방법들을 소개하고 있는 계몽성을 지닌 연구서이다. 김광웅의 《행정과학서설》(박영사, 1983)은 행정학의 과학화와 패러다임, 그리고 각 분야별 이론정립 등을 다루어 계몽성을 발휘한 책이다.

안문석의 저서 《계량행정학》(박영사, 1993)은 행정학 연구에서 매우 독특한 책이다. 행정현상을 하나의 시스템 현상으로 보고 기호적 접근과 시스템적 관점에서 접근하고 있다. 새로우면서도 신선한 접근이다. 시스템이론이 행정학 발달에 어떠한 역할을 할 수 있는가를 탐색하고 있다. 계몽성과 창의성을 동시에 갖춘 책이다.

정용덕의 신제도주의에 관해서 편집한 두 권의 책, 《합리적 선택과 신제도주의》(대영, 1999)와 《신제도주의 연구》(대영, 1999)는 이 방면의 여러 교수들의 글들을 모아서 편집한 저서들이다. 신제도주의에 관한 여러 가지 접근방법, 이론, 그리고 경험적 연구에 관한 논문들이 질서 있게 모여 있어 개념의 혼란성을 정리하고 포괄적이고 체계적으로 소개하고 있어 계몽적 역할을 하는 책이다. 이 방면 연구에 크게 참고가 될 수 있는 책이다.

2) 논문 편

유민봉의 "정책결정의 논변모형에 의한 접근과 논변과정에서의 왜곡"[《한국행정학보》 25권 4호(1992)]은 정책결정의 정책논변적 접근을 간결 명료하게 소개하고 있다는 점에서 거론할 만하다. 정책논변모형은 Toulmin이 개발한 논변모형을 정책결정에 적용한 것으로, 경험적 접근과 규범적 접근을 통합함으로써 합리주의적 접근의 한계를 극복하고자 시도한 정책결정의 또 하나의 모형이라고 할 수 있다. 논변에 의한 정책결정을 시도할 때, 각 참여자는 자기의 주장을 논거에 의하여 정당화하고 상대방을 설득하려고 한다. 또한 논변과정은 대화의 장을 전제하는 것으로서, 각 주장에 대하여 상호 비판하고 수용함으로써 창조적, 적응적, 직관적 사고의 창출을 유도하고 나아가 정책의 질을 향상시킬 수 있다는 것이다. 새로운 모델을 소개함으로써 계몽성을 발휘하고 있다.

윤영진의 "정부-기업관계에 대한 지대추구적 접근: 외환 및 금융부문을 중심으로"[《한국행정학보》 26권 1호(1992년 봄호)]는 경제적 지대의 창출, 배분 및 추구활동의 관점에서 한국의 경제성장과정에서 정부와 기업 간의 관계를 외환과 금융부문을 중심으로 분석하고 있다. 이 논문은 1950년대에는 환율왜곡으로 인한 외환부문에서 지대추구활동이 활발하였으며, 1960년대 이후 1970년대에 이르기까지는 금융부문에 대한 정부개입으로 경제적 지대가 많이 창출되었는데, 전자의 경우에는 관료를 대상으로 한 지대추구활동이라는 점에서 사회적 비용이 컸으나 후자의 경우에는 수출 및 중화학공업부문에서 정부의 정책순응을 확보함으로써 경제성장에 기여하였다고 지적하고 있다. 분석이 깔끔하고 논의가 정연하다.

염재호의 "국가정책과 신제도주의"[《사회비평》 제 11호 (1994)]는 신제도주의가 행태주의나 구제도주의와 어떻게 다른가에 관한 간결한 설명을 통해 신제도주의의 이론적 특성을 선명하게 그려줌으로써 계몽성을 발휘한다. 특히 각국의 경제정책의 차이점을 설명하는 데 신제도주의의 유용성을 강조하면서 방법론으로서의 신제도주의의 강점을 부각시키고 있다. 아울러 신제도주의의 방법론상의 한계도 명쾌하게 지적하면서 신제도주의의 전체 모습을 간결하게 보여주고 있다.

박통희의 "계서제에서 업무행태분석: 대리인 모형에 입각한 게임이론적 접근"[《한국행정학보》 23권 2호 (1989)]은 대리인이론에 입각해서 게임이론을 적용해서 계서제 내에서 상급자와 하급자 간의 업무행태를 논리정연하게 설명하고 있다. 개인의 조직참여 동기와 경력개발을 중심으로 계서제 내에서 상위자와 하위자 간에 어떻게 게임을 진행하고 있고, 또 여기서 이루어지는 조직의 균형상태가 어떠한지에 대해 치밀하게 설명하고 있다. 조직행동을 게임이론을 적용해서 설명한 빼어난 논문이라고 할 수 있다.

권순만·김난도가 함께 집필한 "행정의 조직경제학적 접근: 대리인이론의 행정학적 함의를 중심으로"[《한국행정학보》 29권 1호(1995년 봄호)]는 조직경제학의 중요한 분야의 하나인 대리인이론 소개와 행정학 연구에의 적용가능성을 탐색하고 있다. 이 논문은 우선 대리인이론이란 무엇인가를 개괄적으로 설명하고, 다음으로 대리인이론의 행정학적 적용으로 국민-의회-관료제의 대리인이론의 분석과 정부조직 내에서 상급자와 하급자 간의 대리인이론의 분석을 통해서 그 적용 가능성을 탐색한다. 이 논문은 대리인이론에 대한 소개의 역할과 행정학 연구에의 그 적용가능성을 탐색함으로써 계몽적 가치와 적용적 가치를 아울러 지니고 있다.

김준기의 "비영리단체(NPOs)의 생성과 일반적 행태: 주인-대리인 이론 관점에서"〔《행정논총》 36권 1호 (1998)〕는 비영리단체의 개념정의와 유형에 관해서 논의하고, 비영리단체에 관한 전통적 이론들을 경제학적 관점에서 분석한다. 또한 이 단체들이 수행하는 대체적 기능과 비영리단체들의 역할을 설명하는 공공재이론, 계약실패이론, 보조금이론의 한계를 논하고, 그 대안으로 주인-대리인이론을 내세운다. 이어서 이러한 이론에 입각해서 비영리단체가 영리단체나 정부부문보다 감시체계나 조직목표 설정에 상대적 우월성을 가지고 있다고 논증하고 있다. 비영리단체의 생성과 역할에 대한 논의를 한층 높은 차원으로 격상시키고 있다는 점에서 눈길을 끈다.

이명석의 "공유재 문제의 자치적 해결가능성"〔《한국행정학보》 29권 4호 (1995년 겨울호)〕은 동태적 게임이론 모형을 이용해서 공유재 문제가 자치적으로 해결될 수 있다는 것을 보여주고 있다. 일반적으로 공유재 하면 정부의 개입이 없이는 해결될 수 없는 문제라고 생각되어 왔다. 이 논문은 현재의 선택이 미래의 선택상황의 유인구조에 영향을 주게 되는 경우, ① 공유재의 사용자들이 미래지향적이고, ② 공유재 사용상황의 유인구조가 일정한 조건을 만족시키면, 단기의 유인구조가 죄수의 딜레마로 나타나는 공유재 사용상황에서도 자치적 해결이 가능하다는 것을 보여주고 있다. 또 하나의 중요한 시사점은 공유재마다 상이한 유인구조를 가지고 있어 획일적인 정책수단으로 모든 공유재 문제를 해결할 수 없다는 것이다. 수준 높은 이론을 전개하고 있는 논문이라고 할 수 있다.

김도훈·김동환의 "혼합게임을 위한 시스템 다이내믹스 모델: 경찰과 운전가 간의 혼합게임"〔《한국행정학보》 31권 2호 (1997년 여름호)〕은 시스템 다이내믹스 이론과 게임이론이 어떠한 유사점과 차이점을 가지

고 있는가를 밝히고 있다. 분석의 결과, 게임이론은 게임상황의 모델
링 및 균형상태의 분석을 통한 정책대안에 뛰어난 반면, 시스템 다이
내믹스는 균형상태로의 전개과정에 대한 동태적 분석과 다양한 정책실
험에 뛰어나다는 것이다. 이러한 차이점에 근거하여 게임이론의 장점
과 시스템 다이내믹스의 장점을 잘 조화시켜 정책분석을 수행한다면
보다 효과적인 정책대안을 마련할 수 있다는 것이다. 모델링을 시도하
고 있다는 점에서 높이 평가받을 만하다.

최재홍·이명석·배인명의 "공유재 문제의 자치적 해결: 충남 보령
군 장고도 어촌계의 사례를 중심으로"〔《한국행정연구》 10권 2호(2001
년 여름호)〕는 장고도 어촌계의 사례를 들어 공유재 문제의 자치적 해
결가능성을 논의하고 있다. 일반적으로 공유재 하면 정부의 개입으로
그 문제가 해결된다고 생각하는데, 이 논문에서는 '제도분석·개발틀
과 제도원칙'이라는 분석의 틀을 이용해서 정부나 다른 외부의 도움이
없이도 해당주민들에 의하여 공유재의 문제들이 적절하게 해결되고 있
다는 것을 밝혀주고 있다. 해당지역이 하나의 공동체로 조직화됨으로
써 공유재에 대한 유지·관리의 책임을 갖게 되며, 공동체가 적절한
제도적 장치를 마련하여 이러한 활동들과 관련된 집합적 행동을 효과
적으로 함으로써 공유재 문제가 자치적으로 해결될 수 있다는 것이다.
논의전개가 풍성하고 깔끔하며, 내용이 충실한 논문이다. 이 논문이
시사하는 것은 공유재 문제를 풀어나가는 데에 정부의 직접적 개입보
다는 지역공동체의 실질적 자치가 가능하도록 제도적 뒷받침을 하라는
것이다.

김항규의 "행정학과 행정법학과의 대화: 법정책학적 관점을 중심으
로"〔《한국행정학보》 31권 4호(1997년 겨울호)〕는 행정학과 행정법은 다
같이 행정현상을 대상으로 연구하는 학문으로서, 서로가 상호보완적인

면에서 긴밀성을 유지해야 하는 데에 있어 어느 학문보다도 견원지간에 있다는 것이다. 행정학이 관리적 측면에 초점을 맞출 때에, 행정법은 법적 측면에 초점을 맞추고 있다. 어느 한쪽을 소홀히 하고서는 행정의 본질을 제대로 파악할 수 없는 것이 현실인데 양 학문은 서로를 무관한 것으로 생각하고 있다. 이 논문은 양 학문을 연결시키는 고리로서 '법정책학'이라는 새로운 접근방법을 들고 나온다. 법정책학은 법의 이상을 현실적으로 실천한다는 목적의식적인 정책 내지 행위에 관한 연구로서, 행정학에 대한 지식과 정책학에서의 정책결정에 관한 지식 및 행정법학에 관한 지식을 필요로 하는 종합 학문적 성격을 띠고 있다는 것이다. 행정학과 행정법학의 관련성을 연구하는 데 크게 참고가 되는 글이다.

소영진의 "행정학에 있어서 현상학적 방법의 가능성 탐색"〔《한국행정학보》 38권 4호(2004)〕은 행정학 연구에서 현상학적 접근방법을 구체적으로 제시한 점에서 거론할 만한 논문이다. 종전의 이 방면의 논문들이 현상학에 대한 철학적 이해의 수준을 넘지 못하였는 데 반해 이 논문은 방법론 모색에 역점을 둔다. 소영진은 여기에서 방법론적 전략으로 보다 폭넓은 접근방법들의 수용, 국지적 현상이해와 중층기술의 방법 등을 제시하고, 실제 현상학적 접근방법의 적용이 용이한 분야로서 가치연구, 문화연구, 정책에서의 사실과 의미, 조직의 물화 등을 제시하고 있다. 따라서 현상학적 방법이 어떠한 분야에서 활발하게 적용될 수 있는가에 관한 논의를 통해 행정학 연구에서 현상학적 접근방법을 보다 구체적으로 제시한다는 점에서 의미를 지닌다.

윤견수의 "자연언어에 토대를 둔 조직 연구방법: 스토리텔링 구조를 중심으로"〔《정부학연구》 7권 2호(2001)〕는 한마디로 인간이 모인 조직 현상을 자연과학적인 방법보다는 인문과학적인 이야기식의 접근방법을 통해서 설명하고 연구하자는 것이다. 이 논문은 스토리텔링의 구조를 밝힘으로써 방법론으로서의 위상을 확립하는 데 역점을 두고 있다. 여기서 상정하는 조직인은 다양한 사건과 행동을 결합하여 의미를 만들고 그러한 의미를 스토리 구조 속에 저장시키고 활용하는 존재로 인식하고, 조직을 다양한 스토리들이 서로 상호작용하는 언어게임의 장으로 이해하고 있다. 신선함과 충격을 주는 내용으로 가득 찬 글이다.

윤견수의 또 다른 논문, "약자의 설득전략: 어느 하위직 지방공무원의 개혁활동에 관한 현상학적 보고서"〔《한국행정학보》 35권 1호(2001년 봄호)〕는 위의 방법을 적용해서 목표를 달성하는 데 있어 설득의 중요성에 초점을 맞추고 설득과정을 치밀하게 분석한 점에서 주의를 끌고 있다. 여기서 필자가 밝히고 있는 것은 첫째, 설득은 일회적이 아니고 계속되는 과정이며, 둘째, 설득전략은 설득의 단계와 설득 대상자가 누구냐에 따라 달라야 한다는 것이다. 설득의 성공요인으로 설득자에 대한 신뢰, 설득의 자원, 설득의 타이밍, 언어와 상징 등을 들고 있다. 이 논문을 크게 살 만한 점은 조직현상을 설명할 때에 그동안 소홀히 취급했던 상징과 언어, 특히 자연언어의 중요성을 밝히고 있다는 것이다.

원숙연은 조직연구에서 전통적 접근방법에서 벗어난 두 개의 접근방법을 소개하고 있는데, 하나가 "포스트모더니즘 조직연구: 인식론적 정향성과 대안으로서의 가능성"〔《한국행정학보》 36권 2호(2002년 여름호)〕이다. 이 논문은 포스트모더니즘적 조직연구와 모더니즘적 조직연구를 비교하면서 그 차이를 존재론, 인식론, 방법론적 차원에서 명확하게 밝히고 있다. 이 논문은 조직을 연구할 때에 언어게임, 애매성, 은유 및 조직독해의 측면에서 논의할 것을 주장한다. 이 논문의 시사점은 모더니즘적 접근과 포스트모더니즘적 접근은 상호배타적인 것이 아니라 상호보완적인 관계로 설정하고 연계의 가능성까지 탐색하고 있다는 것이다.

다른 하나는 "여성주의적 조직연구: 지향과 쟁점"〔《한국행정학보》 38권 6호(2004. 12)〕이다. 이 논문의 출발점은 기존의 조직연구가 남성 편향적으로 전개되어 왔다고 비판하면서, 균형 있는 조직에 대한 이해를 위해서 여성주의적 조직연구를 들고 나온다. 이 논문은 몇 가지 쟁점을 중심으로 논의를 전개하는데, 첫째, 개념적 쟁점으로 젠더와 가부장제를 논하고, 둘째, 방법론을 둘러싼 쟁점으로 여성주의적 인식론과 방법론적 지향을 논하고, 셋째, 개념적이고 인식론적 지향을 기반으로 하는 구성 쟁점을 논하고 있다. 기존의 여성관련 연구들이 여성관련 정책의 수립과 집행에서 정부의 역할과 대표관료제의 관점에서 공무원 충원상 불평등 및 그의 해소방안에 열을 올리고 있을 때에, 이 논문은 차원이 다른 혁명적 발상의 논문이라고 할 수 있다. 논문의 수준이 방향제시에 머물고 있지만 앞으로 방법론상 크게 파문을 일으킬 수 있는 논문이다. 이러한 방법론이 자리를 잡으려면 많은 후속의 연구가 나와야 할 것이다.

정성호는 포스트모더니즘적 시각에서 두 편의 논문을 발표하고 있는데, 하나가 "21세기 한국행정의 업무수행가치의 모색: 명령복종에서 공공봉사성으로"〔《한국정책학회보》 9권 3호(2000)〕이다. 이 논문은 기존의 행정의 업무수행가치인 명령복종이 공공봉사성으로 탈바꿈하려면 상하계층적 의식구조를 바꾸고, 정치와 행정은 상하관계에서 국정운영의 동반자로 바뀌어야 한다고 주장한다. 행정조직의 구조와 운영도 통제 위주에서 구성원 상호간의 비계층적 협력관계 모습으로 변화되어야 한다는 것이다.

252

또 하나의 논문인 "한국의 행정언어와 정부간 인사교류의 딜레마"
〔《한국행정학보》 38권 4호(2000. 8)〕는 정부간 인사교류는 인식과 제도
로 설명할 수 없는 보다 근본적인 문제점이 있다고 본다. 정부간 수평
적 관계라는 지방자치의 이상과 기존의 상하 위계적 행정언어 속에서
살아온 삶 사이에는 괴리가 있다는 것이다. 이러한 상황 속에는 인사
교류도 신분상승과 통제의 수단으로 간주된다고 한다. 제도의 본의가
살아나고 공무원이 '만족으로서의 삶'을 영위하기 위해서는 행정언어가
'위계적인 것'에서 '비위계적인 것'으로 변모되어야 한다는 것이다.

하민철·윤견수의 "행위자들의 양면적 상황설정과 딜레마 그리고 제
도화: 노사정위원회의 제도화 과정을 중심으로"〔《한국행정학보》 38권
4호(2004. 8)〕는 노사정위원회가 그 구성원들인 노동자, 사용자 및 정
부가 각각 상이한 입장을 고수함에도 불구하고 제도화되고 조직화되는
과정을 포스트모더니즘적 관점에서 설명하고 있다. 다시 말해서 상충
되는 상황설정 속에서 공통분모를 찾아가며 조직이 자생적으로 탄생되
는 과정을 노사정위원회를 통해서 설명하고 있다.

행정연구에 자연과학적 접근방법의 적용이 시도되고 있는데, 이 중
에서도 노화준의 카오스이론과 최창현의 복잡성이론은 거명할 만하다.
우선 노화준의 "카오스이론이 정책연구에 주는 시사점 분석"〔《행정논
총》 36권 1호(1998)〕을 들 수 있다. 이 논문은 불안정과 불균형의 세계
관에 토대를 둔 카오스적 패러다임의 주요 관점과 논리들을 소개하고,
이것이 복잡하고 빠르게 변화하고 있는 혼돈상태를 어떻게 설명하고
있으며, 새로운 질서창조를 위한 정책연구에 어떠한 시사점을 주는가
를 분석하고 있다. 이 논문은 카오스이론을 적용할 때에 그 장점으로
예측가능성의 향상, 정부간여의 지침향상, 참여적 문제해결 가능성의
향상 및 시스템 목적상태에 대한 분명한 센스의 제공 등을 들고 있다.

다음으로 최창현은 복잡성이론을 가지고 두 편의 논문을 발표하고 있는데, 하나가 "복잡성이론의 조직관리적 적용가능성 탐색"〔《한국행정학보》33권 4호(1999년 겨울호)〕이다. 이 논문은 혼돈(*chaos*)이론과 복잡성(*complexity*)이론을 통합하여 chaoplexity 라는 개념으로 조직연구에의 적용가능성을 탐색적인 시각에서 논의하고 있다. 우선 이 논문은 복잡적응체제의 개념을 소개하고, 그 특질들인 창발성, 경로의존성, 공진화, 비선형순환고리, 초기조건에의 민감성 및 자기조직화를 설명하고 있다. 이러한 특질을 모형화해서 적합도 지형(*fitness landscape*)을 만들고, 이러한 적합도 지형을 조직학에 적용하여 해석해 보면 조직진화의 역동성을 설명해 주는 유용한 은유로 사용할 수 있다는 것이다.

최창현의 두 번째의 논문이 "복잡사회체제의 모형화 및 시뮬레이션"〔《한국행정학보》34권 3호(2000년 가을호)〕이다. 이 논문은 조직은 역동적인 적응 및 진화체제라는 전제하에서 출발하고 있다. 다시 말해서 조직은 비선형순환고리로 상호 연결된 많은 구성요소로 이루어져 있으며, 초기조건에의 민감성으로 인해 경로의존성을 보이고, 환경으로서의 다른 조직과 교호작용을 하기 때문에 공진화하고, 혼돈적 행동으로 장기적으로는 자기조직화되는 복잡적응체제라는 것이다. 위의 두 논문은 행정연구에 새로운 시각을 제공했다는 점에서 계몽성을 발휘한다.

위의 복잡성이론을 행정연구에 적용한 논문들이 발표되고 있는데 이 중에서 두 편의 논문만 살펴보기로 한다. 하나가 노화준의 "한국 행정문화의 진화에 대한 복잡성 과학적 해석: 관치경제·금융을 중심으로"〔《한국행정학보》32권 4호(1998년 겨울호)〕이다. 이 논문은 복잡성 과학에서 발전시킨 형태와 패턴의 변화를 설명하는 개념들을 동원하여 행정문화의 형성과 자체조직화 및 고착화되는 현상을 관치경제와 관치금

융의 사례를 들어 설명하고 있다. 다시 말해서 관치행정문화가 어떻게 고착화되었는가를 복잡성이론을 통해서 설명하고 있다.

두 번째 논문은 박상규의 "체제이론의 보완과 정부조직의 변화기제: 혼돈이론과 진화생물학적 관점"〔《한국행정연구》 10권 4호(2001년 겨울 호)〕이다. 이 논문은, 혼돈이론에 의하면 시스템의 동적 항상성은 시스템 내부에 포지티브 피드백(positive feedback)이 활성화되어야만 네거티브 엔트로피(negative entropy)의 과정이 자연발생적으로 나타날 수 있다고 지적하고, 시스템 내에서 포지티브 피드백의 과정은 조직 내 권력의 위임을 통한 구성원들의 참여를 통하여 활성화될 것이며, 여기서 나온 자율성을 통해서 혁신성과 창의성을 기대할 수 있다고 한다. 이어서 이 논문은 진화생물학에서는 생물체의 진화는 개체 내 유전적 다양성에서 출발한다고 지적하고, 현재 정부에서 부분적으로 시행되는 개방적 직위제도는 인적 구성의 이질화 및 다양성을 인위적으로 투입함으로써 정부조직 내에 돌연변이를 일으켜 혁신으로 인도한다는 것이다. 따라서 조직내 구성원들의 유전적 다양성을 지속적으로 창출할 수 있는 조직관리 메커니즘이 필요하다는 것이다.

배응환의 "정책네트워크 모형의 행정학 연구에 적용 탐색"〔《한국행정연구》 10권 3호(2001년 가을호)〕은 거버넌스이론 범주에 속하는 정책네트워크모형이 정치행정현상을 설명할 수 있는 이론적 틀이 될 수 있는가를 분석하고 있다. 분석의 결과 정책네트워크모형은 기존의 국가와 사회의 이분법적 논리에 나타나는 한계를 보완하여 줄 수 있는 대안이 될 수 있다는 것이다. 실제 많은 학자들이 이 모형을 조직영역, 중앙-지방영역, 정책영역 등에 적용하여 많은 연구실적을 축적하고 있는 것을 추적하고 있다. 관심을 기울일 만한 연구이다.

김선혁의 "시민사회론과 행정학: 행정학적 시민사회론의 모색"〔《한국행정학보》 37권 4호(2003년 겨울호)〕은 시민사회 연구의 후발주자로서의 행정학이 시민사회를 연구할 때에 선발주자인 정치학이나 사회학에서 다룰 수 없었던 정부와 시민사회 간의 동반자관계와 정책과 시민사회 문제를 다룰 수 있다고 주장한다. 아울러 변경적 주제들로서 비교연구, 역사적 유산의 중요성, 글로벌 거버넌스(*global governance*)와 내셔널 거버넌스(*national governance*)의 상호관계, 거버넌스체제의 조직이론적 함의를 내세우고 있다. 행정학적 시민사회론은 행정현상을 연구의 대상으로 하는 기존의 접근방법들과는 전혀 반대의 입장에서 행정학이 다른 대상을 연구하는 데 독립적 주체성을 갖는다는 점에서 관심을 불러일으키고 있다.

2. 철학(사상) 및 윤리(부패) 분야

1) 철학(사상) 분야

(1) 저서 편

행정철학 분야에서 최초의 연구서는 정문길의 《소외론연구》(문학과
지성사, 1978)라고 할 수 있다. 소외론은 행정학에만 국한되지 않고
사회과학 전반에 걸쳐 해당되는 연구분야이다. 저자가 과거 10여 년
동안 단일주제를 중심으로 연구하고 발표한 글들을 모아서 낸 책이 바
로 이 책이다. 10년 동안의 연구결과이기 때문에 내용이 충실하고 논
의의 전개도 넓고 깊다. 이 책은 소외개념의 혼란성을 정리하고 맑스,
프롬 등의 이론을 깊숙이 다룸으로써 소외에 대한 계몽성 이상을 발휘
했다. 오랫동안 소개서 및 참고서로서 읽힐 수 있는 책이다.

행정철학에서 최초로 교과서의 모습을 띠고 나타난 책이 김항규의
《행정철학》(대영, 1994)이다. 이 책은 논의의 내용을 존재론적 차원,
인식론적 차원, 가치론적 차원으로 나누어 설명하고 있고, 동서양의
철학을 다 같이 포함해서 다루고 있다. 최초의 교과서라는 점에서 의
미가 있고 계몽성도 지니고 있다.

임의영의 《민주주의와 행정윤리》(홍익, 2003)는 이미 발표한 논문
들과 새로운 글들을 합쳐서 만들어 낸 논문들이다. 행정은 가치요 행
정학은 가치를 다루는 학문이라는 전제하에서 발표된 논문들이기 때문
에 책 전체를 통해서 논지가 일관되어 있다. 논문 하나하나가 창의성
을 지니고 있어 행정을 규범적인 면에서 연구하는 데 소중한 문헌이
되리라고 생각한다.

행정철학 분야에서 가장 중요한 부분이라고 할 수 있는 공익에 관한 연구가 활발하지 않다. 정정길의 《행정학의 새로운 이해》(대명, 2000, pp. 273~358) 는 많은 페이지를 할애해서 공익문제를 본격적으로 다루고 있다. 기존의 공익이론들을 소개하고 저자 나름대로 각각의 이론에 대해서 평가를 내린다. 저자는 공익의 실체를 밝히는 데 정성을 기울이고 있기 때문에 이 분야 연구에 안내서의 역할을 할 수 있는 저서이다.

공익에 대한 또 다른 연구서로 박정택의 《공익의 정치 행정론》(대영, 1990) 이 있다. 이 책은 공익의 실체를 찾기 위해서 동·서 이론을 넘나드는 각고의 노력 끝에 씌어진 책이다. 그런데 이 책은 단순한 여러 이론들의 나열식 설명이 아니라 공익의 정체를 밝히려는 저자의 심혈을 기울인 노력의 결과물이다. 공익은 개익(价益, 개인의 이익) 과 대립하는 것이 아니고 개익이 바로 공익연구의 출발점이라는 것이 박정택의 논지다. 저자는 공익을 밝히기 위해서 정익(正益), 사익(私益), 세익(世益) 등의 개념들을 동원하고 있는 등, 《공익의 정치 행정론》은 창의성이 엿보이는 연구서라고 할 수 있다.

한국사상 중에서 정약용의 사상을 행정학적 시각에서 살펴본 책이 장동희의 《정약용의 행정사상》(일지사, 1986) 이다. 이 책은 다산의 전반적인 행정사상을 기술하고 기본철학, 제도, 실무분야, 현대이론으로의 수용 등으로 나누어 설명하고 있다. 다산 연구에 참고되는 연구서이다. 윤재풍의 "다산의 경세학적 행정론의 특색과 현대행정학의 의미"(정정길·이달곤 공편, 《한국행정의 연구》, 박영사, 1997, pp. 39~96) 는 다산의 행정사상을 현대의 행정학 맥락에서 분류 검토하고 서구의 이론들과도 비교 검토함으로써 현대행정학으로서의 수용가능성을 다루는 많은 시사점을 주는 연구이다.

 이문영의 《논어 맹자의 행정학》(나남출판, 1996)은 우리 학계에 큰
자극을 준 방대한 연구서라고 생각한다. 우선 연구의 사각지대였던 논
어 맹자의 행정사상이 행정학자에 의해서 섭렵되었다는 것이 큰 의미
를 지닌다. 저자의 연구동기는 논어 맹자는 인류문명에 온건한 형태의
관료조직을 제공하고 있다는 확신에 있다. 따라서 756개에 이르는 논
어·맹자의 장들이 행정학의 목차에 따라 재편집되고 있다. 서양일변
도의 행정이론에서 이러한 연구서의 등장은 우리 학계를 풍요롭게 할
뿐만 아니라 서구이론의 한계를 메우는 데 일익을 담당할 수 있는 작
품이 아닌가 생각한다.

 (2) 논문 편

 원한식의 논문 "행정철학의 방향정립을 위한 시론"〔《한국행정학보》
26권 4호(1992년 겨울호)〕은 독자적인 연구영역으로서 행정철학은 어
떠한 모습으로 정립되어야 하는가를 연구대상과 방법을 중심으로 시론
적인 입장에서 탐색하고 있다. 여기서 주장한 것을 요약하면, 행정철
학이란 행정현상이나 행정연구를 이성의 논리에 따라 비판하는 하나의
사고로서, 행정과학과 행정기술이 다루지 않으려는 문제를 연구의 대
상으로 한다. 즉, 행정에 관한 본질, 행정현상을 인식하는 문제, 행정
가치에 관한 문제를 무전제의 입장에서 반성하는 사고로 정당화하는
사고라는 것이다. 행정철학의 확립에 있어 하나의 탐색적 시론이라는
데 의의가 있다.

 공익에 관한 여러 학설들을 소개하면 백완기, "정책결정에 있어서
공익의 문제"〔《한국정치학회보》15집(1981)〕가 있다. 이 논문은 공익에
관한 여러 학설들을 소개하면서 공익의 구성요소, 공익의 기능, 공익
산출이 활발한 사회를 모색하고 논의하는 데 창의성을 발휘하고 있다.

김동현의 "공익과 공공정책평가"〔《한국정치학회보》 17집 (1983)〕는 공익이 정책평가의 기준이 될 수 있는가를 기존의 학설을 토대로 해서 규명해 보려고 하고 있다. 공익이론 연구에 보탬이 되는 연구라고 할 수 있다.

백완기, "합리성에 관한 소고"〔《한국정치학회보》 제17집 (1983)〕는 합리성에 관한 기존의 이론들을 소개하면서 합리성을 기술적 차원, 형식적 차원, 인지적 차원, 가치적 차원, 추상적 차원, 세속적 차원 및 순리적 차원으로 분류하면서 설명하고 있다. 합리성 연구에 안내자의 역할을 할 수 있는 논문이다.

김호섭의 "행정 가치갈등의 해소에 관한 논리적 고찰"〔《한국행정학보》 23권 2호 (1989)〕은 목적론적 가치로서의 합리성과 의무론적 가치로서의 도덕성 간의 갈등현상과 그 해소방안을 기존의 여러 가지 이론모형들을 동원해서 체계적이면서도 논리적으로 규명하고 있다. 이 논문은 가치의 갈등문제를 이론적 수준에서 해결하기는 어렵지만 현실적으로 관료들은 가치의 갈등문제를 지속적으로 관리하고 있다는 사실을 간과해서는 안 된다고 지적한다. 행정관료들은 자신들의 업무에 나타나는 의사결정에 개재된 가치의 다양성을 확인하며, 이들간의 상대적 중요성을 가늠하고, 궁극적으로 공익을 위한 올바른 가치선택을 할 수 있는 자세를 지녀야 한다는 것이다.

김병섭의 "유교와 경제성장의 관계분석: 논어의 재해석을 통하여" 〔《한국행정학보》 28권 2호 (1994년 여름호)〕는 논어의 재해석을 통해서 유교의 경제성장에 대한 부정설과 긍정설을 검토하고, 유교는 경제성장에 긍정적인 역할을 하고 있다고 결론을 짓는다. 즉, 유교는 불의의 부를 피하되 청부(清富)를 권장하고, 생산직에 대한 천시보다는 분업의 강조에서 일어났으며, 형식보다는 내용을 중히 여기고, 변화에 대한 저항보다는 이상사회를 향한 끊임없는 개선 주문이 특징이라고 본다. 이 밖에도 인간본성의 계발과 효도를 위해서 끊임없이 근로하고, 서로서로 믿고 이해하는 충서지도(忠恕之道)의 윤리를 강조하고, 집단보다는 집단과 개인의 조화를 강조하고 있는 점을 나열하고 있다. 이 논문은 유교의 경제발전과 실용화에 미치는 긍정적인 측면을 강조하는 글로서 참고할 만하다.

표시열의 "행정의 효율성 편향에 대한 헌법상의 제한: 행정가치에 대한 관리적 접근에서 헌법적 접근으로"〔《한국행정학보》28권 4호 (1994년 겨울호)〕는 행정에서 추구하는 궁극적 가치는 행정관리상에서 찾는 것이 아니라 헌법의 기본가치에서 찾아야 한다고 주장한다. 제시하는 헌법의 가치들로는 인간의 존엄성, 국민 전체에 대한 봉사자, 표현의 자유를 통한 의견의 다양성 존중, 적법절차를 통한 공정한 정책결정, 기회균등의 보장 등이다. 이러한 헌법가치들이 행정관리의 주요한 가치들인 능률성이나 효과성과 충돌할 때에 어떻게 해결되어야 하는가를 미국과 한국의 관련판례를 비교하면서 검토하고 있다. 이 논문은 헌법가치를 내세우면서 능률 내지 목표달성 지상주의로 편향된 한국행정을 비판한다. 행정에서 가치문제를 논의할 때에 주목해야 할 논문이다.

김항규의 "정책결정과정에서의 정치적 합리성 확보방안에 관한 연구"〔《한국행정학보》29권 3호(1995년 가을호)〕는 정책결정의 기본속성이 정치적 합리성이라고 규정하면서, 정치적 합리성이란 정책결정과정에서 다양한 가치들 사이에서 야기되는 갈등을 설득하고 조정함으로써 유발되는 협동으로 정의한다. 정치적 합리성을 확보하기 위해서 논의되었던 기존의 이론들을 비판적인 시각에서 검토하고, 실천적 담론이론의 한 학설인 '훌륭한 이유 이론'에 기초한 논변의 논리를 내세워 정치적 합리성의 확보방안을 제시하고 있다. 정치적 합리성을 연구하는 데 참고할 만한 글이다.

안성호는 정의에 관해서 무게 있는 두 개의 논문을 발표하였는데, 하나가 "행정과 정의: 행정에 있어서 정의연구의 몇 가지 의제"[《한국행정학보》 23권 2호(1989)]다. 이 논문은 가치배분으로서의 행정은 정의와 본질적 관계를 맺는다는 전제하에서, 실천이성의 비판적 반성정신은 선험적 정의와 경험적 정의 사이의 중용의 길을 택할 수 있게 한다는 것, 이어서 정의판단의 일차적 대상은 분배적 공정성으로 이 판단의 기준들은 평등, 필요, 형평 및 귀속이라는 것을 밝히고 있다.

안성호의 또 다른 논문은 "행정과 절차적 정의"[《한국행정학보》 25권 1호(1991)]이다. 이 논문은 행정에서 분배적 정의 외에도 행정과정에서의 정의의 확보 또한 중요하다는 것을 각성시킴으로써 첫 번째 논문을 보완하는 의미를 지닌다. 흔히 행정에서 말하는 정의는 분배적 정의를 지칭하는데, 분배적 정의는 결과를 전제로 하는 정의이다. 그러나 결과 전에 과정상에서도 정의의 확보는 중요한 것이다. 이 논문은 결과 전의 절차적 정의를 논의하고 있다는 데에 그 의의가 있다. 절차적 정의를 구조적 차원과 대인적 차원에서 논하고, 절차적 정의의 타락 가능성과 한계를 아울러 지적하고 있다. 상기 두 편의 논문은 정의를 연구하는 데 묵직한 발판을 마련하였다고 할 수 있다.

임의영의 "공공성의 개념, 위기, 활성화 조건"[《정부학연구》 9권 1호, 고려대 정부학연구소, 2003]은 공공성의 문제를 본격적이면서도 심도있게 다룬다. 필자는 공공성의 문제를 두 가지 차원에서 다루고 있는데, 하나는 윤리적 차원에서 사회정의 또는 공익을, 또 하나는 정치적 차원에서 참여적 민주주의를 공공성의 내용으로 삼고 있다. 창의성과 도발성이 엿보이는 연구이다. 이 분야에서 계속해서 참고가 될 만한 논문이라고 생각된다.

2) 윤리(부패) 분야

(1) 저서 편

행정의 윤리 분야는 접근하기가 어려워서 그런지 연구활동이 거의 없는 편이다. 우선 윤리 분야를 보면, 1966년에 신종순의 《공직의 윤리》(박영사)가 나온 이래 20년 이상 침묵을 지키다가 1992년에야 유종해의 《행정의 윤리》가 나오게 된다. 그러나 이 책도 저자의 사상이 담겨 있는 연구서가 아니라 이론을 소개하는 교과서의 수준을 넘지 못한다. 앞으로 행정윤리에 대한 연구는 우리 학계의 큰 숙제로 남아 있으리라고 생각된다.

박동서 외, 《사회변화와 윤리》(한국사회과학연구협의회 편, 법문사, 1990)는 전통윤리와 현대윤리를 포함해서 정치·행정윤리와 더불어 사회, 교육, 산업, 언론 등의 분야에서 윤리문제를 심도있게 다루고 있는 연구서라고 할 수 있다.

행정윤리와 표리관계에 있는 부패문제를 보게 되면, 우리는 부패공화국이라고 불릴 정도의 사회에 살면서 부패의 물결 속에 휩싸여 있음에도 그에 대한 연구는 활발하지 않은 상황이다.

부패에 대한 연구서로 김영종의 《부패학》(숭실대 출판부, 1992)이 있다. 이 책은 김영종이 기존에 부패문제에 관해서 발표한 논문들을 모아서 엮은 일종의 논문집이다. 논문을 엮은 책이기 때문에 분석의 틀에 의한 체계적인 전개가 되지 못하고 비슷한 내용들이 중복되어 나타나는 문제가 있다. 그러나 부패에 대한 연구가 활발하지 못한 우리 사회에 풍성한 자료를 가지고 부패 연구에 촉진제 역할을 하는 책으로서 의미가 깊다.

윤태범이 김해동과 공저 형식으로 펴낸《관료부패와 통제》(집문당, 1994)는 주목을 끌 만한 연구서이다. 우선 관료부패뿐만 아니라 사회의 다양한 부문까지 포괄하고 있고, 분석의 틀도 짜임새를 갖추고 있다. 이 책은 관료부패에 대해 이론과 전략 부문으로 나누어 설명하고 있는데, 무엇보다 부패의 현장인 경찰, 의료, 건설, 교육은 물론 나라별 상황도 다루고 있어, 계몽성과 자료적 가치를 지닌 연구서라 평가할 만하다.

전수일의《관료부패론》(선학사, 1996)은 부패에 관련된 이론들을 체계적으로 설명하고 있으면서도 사회문화적 시각에 역점을 두고 부패 문제를 접근하고 있다는 점에서 평가할 만하다.

부패에 관련해서 거명하고 싶은 책은 박홍식(중앙대)의《내부고발의 논리》(나남출판, 1999)이다. 이 책은 저자가 1991년부터 1998년까지 쓴 글들을 모아서 엮어낸 책이다. 모아놓은 글들이기 때문에 체계성이 약하고 중복된 설명들이 있지만 내부고발에 관한 이론과 많은 분석사례들이 담겨 있어 계몽성과 자료성을 지닌다. 우리 학계에서는 이 분야에서 처음으로 선 뵈는 계몽서라고 할 수 있다.

(2) 논문 편

행정의 윤리 분야에서 주목을 끄는 논문은 박정택이 쓴 "정책의 윤리성에 관한 연구"〔《한국행정학보》24권 2호(1990)〕이다. 이 논문은 기존의 철학적 윤리설과 접목하면서 정책의 윤리를 사회적 적합성에서 찾고 있다. 사회적 적합성에는 능률성 차원, 실현성 차원 및 당위성의 차원이 있는데 이 중에서도 제일 중요한 것은 당위성 차원이라는 것이다. 당위성 차원의 궁극적 판단기준은 '인간을 위한 정책'인데, 이것의 구체적 기준으로 생명, 인격, 주체성, 자유, 자율성, 평등성, 기본적 권리 등을 들고 있다. 아울러 정책의 윤리성이 결정되는 환경적 요인들도 탐색하고 있다. 이 논문은 앞으로 윤리문제를 보다 깊이 연구하기 위한 개념적 틀을 마련하였다는 점에 후한 점수를 줄 만하다. 어려운 주제를 진지한 자세로 접근하고 있어 다시 한번 높이 평가하고 싶다.

김호섭의 "행정문화의 비판적 수용을 통하여 본 행정윤리의 방향" 〔《한국행정학보》 24권 1호(1990)〕은 두 가지 점에서 주목을 끄는데, 하나는 서로 상충된다고 생각되는 전통적인 행정문화와 행정윤리를 접목시켜 보려는 점이고, 또 하나는 행정윤리를 추상적 차원에서 실천 가능한 구체적인 차원으로 탐색하고 있다는 점이다. 논문의 구성이나 논의 전개에 문제점이 없는 것은 아니나 전통적인 행정문화 속에서 행정윤리를 탐색하여 보려는 의지는 높이 살 만하다.

김호섭의 다른 하나의 논문은 "공무원의 윤리적 행위를 위한 조직의 전략"〔《한국행정연구》 2권 1호(1993년 봄호)〕이다. 이 논문은 공무원의 윤리를 개인의 행태적 차원에서 접근하지 않고 조직의 차원에서 접근하고 있다는 것이 우선 신선하다. 윤리적 행위를 저해하는 조직적 요인으로 능률, 생존과 충성, 분업과 계층제 및 규칙과 절차를 들고, 이어서 윤리행위를 조성하는 조직의 전략적 요인으로 윤리조항, 윤리교육, 조직양심의 개발, 업무의 재설계, 분권화, 내부고발자의 보호 등을 들고 있다. 논의의 전개가 치밀하지 못하고 분석의 수준이 깊지 못하지만 윤리를 조직의 차원에서 다루어 보려고 하는 착상이 참신하다.

유홍림의 "공무원의 도덕적 행위 연구에의 심리학적 접근방법의 적
용가능성 검토"〔《한국행정학보》24권 3호(1990)〕는 공무원의 도덕적
행위를 심리학적 측면에서 접근하고 있다는 점에서 우선 주목을 끈다.
도덕 하면 주로 윤리학이나 철학적 측면에서 접근했는데, 이 논문은
도덕의 문제를 심리학적 측면에서 다룸으로써 새로움을 던져 준다. 이
논문은 공무원이 조직생활을 할 때에 조직의 요구가 자신의 도덕적 신
념과 출동할 때에 심리적 긴장과 도덕적 스트레스를 느끼는데, 이러한
도덕적 스트레스가 조직행태에 어떠한 영향을 미치는가를 다루고 있
다. 도덕의 문제를 심리학적으로 접근할 때에 조직에서의 경험을 보다
현실적으로 다루어 연구의 내용이 구체성을 띨 수 있다는 점에서 이
논문의 시사점은 크다. 공무원의 도덕적 행위를 심리적 측면에서 접근
하는 데에 최초로 문을 열었다는 점에서 거명할 만하다.

김종술의 "'대학'과 '중용'을 통해서 본 공무원 윤리관: 현상학적 해
석"〔《한국행정학보》25권 4호(1992)〕은 유학사상의 핵심적 경전인 '대
학'과 '중용'의 기본사상 속에서 현상학적 해석을 통해서 공무원 윤리
관을 끌어내고 있다. 대학과 중용에서 제시하는 윤리의 기본원칙은 혈
구지도(絜矩之道)이다. 혈구지도의 핵심은 한마디로 상호성의 원칙
또는 공평성의 원칙이다. 즉, 바르고 성실한 인간관계를 유지하기 위
해서는 상대방의 입장을 먼저 이해하여 공평성을 유지하라는 것이다.
이 논문은 공무원의 책임을 법적 책임과 개인적 책임으로 나누고, 보
다 본질적 책임은 개인적 책임이라고 지적하면서 개인적 책임의 확보
문제를 혈구지도와 연결시켜 논의하고 있다. 행정윤리를 연구하는 데
도움이 되는 글이다.

박재창의 "공직자 재산등록·공개제도: 통제론적 접근"〔《한국행정연
구》2권 1호(1993년 봄호)〕은 우선 공직자의 재산등록제를 통제론적

차원에서 이론적으로 접근해 보려는 자세가 훌륭하다. 이 논문은 객관적 책임과 주관적 책임을 한 축으로, 외적 통제와 내적 통제를 또 하나의 축으로 하여 네 개의 통제유형을 만들고, 제 1단계의 통제과정으로 내재율을, 제 2단계의 통제과정으로 외재율을 들어 이 제도를 심도 있게 논의하고 있다. 즉, 필자는 주관적 책임의 객관화를 지향하는 제 1단계 통제과정과 객관적 책임의 내면화를 추구하는 제 2단계 통제과정을 통하여 공직자의 사회적 순응과정을 확보하려는 것이 바로 이 제도라고 설명하는 것이다. 여기서 필자가 강조하는 것은 공직자의 재산등록·공개제도는 공직자의 공적 책임을 보장하는 다양한 제도 중의 하나에 지나지 않는다는 것이다. 이론적으로 설명하기 어려운 주제를 이론적으로 시도하였다는 점에 후한 점수를 주고 싶다.

정철현의 "우리나라 구청 공무원의 윤리기풍에 관한 실증적 연구: Victor 와 Cullen 의 모형을 중심으로"〔《한국행정학보》 33권 4호(1999년 겨울호)〕는 우리나라 구청 공무원들의 윤리기풍에는 어떤 형태가 있는지를 6대 도시의 구청 공무원 153명을 대상으로 조사 및 분석하고 있다. 조사결과 6가지 형태의 윤리기풍이 존재하는 것이 밝혀지고 있는데, 그 6가지란 우정형, 사회책임형, 법과 규약형, 개인도덕형, 규칙형 및 조직이익형이다. 이러한 6가지 윤리기풍 형태는 개인특성과는 관련이 없고 도시에 따라 차이가 있음을 다변량분산분석을 통해 밝히고 있다. 행정윤리를 연구하는 데 시야를 넓히고 있다는 점에서 의의를 지닌다.

최병선의 "정부주도의 경제사회 운영과 행정윤리"〔《행정논총》 39권 4호(2001)〕는 정부주도의 경제운영을 행정 윤리적 차원에서 평가하고 있다는 점에서 관심을 끈다. 정부주도는 공익과 시장실패라는 두 축의 이름으로 정당화되고 있지만 여기에는 부작용과 비리가 더욱 많다는 것이다. 정부주도에서 나오는 여러 가지 폐해와 부작용을 바로잡기 위해서 정부가 더욱 무리한 규제를 내세움으로써 경제사회는 갈수록 파국으로 향해간다는 것이다. 즉, 경제사회의 불균형성장, 지역의 불균형발전, 경제력집중과 소득격차, 정경유착 부정부패 등 온갖 부조리는 따지고 보면 정부주도의 정책적 산물인데 이것들을 바로잡기 위해서 바로 장본인인 정부가 온갖 규제와 시장개입을 일삼고 있으니 난센스라는 것이다. 정부의 이러한 무리하고 억지스러운 시장개입과 규제는 윤리적 차원에서도 용인될 수 없다는 것이 이 논문의 요지이다.

노화준의 "과학기술윤리와 국가의 역할: 생명윤리를 중심으로"〔《행정논총》 39권 4호(2001)〕는 생명과학기술의 발전에 따라 파생되는 윤리적 쟁점들에 대한 이해관계자들의 태도가 지배적인 윤리적 사고공간의 어디에 분포되는가에 따라 이들을 유형화하고, 유형의 성격에 따라 국가의 역할을 제시하고 있다. 국가의 주된 역할이란 ① 개념화의 지원자로서의 역할, ② 생명가치의 보전과 규제자로서의 역할, ③ 균형성의 검증과 유지자로서의 역할, ④ 갈등의 조정자로서의 역할이다. 생명윤리 문제를 다루는 데에 선구자의 역할을 한 논문이라고 할 수 있다.

박광국·주효진·김옥일의 "조직 내 내부고발에 대한 인식유형 분석: Q방법론적 시각"〔《한국행정학보》 35권 1호(2001년 봄호)〕은 관료들의 내부고발에 대한 인식유형을 분석하고, 내부고발제도를 채택하고 실시할 때 이러한 인식을 고려할 것을 주문하고 있다. 분석결과, 다섯 가지의 지배적 인식유형이 존재함을 밝히고 있다. 다섯 가지 유형이란 도입의 소극형, 우려형, 조건부 지지형, 지지형 및 회의형이다. 여기에는 공통점이 있는데, 바로 내부고발의 활성화에서 역기능에 대한 대비가 필요하다는 것이다. 이러한 다양한 인식을 정확하게 파악해야만 내부고발제도의 도입과 활성화에 시행착오를 줄일 수 있을 것이다.

박흥식(중앙대), "내부고발에 대한 유교윤리 및 집단주의 태도의 영향"〔《행정논총》41권 3호(2003)〕은 내부고발의지 및 보복우려에 유교윤리 및 집단주의 태도가 어떤 영향을 주는가를 관련변수들에 대한 측정지표를 개발해서 공무원 344명을 대상으로 한 설문조사를 통해 분석한다. 분석의 결과 유교윤리 및 집단주의 태도가 내부고발을 억제하리라는 믿음은 사실과 다르게 나타나고 있다. 여기서 유교윤리나 집단주의 태도와 내부고발의 관계는 일반적으로 생각한 것처럼 단순하지 않다는 것을 보여주고 있다. 여하간 전통적인 문화와 내부고발의 관계는 일반적으로 생각한 것처럼 깊은 관계가 없다는 것이 흥미롭다.

임도빈의 "행정윤리관의 분석틀 모색: 서양철학이론을 중심으로"〔《행정논총》40권 3호(2002)〕는 윤리와 관계되는 서양철학을 진지하게 추적하면서 윤리를 체계적으로 분석할 수 있는 틀을 모색하고 있다. 우선 윤리적 기반의 존재여부에 따라 기초주의 철학과 반기초주의 철학의 관점을 제시하고, 행위의 결과에 따라 중점을 두는가 아니면 행위의 동기에 중점을 두는가에 따라 결과론과 목적론으로 나누어 살펴본다. 이러한 기준들을 조합해서 절대주의, 상대주의, 공리주의, 이기주의의 네 가지 범주로 나누고 각 모형의 특성을 이론적으로 체계화하고 있다. 윤리를 실증적 차원에서 연구하고 분석할 수 있는 틀을 만들어냈다는 점에서 높이 평가할 수 있는 연구이다.

박흥식(대전대), "행정윤리 접근법의 모색: 이기주의적 시각을 중심으로"〔《한국행정학보》37권 2호(2003년 여름호)〕를 보자. 일반적으로 윤리 하면 이타주의적 입장에서 설명하는 것이 지배적인 현상인데, 이 논문은 이타주의적 시각의 한계와 문제점을 지적하고, 이기주의적 입장에서 행정윤리를 접근하고 있어 관심을 불러일으키고 있다. 두 가지 윤리이론인 이타주의와 이기주의를 철학적, 윤리학적, 생물학적 접근법으로 분류하여 검토하고 있다. 이기주의적 시각에서 행정윤리를 접근하고 있다는 점에서는 신선함을 주나, 논의의 전개가 빈약한 것이 흠이다. 앞으로 윤리를 이기적 입장에서 연구하는 데 선구자적 역할을 할 것임이 확실하다.

윤태범, "공직윤리 확보를 위한 이해충돌 회피의 제도화 방안"(한국행정학회 2004 춘계학술대회)은 공직자의 부패행위를 예방적 차원에서 대비한다는 점에서 의미 있는 논문이다. 공직자는 공직을 담당하고 수행하는 과정에서 개인적 이익과 공공적 이익 간의 충돌가능성을 만나게 되는 경우가 있을 수 있다. 공직자도 인간이기 때문에 공익에 앞서 자기의 이익을 먼저 챙길 가능성이 있는 것이다. 이러한 가능성을 미리 제도적 차원에서 막자는 것이 이 논문의 기본취지이다. 이 논문은 이러한 회피제도의 개념과 필요성, 제도화의 역사(미국의 사례), 한국 제도의 운영실태 및 개선방안을 상세하게 고찰함으로써 이 방면 연구에 안내자의 역할을 할 수 있는 연구이다.

부패 분야의 논문들을 살펴보면 다음과 같다.

김해동은 부패문제를 다루고 연구하는 데 개척자적 역할을 한다. 1960년대부터 1990년대 초까지 계몽적인 글을 위시해서 적지 않은 논문들을 발표하고 있는데, 여기서는 몇 개만을 골라서 검토하여 보기로 한다. 우선 1960년대에 쓴 글로 김해동의 "관료의 부정의 원인에 관한 이념적 이론구성"(《행정논총》 4권 2호(1966))은 부패원인을 제도적 원인과 환경적 요인으로 나누어 친절하게 설명함으로써 부패문제를 학계에 본격적으로 소개하는 계몽적 역할을 하고 있다. 이어서 발표한 "관료부패에 관한 연구 I, II"〔《행정논총》 10권 1호, 2호(1972)〕는 부패문제에 관한 여러 가지 문제를 계몽적 차원에서 소개한다. 즉, 개념, 요건, 연구방법, 문화와의 관계, 가치와의 관계, 폐해, 유형, 과정(악순환의 고리) 등을 다룸으로써 연구의 지평을 넓히고 있다. "관료부패의 재조건"〔《행정논총》 21권 1호(1983)〕은 부패와 공직개념의 변천, 부패원인 분석상의 문제점, 부패균 배양의 재조건 등을 심도있게 다루고 있다. 특히 통제의 증가와 관리기준의 비현실성이 부패의 원인이라고 지적한 것은 예리한 관찰이라고 할 수 있다. "근대화와 관료부패의 관계에 관한 연구"〔《행정논총》 31권 2호(1993)〕는 부패가 근대화에 어떠한 역할을 하였는가를 순기능적 측면과 역기능적 측면으로 나누어 심도있게 분석하고 있다. 이 논문의 특징은 부패의 긍정적 측면을 이론적 차원에서 깊이 있게 다루었다는 것이다. 흔히 부패 하면 부정적인 것만으로 치부해 버리는데, 그와는 달리 긍정적 측면을 부각시킴으로써 부패를 보다 깊게 연구하고 근본적으로 다루게 하는 데 깨우침을 주는 연구라고 할 수 있다.

김영종 역시 부패문제를 중심으로 많은 글들을 발표하고 있는데, 그중 주목을 끄는 논문 하나를 선정하면 "개발도상국가들의 관료부패 모형정립: 한국을 중심으로"〔《한국행정학보》 19권 2호(1985)〕이다. 이 논문은 한국의 부패현상을 역사적으로 개관하면서 세 가지 모형을 제시하고 있다. 첫째 모형은 관료문화모형(1948~59년)으로 이 모형은 부패현상을 문화적·역사적 유산으로 보며, 발생의 요인으로 식민지화의 경험, 유교문화의 영향, 최고정치엘리트의 리더십 스타일, 관료보수체계의 불균형 등을 들고 있다. 둘째 모형은 신 관료문화모형(1960~79년)인데, 이 모형은 부패현상을 발전 변동의 부산물로 보고, 부패발생의 요인으로 급속한 경제발전과 정치 및 사회발전의 불균형, 물량적 가치체계와 전통적 가치체계의 갈등, 군 엘리트와 민간 엘리트

와의 권력구조상의 갈등, 관료보수구조의 불균형 등을 든다. 셋째 모
형은 부패방지모형(1980년대 이후)인데, 이는 부패현상을 감소될 수
있는 처방과 치유관계로 보고, 그 처방요인을 행정개혁(부패방지법 제
정 포함), 관료의 윤리의식 교육, 권한의 분산, 정치발전과 경제발전
의 균형, 사회문화적 환경의 쟁점화로 본다. 이어서 이 논문은 두 번
째 모형인 신 관료문화모형을 1960년부터 1979년까지의 부패상황에
적용해서 분석하고 있다. 분석결과, 부패의 빈도수는 이전보다 줄어
들고 있으나 강도는 높아지고 있으며, 뇌물 및 횡령 등이 증가하고 있
고, 단순부패보다 조직적·집단적 부패현상이 증가하고 있다.

윤태범 역시 진지한 자세로 행정부패 문제를 연구하는 연구자이다.
그의 여러 논문 중 주목을 끄는 두 편만을 선정해서 검토하여 보기로
한다. 먼저 "관료부패의 구조에 관한 연구"〔《한국행정학보》 27권 3호
(1993년 가을호)〕는 관료부패를 구조로 파악하고 있다. 이러한 부패구
조는 다양한 구성변수의 조합에 의해서 다양한 형태를 취할 수 있는데
여기서는 세 가지 유형의 부패구조를 제시한다. 하나는 관료중심적 구
조이고, 둘은 행정조직 중심적 구조, 셋은 다기관 연계형 구조이다.
이러한 분류는 관료부패에 대한 효율적인 통제전략을 수립하는 데 유
익하다고 생각된다. 좀더 구체적으로 말해서 다양한 수준의 다면적이
고 구체적인 통제전략을 수립하고 집행하는 데 유익하다는 것이다.

또 하나의 논문 "우리나라 정부의 반부패정책의 평가: 지속성의 확
보 관점에서"〔《한국행정학보》 33권 4호(1999년 겨울호)〕는 역대 정부의
반부패정책이 단기성에 그치고 말았다며 지속성을 유지하기 위해서는
신뢰성과 실행가능성이 있어야 한다고 지적한다. 신뢰성의 구성요인
으로 일관된 문제인식, 정책의 일관성, 주체의 신뢰성이 있고, 실행가
능성의 구성요인으로 정책수단의 제도화, 반부패정책 의지, 정책추진

의 효율성 및 대상집단의 구체성이 들어간다. 이 논문은 역대 정권의 반부패정책을 이러한 지속성의 일곱 가지 구성요인들 속에서 평가하고 있다. 부패연구에 신선한 시각을 제시한 논문이라고 할 수 있다.

박흥식(대전대), "윤리적 내비보고제(*whistleblowing*)의 조건: 일반 규범윤리학적 접근을 중심으로"〔《한국행정학보》 32권 1호(1998년 봄호)〕는 우선 일반적으로 통용되는 '내부고발제'를 '내비보고제'로 부르고, 미국에서 발달한 이 내비보고제는 한국사회에 적용하기에는 여러 가지 면에서 부합하지 않다고 지적하면서 공리주의, 의무론, 덕윤리로 대표되는 일반규범윤리학적 입장에서 접근하고 있다. 내비보고행위는 왜, 누가, 어디서, 어떻게의 네 가지 기본적인 질문을 중심으로 분석되고 있다. 이어서 다음의 여섯 가지를 제안한다. 첫째, 사익보다 순수한 공익의 입장에서 이루어져야 한다. 둘째, 자격은 임용신분과 관계없이 비리시정의 의무가 있는 사람 모두에게 있다. 셋째, 조직 내의 채널을 이용한 내부 내비보고조직 외의 채널을 이용한 외부 내비보고에 선행되어야 한다. 넷째, 실명에 의한 비리보고가 바람직하나 경우에 따라서는 익명보고도 인정되어야 한다. 다섯째, 자발적이고 독립적인 자각과 의지에 의해서 이루어져야 한다. 여섯째, 외적 타당성을 갖추어야 한다. 한국 현실에 맞는 내비보고제를 철학적인 차원에서 탐색하는 데 고뇌의 작업을 하였다고 생각한다.

황성돈의 "부정부패의 본질과 정책과제"〔《한국행정연구》 7권 4호(1999, 한국행정연구원)〕는 부패의 본질을 세 가지 측면 — 행위의 구성요건, 부패의 효과, 발생원인에서 규명하고, 부패의 내용에 따라 통제방법도 달라야 한다는 것을 주장하고 있다. 통제방법은 다섯 가지를 들고 있는데, 하나는 부패의 이익은 줄이고 비용은 크게 하는 것, 둘은 이익의 발생확률을 낮추는 것, 셋은 외부적 비용을 키우는 것, 넷은 발각확률을 높이는 것, 다섯은 처벌의 확률을 높이는 것이다. 부패 문제를 다루는 데 있어 거시적인 방향제시를 하였다는 점에서 평가할 만하다.

김호정, "행정풍토와 관료의 부패행태: 한국과 미국의 비교"[《한국 정치학회보》33집 2호(1999년 여름호)]는 행정풍토가 관료의 부패행태에 어떠한 영향을 미치는가를 한국의 부산광역시 공무원과 미국의 뉴욕주정부 공무원을 대상으로 실증조사를 통해서 규명하고 있다. 부패 행태에 영향을 미치는 요인으로는 신뢰(불신), 무책임(책임성), 이기주의, 내부제보의 여건, 엄격한 내부감사 등이다. 비교의 차원에서 보면 한국공무원들이 미국공무원들보다 부패의 오염도가 높다. 부패를 유발하고 촉진하는 행정풍토상의 요소들을 밝혀내고 그것들을 미국과 한국을 비교해 그 차이를 밝혀내는 의미 있는 발견을 제시한다.

이선우 외, "공직부패에 대한 연결망 이론적 접근"[《한국행정학보》 34권 2호(2000년 여름호)은 최초로 연결망을 토대로 해서 부패문제를 접근하였다는 점에서 계몽성을 발휘한다. 부패행위자(예컨대, 부패유발자, 포섭대상자, 연결고리를 담당하는 자)의 행태를 중심으로 분석한 결과 다섯 가지 부패유형을 발견하고 있다. 여기서 발견한 특징은 부패의 연결망이 복잡하지 않고 단순하며, 공무원이 부패를 유발하고 연결고리의 역할을 수행하는 경우가 많다는 것이다.

전영평의 "시민단체에 의한 부패통제: 논리, 유형, 분석"[《한국행정 학보》37권 3호(2003년 가을호)]은 시민단체인 경실련, 참여연대, 반부패국민연대 등이 어떠한 이론적(논리적) 근거에서 부패통제를 하고 있는가를 분석하고 있다. 제시한 이론적 근거는 여섯 가지(정부실패, 시장실패, 집단행동실패, 시민참여, 사회자본론, 거버넌스의 관점)로, 부패

의 유형을 참여자(권력사용자, 상업적 거래자, 개별 이해관계자)를 중심
으로 이들 상호간에 나타나는 여섯 가지 유형을 도출해서 분석하고 있
다. 이 논문은 시민단체간 부패통제의 공통점과 차이점, 성과와 한계,
향후과제를 논의하고 있다. 창의성이 발휘되고 있는 논문이다.

3. 행정사 분야

1) 저서 편

이 방면의 가장 결정적인 학문적 수확은 30여 년에 걸쳐 완성한 김운태의 《한국정치·행정사 전집》(박영사, 2002)이다. 이 전집은 지금까지 저술한 5권의 저서를 한데 묶어 전집으로 발간한 것이다. 5권의 책은 《조선왕조정치·행정사: 근세편》, 《조선왕조정치·행정사: 근대편》, 《일본제국주의의 한국통치》, 《미군정의 한국통치》, 《한국정치서설 및 한국행정근대화의 100년의 성찰》이다. 이 저서들은 조선조부터 미군정까지의 역사를 정치·행정의 국면에 초점을 맞추고 정리하고 집대성한 특수사의 결정판이라고 할 수 있다. 오랜 세월을 두고 개정과 증보를 거듭하면서 완성한 노작의 노작이라고 할 수 있다. 정치학이나 행정학 연구에는 물론 한국학의 확립에 큰 뿌리의 역할을 한 역작이다.

행정사 분야에서 빼놓을 수 없는 책이 서울대학교 행정대학원 교수들이 총동원되어 집필한 두 권의 책, 이한빈 편, 《한국행정의 역사적 분석 1948~1967》(서울대 출판부)과 조석준 편, 《한국행정의 역사적 분석 1968~1984》(서울대 출판부)이다. 위의 두 권의 책은 1948년부터 1984년까지 한국행정이 각 분야별로 어떻게 변천되었는가를 서술하고 있다. 단순한 변천의 기록들이 아니고 이론의 틀 속에서 설명과 평가를 아울러 하고 있다는 데 이 책들의 의의가 있다. 자료적 가치를 유감없이 발휘하고 있다.

장동희의 《한국행정사》(법문사, 1988)는 고조선에서 대한민국에 이르기까지 행정의 변화과정을 환경과 주체, 이념, 제도, 정책 등을 중심으로 설명하고 있다. 고대의 행정사를 다루었다는 점에서 계몽성을 지닌다. 안용식의 《한국관료연구》(대영, 2001)는 한말, 일제, 군정, 제1, 2공화국에 이르기까지 관료들의 사회적 배경을 중심으로 관료들의 대표성을 분석하고 있다. 흥미 있는 연구서로서 자료적 가치가 풍부한 책이다.

2) 논문 편

행정사 분야에서 가장 활발하게 논문을 발표하는 학자들 중의 한 사람이 박병련이다. 그의 주목을 끌 만한 논문들을 살펴보기로 한다. 박병련의 첫 번째 논문인 "조선사회 양반관료제의 기본성격에 관한 시론"〔《한국의 사회와 문화》 16집(정신문화연구원, 1991)〕은 조선의 관료제를 규명하는데, 우선 기존의 두 가지 학설인 중앙집권적 양반관료제설과 가산관료제설을 검토하면서 유교적 관료제설을 제창하고 있다. 특히 이 논문은 가산관료제설에 강하게 논박하고 있다. 유교적 관료제설을 강하게 내세우면서 조선의 관료제는 유교철학을 기저로 해서 확립된 관료체계로서 왕권과의 견제 및 균형을 취하는 자율적 기관의 냄새가 강하였다는 것을 주장하고 있다. 조선의 관료제의 성격을 규명하는 데 크게 참고가 될 수 있는 연구이다.

두 번째로 거론할 수 있는 논문은 "유교이념과 조선조의 정책과정"〔《한국의 정치와 경제》 제1집(정신문화연구원, 1992)〕이다. 이 논문은 유교이념이 조선조의 정책결정구조에 어떻게 내면화되고 있는가를 고찰하면서 정책결정에 참여하는 의정부, 육조, 외관, 승정원, 사헌부, 사간원, 경연 등의 역할을 상세하게 설명하고 있다. 여기서 도출된 결론은 조선조의 관료제는 합의형 조직구조의 모습을 띠고 있다는 것이다. 조선조의 정책결정과정을 충실하게 설명하고 있는 논문이라고 할 수 있다.

　세 번째로 거론할 수 있는 논문, "동양적 관료체제에 관한 비교연구: 조선조와 명조를 중심으로"〔《한국행정학보》27권 4호(1993)〕는 조선조와 명조는 다 같이 유교적 관료체제의 통치구조를 가지고 있었는데 여러 가지 면에서 차이가 있다는 것을 밝히고 있다. 우선 유가관료가 성립할 수 있는 사회경제적 배경, 유가관료의 진출과 권력점유율, 정책결정과정 등에서 현저한 차이가 있다는 것을 밝히고 있다. 여기서 밝히고 있는 것은 조선조의 관료제가 명조의 그것보다 훨씬 유교적 관료제의 본질에 가까웠다는 것이다. 중국의 관료제와 비교 연구하는 데 안내자의 역할을 할 수 있는 논문이다.

　박병련의 네 번째 논문은 "조선시대 '예송'의 정치행정적 함의"〔《정신문화연구》21권 2호(정신문화연구원, 1998)〕이다. 이 논문은 조선조시대 정치 및 행정과 '예'와의 관계를 체계적으로 밝혀보는 데 역점을 두고 있다. 조선조의 많은 사화나 당쟁이 '예송'의 문제와 얽혀있는 것을 생각하면 '예'라는 문제가 정치 및 행정과 어떤 상관구조를 갖고 있는가를 규명한다는 것은 중요한 일이라고 생각된다. 군왕이 지켜야 할 '예'는 사가의 것과 같아야 하는가 아니면 달라야 하는가는 왕권의 강화, 권력의 유지, 권력의 쟁취 등과 직결되는 문제이다. 정치 및 행정의 시각에서 '예'의 문제를 다루었다는 것은 주목할 만하다.

　이병갑은 조선조 16세기를 중심으로 조정의 정파들(동인, 서인, 남인, 북인, 노론, 소론 등)간의 대립 및 갈등양상에 대한 몇 가지 사례를 동일한 분석의 틀을 사용해서 분석하고 있다. 동일한 분석의 틀은 규범적 준거, 역할구조, 참여자, 환경으로 구성되어 있다. 즉, 각 정파는 지역적 환경, 사사한 스승, 이념적 가치, 관직의 상하에 동일한 사람들끼리 모여서 정파를 이루고 있다는 것이다. 이러한 분석의 틀로 다음의 세 편의 논문을 발표하고 있다.

첫 번째 논문이 "조선조의 정책과정에 있어서 이익갈등분석: 16세기 동인과 서인 간의 관계를 중심으로"[《한국행정학보》 26권 3호(1992)] 인데, 이 논문은 임진왜란시 일본의 침입가능성을 놓고 동인과 서인이 대립하는 것을 다루고 있다. 영남지역을 기반으로 퇴계와 남명 문인들은 일본의 침입가능성을 낮게 보고, 기호지방을 중심으로 율곡과 우계의 문인들은 침입가능성을 높게 보았던 것이다.

두 번째 논문은 "체제유지 정책과정에 있어서 붕당간의 이익갈등분석: 16세기 정파간의 관계를 중심으로"[《한국정치학회보》 29권 2호(1995)]인데 이 논문은 정여립의 역모사건 처리를 놓고 동인과 서인이 대립하는 것을 다루고 있다. 퇴계학파가 중심이 된 동인은 온건한 처리를 주장하였고, 율곡학파가 중심이 된 서인은 엄한 처벌을 주장하였다고 정리한다.

세 번째 논문은 "조선조 교육·문화 정책과정에 있어서 정파간의 이익갈등분석: 16세기 붕당간의 관계를 중심으로"[《행정논총》 42권 1호(2004)]이다. 이 논문은 경서번역과 문묘종향을 중심으로 동인과 서인, 북인 간의 대립 및 갈등을 다루고 있다. 이병갑의 상기의 논문들은 동일한 준거의 틀을 가지고, 정파간의 투쟁과 대립상황을 구체적인 사례를 들어 분석하고 있다는 것이 평가할 만하다.

오영석·최병옥의 "조선시대 자연자원 관리체계에 관한 연구"[《한국행정학보》 34권 1호(2000년 봄호)]는 경국대전을 비롯한 조선시대의 법전과 기존 문헌, 그리고 조선왕조실록에 수록된 자연자원 관련 사례들을 분석하여 조선시대 자연자원 관리체계를 사상, 조직 및 기능이라는 측면에서 논의하고 있다. 조선시대 자연자원관리를 담당하는 기관으로 공조, 병조, 예조, 한성부 그리고 지방관아를 들고 있다. 조선시대 자연자원관리는 군사적 목적과 실용적 이유에서뿐만 아니라 풍수지리적 이유에서도 다루어지고 있는데, 이는 조선시대의 유기적 자연관에서 연유한 것으로 지적한다.

이상엽의 "조선후기 지방행정에 있어서 이서의 역할과 부패유발요인"〔《한국행정학보》 36권 3호(2002년 가을호)〕은 이서집단의 부패원인을 이서 개인들의 탐학성 차원보다는 조선조 관료조직 및 지방행정조직의 구조적 모순의 차원에서 밝히고 있다. 부패의 유발요인으로서 ① 수령의 전문성 결여로 인한 이서의 실질적 영향력 증대, ② 녹봉문제와 이서집단의 백색부패, ③ 사회경제적 변화와 이서의 재량권 남용, ④ 정치 및 관료사회의 부패분위기와 이서의 인사행정 부패, ⑤ 상호견제장치와 감시체계의 문제, ⑥ 이서문제에 대한 개혁의지의 결핍 등을 들고 있다. 기존의 논의들을 잘 정리하고 있어 이 방면 연구에 참고가 될 만하다.

이달곤의 "역사적 맥락에서 본 중앙과 지방 간의 관계"〔《행정논총》 36권 1호(1998)〕는 조선시대부터 대한민국 6공화국 이후까지 중앙과 지방 간의 관계를 한눈으로 볼 수 있도록 간결하면서도 세련되게 설명하고 있어 이 방면에 관심을 가진 사람들에게 긴요하게 편의와 도움을 주는 글이다. 뚜렷한 분석의 틀이 있는 것도 아니고 논의의 전개에 새로운 것이 발견되는 것도 아니지만 중앙과 지방 간의 관계에 대해서 역사적인 시각에서 이만큼 정리해 놓은 글도 없는 것 같다.

김운태는 한국행정의 근대화 100년을 세 편의 논문으로 나누어 논술하고 있다. 제1편이 "한국행정 근대화 100년의 회고: 한말 개화기를 중심으로"〔《한국행정학보》 34권 1호(2000년 봄호)〕이다. 이 논문은 한말 개화기 30여 년간의 행정의 변천사를 살펴보고 있다. 이 시기의 행정사는 한국 특유의 정치적 배경과 역사·문화적 변동의 영향을 받아 외부의 타율적 압력과 내부의 자율적인 힘의 작용이 교차하면서 변혁과정을 치러온 시련의 역사였다고 할 수 있다. 따라서 행정조직의 변혁과정에서도 외래적인 요인과 전통적인 요인이 다양하게 혼합되고 있음을 알 수 있다. 이 논문에서 다루어진 주요 변천과정을 보면 통리기무아문의 설치와 개편 및 감생청의 개혁안, 갑신정변과 행정의 근대화, 갑오경장시의 행정개혁, 독립협회와 근대화 문제들이다.

제2편이 "한국행정의 근대화 100년의 회고: 일제식민지배하의 행정 왜곡기를 중심으로"〔《한국행정학보》(2000년 가을호)〕이다. 이 논문은 1905∼45년의 일제 강점기하의 통감부와 총독부를 중심으로 논술하고 있다. 이 시기의 관료제는 지배체제의 특성상 정치와 행정이 통합되고, 한민족의 행정참여는 극히 제약된 채 일본인이 행정직을 거의 독점하는 직접통치방식을 취하고 있다. 이 무렵의 행정은 식민통치를 위한 행정이었지만 기구가 증설되고 전문화되는 변혁과정을 밟게 된다.

제3편은 "한국행정 근대화 100년의 회고: 미군정의 과도기를 중심으로"〔《한국행정학보》 35권 2호(2001년 여름호)〕이다. 이 논문은 한국 현대사의 시발이며 건국의 초석이 된 미군정기를 정치 및 행정의 시각에서 긍정적 측면과 부정적 측면으로 나누어 심도있게 고찰하고 있다. 긍정적 측면을 보면 경제적으로는 시장경제를 토대로 자본주의 질서를 다지고, 정치적으로는 미국식 입헌주의제도를 한국에 이식함으로써 자유민주주의 질서를 확립할 터전을 구축한 것이다. 아울러 정부기구는 분권화, 민주화, 전문화되는 근대적 조직구조를 갖추게 되었다. 부정적 측면으로는 선진국 제도를 무비판적으로 받아들여 현실괴리로 인한 형식주의와 파벌주의를 심화시키고 그 충격으로 전통문화의 왜곡과 가치체계의 혼란을 야기하고 새로운 부패의 창궐을 가져오게 되었다는 것이다. 과도정부를 연구하는 데 크게 도움이 되는 글이다.

한승연, "간접행정지도에 관한 역사적 연구"〔《한국행정학보》 38권 5호(2004)〕는 간접행정지도에 관한 연구가 빈약한 상태에서 크게 계몽적인 역할을 한 논문이다. 이 논문에서는 간접행정지도가 무엇이고, 그것의 특성, 목적, 기능, 방식 등은 어떤 것인지에 대해 간명하게 소개하고 있다. 또한 이러한 간접지도방식이 역사적으로 일제시대와 대한민국시대에 들어와서 어떻게 변천되었는가를 면밀하게 분석하고 있다. 시대구분에 따라 그 공통점과 차이점을 밝혀낸다. 이 방면 최초의 연구로서 앞으로 이 방면 연구에 초석이 될 수 있는 논문이다.

4. 행정문화 분야

1) 저서 편

행정문화에 대한 연구논문들은 적지 않게 발표되었지만 단행본으로
나온 책은 백완기의 《한국의 행정문화》(고려대 출판부, 1982)이다. 이
책은 한국관료들의 가치관을 권위주의, 가족주의, 운명주의, 정적인
간주의, 의식주의, 비물질주의 등 여섯 가지 차원으로 나누고 이러한
가치관들이 행정행태에 어떠한 영향을 주는가를 분석하고 아울러 이러
한 가치관의 변화에 영향을 주는 변수들을 선정해서 분석하고 있다.
한국의 행정문화를 본격적으로 다룬 창의성을 지닌 연구서이다.

백완기는 계속해서 문화에 관심을 가지면서 《민주주의 문화론: 생
활양식으로서의 민주주의》(나남출판, 1994)를 내놓는다. 이 책은 민주
주의를 자생적 질서로 정착화시키려면 이념이나 제도적 접근보다는 삶
의 양식인 문화론적 접근을 해야 한다고 주장하면서 자유, 평등, 권
력, 질서, 엘리트, 개인주의, 이해관계, 시민사회, 물리적 힘, 행정
등을 문화의 시각에서 분석하고 있다. 같은 자유나 평등이지만 이데올
로기로 접근할 때와 문화로서 접근할 때에는 그 내용이 전혀 다르다는
것을 철저히 규명하고 있다. 민주주의 연구에 새로운 시도라는 점에서
계몽적이요 창의적인 작품이라고 할 수 있다.

이어서 백완기는 《성경과 민주주의: 삶의 양식으로서의 문화론적
접근》(예영커뮤니케이션, 1999)을 내놓는다. 이 책은 성경의 내용들이
삶의 양식을 통해서 민주주의를 질서로 승화시키는 데 어떻게 영향을
주는가를 앞서 발표한 '민주주의 문화론'의 시각에서 심도있게 분석하
고 있다. 백완기·신유근 외, 《문화와 국가경쟁력》(박영사, 1996)은 비

단 행정이나 기업경영뿐만 아니라 사회 여러 분야에서 어떤 문화를 가져야 국가가 경쟁력을 갖게 되는가를 탐색한 글들로 구성된 책이다. 경쟁력이 있는 문화연구에 많은 참고가 될 수 있는 연구서이다.

이문영의 《인간·종교·국가》(나남출판, 2001)는 마르틴 루터의 종교개혁을 토대로 한 청교도 정신과 미국행정을 심도있게 분석한 철학적 연구서이다. 오늘의 미국행정의 뿌리요 바탕의 역할을 한 철학이 청교도 정신이라는 것을 밝히고 있다.

조경호, 《전환기의 공무원 가치관》(집문당, 1997)은 공무원의 가치관을 세계화, 민주주의, 공직관, 사회관의 4개의 큰 범주로 나누고 다시 세분해서 여러 가지 차원에서 공무원들의 가치관을 조사 및 분석하고 있다. 공무원의 의식구조와 가치관 연구에 벽돌을 하나 쌓는 역할을 하였다고 볼 수 있다.

박종민 편, 《정책과 제도의 문화적 분석》(박영사, 2002)은 문화에 관심을 가진 젊은 학자들의 글을 모아 놓은 연구서이다. 현재 우리가 당면하는 행정상의 문제들, 예컨대 신자유주의식 정부개혁, 여성차별, 정책갈등, 조직특성, 시민단체 등이 문화의 시각에서 분석된다. 이 저작도 문화이론의 작업에 페이지 하나를 보탰다고 하겠다.

조무성의 《한국행정인은 누구인가》(고려대 출판부, 2002)는 우선 양적으로 500쪽이 넘는 방대한 저작이다. 이 책은 공직자의 성격과 공직문화를 분석하고 이를 토대로 해서 개혁의 당위성과 가능성을 탐색하고 있다. 또한 이에 대한 모범사례들을 들어 분석하고 있다. 행정인의 분석모형이 세분화되고 있는데 이는 보다 자세한 분석을 위한 노력의 흔적이라고 할 수 있다. 한국행정인에 대한 심도있는 분석으로서 이 방면 연구에 초석의 역할을 할 것이고, 나아가서 삶의 질을 추구하는 생활행정학의 확립에 크게 기여할 것이다. 창의성이 있는 연구서이다.

김영평·정인화의《유교문화의 두 모습》(고려대 아연출판부, 2004)은 이 방면 연구에 새로운 벽돌을 하나 더 쌓은 작품이라고 할 수 있다. 여기서는 우선 아시아적 가치라고 할 수 있는 유교문화의 정체성을 밝히는 데 노력을 기울였고, 다음에는 이러한 문화들이 한국과 중국의 공무원들 사이에 어떻게 내면화되고 있는가를 실증적 조사를 통해서 밝혀내고 있다. 여기서 나타난 재미있는 발견은 한국이나 중국이다 같이 유교권 문화임에도 공무원들의 의식구조나 가치선호 등에서 드러나는 문화는 판이하게 다르다는 것이다. 물론 유사성도 발견되지만 차이점이 훨씬 크게 나타난다. 정성스럽게 씌어진 작품이며, 비교행정 분야에서도 크게 참고가 될 만한 연구서라고 할 수 있다. 자료적 가치가 높은 연구서이다.

조석준의《한국행정과 조직문화》(대영문화사, 2004)는 오늘의 한국행정의 실상을 설명하고 있는데, 그 뿌리를 한국의 전통적인 '마을'에서 찾고 있다. 마을 속의 여러 가지 내용들이 오늘의 행정내용에 어떻게 연결되고 반영되고 있는가를 살피고 있는 것이다. 저자는 주로 문화인류학적 자료와 민속학적 자료에 의존하여 한국의 전통적인 문화와 생활습관을 자상하게 추적하고 있다. 지역공동체로서의 '마을'의 구조들, 예컨대 가족, 가치관, 사회적 구조, 물리적 구조, 자발적 조직 등이 오늘의 행정내용에 어떻게 영향을 주고 있는가를 탐색한다. 마을구조와 행정을 연결하는 데 있어 무리한 설명과 논리의 비약이 엿보이는 것은 사실이지만, 그 발상이 참신하고, 진지한 자세로 접근하였다는 점에서 한국의 행정문화를 밝히는 데 적지 않은 보탬이 되는 작품이다. 창의적인 발상을 지닌 연구서라고 할 수 있다.

2) 논문 편

행정문화 분야에서 기억할 만한 논문들을 살펴보기로 한다. 김봉식
의 "한국인의 사고방식을 통해 본 한국행정문화"〔《한국행정학보》 2권
(1968)〕는 행정학 연구에 최초로 행정문화라는 개념을 사용하여 행정
현상을 분석하고 있다는 점에서 기억할 만한 논문이다. 김봉식은 한국
행정문화의 요소로서 다섯 가지를 들고 있는데, 권위주의, 족벌주의,
무사안일주의, 형식주의, 기분주의가 이것들이다. 이 논문은 심도있
는 분석은 아니지만 앞에서 이야기한 대로 최초로 행정문화라는 개념
을 사용해서 한국의 행정현상을 설명하는 데 길잡이 역할을 하였다는
점에서 기억할 만한 논문이다.

백완기의 "한국행정의 근대화에 대한 문화심리학적 접근법"〔《한국행
정학보》 9권 (1975)〕은 한국의 행정문화를 본격적으로 다룬 논문이라고
할 수 있다. 백완기는 행정문화를 여섯 가지의 차원으로 분류하면서
설명하고 있다. 그 여섯 가지는 권위주의, 운명주의, 가족주의, 정적
인간주의, 의식주의, 비물질주의로 이러한 요소들이 행정행태에 어떠
한 영향을 주는지를 체계적으로 분석한다. 이어서 백완기의 "한국의
행정문화: 의식주의를 중심으로"〔《한국행정학보》 12권 (1978)〕는 의식,
형식, 체면 등이 행정에 어떠한 영향을 주는가를 다각도에서 깊이 있
게 분석하고 있다. 특히 의식과 체면이 중시될 때에 힘의 동원력이 어
느 정도로 나타나는가를 벡터 (vector) 라는 개념을 사용해서 산출하고
있다. 백완기의 "사실정향주의적 행정문화"〔《한국행정연구》 9권 2호
(2000)〕는 21세기 한국행정이 지향해야 할 행정문화로 사실정향적
(fact-oriented) 행정문화를 들고 이러한 문화가 보편화되어야만 행정은
권력성, 지배성, 폐쇄성, 비밀성, 부패성, 탁상성, 인치주의에서 벗
어나서 합리성, 객관성, 공정성, 공개성, 투명성, 현장성, 개방성,

법치주의를 지향할 수 있다고 설득력 있게 설명하고 있다.

심익섭의 "유럽 제국의 행정문화에 대한 비교고찰"〔《한국행정학보》22권 2호(1988)〕은 유럽 선진 제국들인 영국, 프랑스, 서독, 이탈리아, 스웨덴의 행정문화를 소개하고 있다는 점에서 우선 계몽성을 지닌다. 국제적인 횡단연구를 통해서 각국의 사회적 정향을 추적하고, '국가적 프로그램'에 대한 비교 연구를 통해 각국 행정문화의 특성을 밝혔다는 점에서 관심을 끌 만하다. 그러나 논의의 전개가 정연하지 않고 분석이 정밀하지 않은 약점을 지니고 있는 논문이다. 문화횡단적 연구를 하는 데 충분히 참고가 될 만한 작품이다.

정동근의 "관료주의적 행태의 형성경로"〔《한국행정학보》23권 1호(1989)〕는 한국관료주의를 형식주의, 권위주의, 분파주의 및 보수주의로 나누고, 이러한 행태를 유발하는 여러 독립변수(개인적 배경) 및 매개변수(성향)를 추적하여 그 관계를 통계분석을 통해서 규명하고 있다. 개인적 배경변수들이 어떠한 성향으로 인도하고 여기서 어떠한 관료적 행태를 유발시키는가를 규명하고자 하는 논문으로서, 참고할 만한 연구이다.

김만기의 "정보공개와 한국의 행정문화"〔《한국행정학보》24권 2호(1990)〕는 정보공개가 정착됨으로써 한국의 행정문화는 어떠한 모습으로 변화되어 가는가를 추적하고 있다. 정보공개를 위해 공무원에게 요구되는 행정문화는 공개의식, 유리창행정, 투명행정이고, 국민에게 요구되는 것은 통제의식, 참여의식, 참여문화라고 주장한다. 정보화가 정착되어 가는 동안의 행정문화의 변화모습을 탐색하고 있다.

이대희의 "유교식 행정문화에 대한 새로운 해석"〔《한국행정학보》25

권 2호(1991)〕은 유교식 행정문화의 긍정적 측면을 이론적인 면에서 탐색해 보려는 논문이다. 보통 전통적 행정문화를 옹호하는 사람들은 막연히 또는 빈약한 이론적인 근거하에 자기들의 주장을 내세우기가 일쑤인데, 이 논문의 필자는 여기에 대해 이론적인 차원에서 탐색해 보고자 하였다. 이대희는 기존의 유교식 행정문화에 대한 부정적 이론들을 네 가지 범주로 분류하고 여기에 대해서 비판적 메스를 가한다. 또한 유교문화의 긍정적인 측면으로 격물치지의 정신, 가족의 질서, 권위의 중시, 수신 이후 치인, 실리주의를 들고 있으나 이에 대한 분석의 설득력이 약하다. 그러나 이론적인 면에서 시도했다는 점에서 차후의 연구에 참고가 될 수 있는 글이다.

황성돈의 "한국 관료문화와 이의 유교적 뿌리에 관한 성격 재조명" 〔《한국행정연구》 2권 4호(1993)〕은 기존의 행정문화 연구에 도전을 하고 있다는 점에서 주목을 끌 만하다. 황성돈은 기존의 연구는 한국의 행정문화에 대해서 부정적인 시각에서만 논의를 전개하고 있는데, 여기에는 여러 가지 문제점이 있다고 지적하면서 실증적인 연구를 통해서 이를 논박하고 있다. 여기서 주목을 끄는 몇 가지 발견사항을 보면 첫째, 기존의 연구에서는 한국행정문화의 지배적인 유형이라고 지적된 권위주의, 운명주의, 온정주의, 형식주의, 향리적 가족주의가 많이 퇴색하였다는 것이다. 동시에 베버식 서구의 합리주의 문화가 한국 관료들에게 상당히 내재화되어 있다는 것이다. 둘째로, 부정적인 한국 관료문화의 주된 책임을 유교의 가르침으로 귀인시키는데, 이것은 잘못되었다는 것이다. 다시 말해서 유교의 가르침과 한국 관료들의 행태와는 별로 관계가 없다는 것이다. 세 번째로 유교의 가르침에도 경제성장이나 정치 및 행정의 민주화에 '정부에 대한 국민의 신뢰 중시', '공직자의 대국민 솔선수범', '배움과 인격수양의 강조', '의로움의 강조', '근면 및 절약정신', '정직함의 강조', '실천적 행동주의' 등 긍정적인 요소가 많다는 것이다. 문제의식이 명확하고 그에 대한 고뇌의 흔적은 역력하나 깊은 분석을 거치지 않은 결론을 도출하고 있다는 한계가 보인다.

정성호의 "한국행정연구에 있어 문화심리적 접근의 평가"〔《한국행정학보》 25권 3호(1991)〕는 기존의 문화심리학적 연구들을 일일이 세밀하게 검토하면서 그 한계를 지적하고 있다는 점에서 주의를 끈다. 이 논문에서 주장한 것들을 살펴보면, 우선 기존의 문화심리학적 접근의 출발점이 서구화에 대한 좌절과 근대화적 발전관인데, 바로 이 출발점부터 문제가 있다는 것이다. 두 번째로 이러한 접근방법은 처방성이 약하다는 것이다. 세 번째는 문화와 행태 간의 설명이 과학적 논리성이 약하다는 것이다. 기존의 문화심리학적 연구는 우리 행정을 서구 근대화 시각에서 접근 분석하고 있다는 비판적 지적은 깊이 새겨둘 만하다.

박천오의 논문, "한국 행정문화 연구의 방향과 과제"〔《한국행정학보》 26권 1호(1992년 봄호)〕는 기존의 행정문화에 대한 연구가 전통적 행정문화의 속성들과 이것들과 연결된 행정행태의 역기능적 측면을 밝히는 데 치중한 나머지 다음과 같은 문제점을 지니고 있음을 지적한다. 첫째, 행정문화의 개념을 지나치게 광의로 파악하고 있다. 둘째, 한국사회의 구조적 변화가 전통적 행정문화의 변화에 미치고 있는 영향에 대한 경험적 연구가 부족하다. 셋째, 전통적 행정문화를 문제 삼으면서도 거시적 맥락에서 그 전환의 기본방향을 제시하지 못하고 있다. 넷째, 행정문화의 구체적 전환에 대한 검토가 미흡하다. 이러한 이유로 행정문화의 연구가 일정수준을 넘지 못했음을 지적하면서 다음과 같은 연구의 방향을 제시하고 있다. 첫째, 행정문화의 연구대상은 협의의 행정문화, 즉 관료문화가 되어야 한다. 둘째, 바람직한 행정문

화가 이론화되어야 하고, 그 준거는 한국의 행정현실과 지배적 행정이
념에서 찾아야 한다. 셋째, 행정문화 전환의 실현가능성에 대한 체계
적 연구·분석이 필요하다. 넷째, 조직문화를 연구의 출발점으로 하
여 행정체제 전체의 수준으로 올라가는 상향적 접근이 필요하다는 것
등 연구의 방향을 제시하고 있다. 이 방면 연구자들이 새겨둘 만한 처
방이라고 생각한다.

행정문화 분야에서 가장 활발하게 논문을 발표하는 학자가 김호정
이다. 김호정은 여러 학술지를 통해 계속해서 수많은 논문들을 발표하
였는데 그 중에서 몇 편만 골라서 살펴보기로 한다. 첫 번째 논문이
"한국 관료행태의 결정요인: 복지부동의 원인"〔《한국행정학보》 28권 4
호(1994년 겨울호)〕이다. 이 논문은 한국 관료들의 복지부동의 원인을
실증조사를 통해서 심도있게 다루고 있다. 그 요인을 문화적 요인과
제도적 요인으로 나누어 추적한다. 여기서 의미 있는 발견은 문화적
요인(가족주의, 형식주의, 정의주의)과 제도적 요인(집권화, 공식화, 적
당주의 풍토, 처벌 위주의 감사제도)이 다 같이 복지부동에 영향을 주는
데, 제도적 요인이 문화적 요인보다 2배 내지 3배로 강하다는 것이다.
여기서 복지부동의 근본적 치료는 제도의 개선에 두어야 한다는 것을
함축하고 있다.

두 번째의 논문은 "한국의 공무원과 기업체 직원의 무사안일행태 비
교"〔《한국행정학보》 제 30권 3호(1996년 가을호)〕이다. 이 논문 역시
공무원과 기업체 직원을 대상으로 실증조사를 통해 무사안일의 원인을
규명하고 있다. 여기서 중요한 발견은 공무원이 기업체 직원보다 더욱
무사안일에 빠져 있는데 그 원인으로 목표의 복잡성과 성과기준의 모
호성, 보상과 동기부여의 미흡, 외부통제, 엄격한 내부통제, 모험의
기피, 신분보장 등을 들고 있다. 행정은 그 특유의 성격상 기업에 비

해서 비능률적이고 무사안일성을 띨 수밖에 없다고 결론짓는다.

세 번째 논문은 "한국 행정문화 연구와 경쟁가치모형"〔《한국정책학회
보》 11권 3호(2002)〕이다. 이 논문은 기존의 행정문화 연구가 근대화
론에 입각해서 연구되었는데 여기서 벗어나기 위해서는 새로운 대안이
필요함을 지적한다. 적절한 지적이라고 아니할 수 없다. 여기서 제시
되는 대안이 경쟁가치모형이다. 경쟁가치모형의 시발 연구자들은
Quinn, Cameron, Spreitzer 등의 외국학자들이며, 경쟁가치모형을
최초로 조직문화에 응용해서 연구한 사람은 Quinn & Kimberly이다.
김호정은 한국공무원들을 대상으로 조사해서 이 모델의 신뢰도와 타당
도를 입증하고 있다. 경쟁가치모형을 이용해서 저술한 그의 논문이 바
로 "행정조직문화가 조직몰입과 직무만족에 미치는 영향"〔《한국행정학
보》 36권 4호(2002년 겨울호)〕이다. 이 논문은 경쟁가치모형을 이용해
서 부산광역시 15개 전 구청을 대상으로 조직문화와 조직효과성의 관
계를 규명하고 있다. 행정문화 분야에서 새로운 연구를 시도하였다는
점에서 높이 살 만하다.

사공영호, "가부장적 행정문화 속에서의 규제기관 및 관료의 포획현
상 연구"〔《한국행정학보》 32권 2호(1998년 여름호)〕는 기존의 포획이론
은 한국의 규제기관 및 관료의 포획현상을 설명하는 데 한계가 있다는
것을 지적하고, 한국의 지배적인 포획현상을 가부장적 행정문화를 동
원해서 설명하고 있다. 가부장적 행정문화 속에서는 규제기관이나 관
료가 친기업화 성향을 갖게 되어 기업에 유리한 규제정책을 만들어 스
스로 포획현상을 유발하고 촉진한다는 것이다. 이러한 가부장적 행정
문화 속에서는 규제기관이 특정 소수집단의 이익을 챙겨주다 보니 공
정한 집행능력을 상실함으로써 다수의 이익이나 공익을 간과해 버릴
가능성이 높다는 것이다. 우리 사회에서 1980년대 이후로 반복하면서

일어나는 산업부실화는 이러한 가부장적 행정문화의 산물이라는 것이다. 분석의 시각이나 논의의 전개가 천착적이고 창의적이다.

박통희의 "신뢰의 개념에 대한 비판적 검토와 재구성"〔《한국행정학보》 33권 2호(1999)〕은 기존의 개념들을 비판적으로 검토함으로써 개념의 혼란성을 정리하고 필자의 입장에서 개념의 재구성을 시도하고 있다. 논의전개가 명료하여 신뢰를 연구하는 데 큰 도움을 줄 수 있는 계몽성을 지닌 논문이다. 이어서 박통희·원숙연의 "조직구성원간의 신뢰와 '연줄': 사회적 범주화를 중심으로"〔《한국행정학보》 34권 2호(2000)〕는 신뢰에 대한 '연줄'의 동태적 영향력을 이론적으로 밝혀보려고 하는 데 의의를 지니고 있다. 조직구성원 사이에서 연줄이 신뢰를 높이는 데 큰 작용을 한다는 명제를 확인시켜 준다. 박통희, "가족주의 개념의 분할과 경험적 검토"〔《가족과 문화》 제 16집 2호(한국가족학회, 2004)〕는 기존의 가족주의에 대한 연구논문들을 정밀하게 검토하면서 가족주의 개념의 분할을 제창하고 있다. 가족주의는 복합적이고 이질적인 요소들을 내포하고 있어 동질성을 띤 것들을 세 그룹으로 나누어 연구하는 것이 가능하다고 본다. 즉, 가족의 결속을 강조하는 가족정서주의, 가족의 우선성을 강조하는 가족이기주의, 가족의 경계를 넘는 의사가족주의로 분할해서 검토할 때에 가족주의의 진면목을 보다 정확하게 파악할 수 있다는 것이다. 가족주의 연구를 한 걸음 앞당긴 논문이라고 할 수 있다.

박통희의 또 다른 논문, "정, 가족주의 그리고 대인간 신뢰: 한국 중앙정부의 사례"〔《한국행정학보》 38권 6호(2004.12)〕는 한국 행정문화에서 핵심의 개념이라고 할 수 있는 정을 보다 본격적이면서도 심층적으로 다루고 있다는 점에서 거론할 만하다. 우선 이 논문은 정의 개념을 정립하고, 그 생성준거로서 개인적 연계를 살피고 있다. 분석의 결과 혈연과 학연은 여전히 정을 강력하게 매개하는 준거임이 밝혀지고 있으나 지연은 현저하게 약화되고 있음이 나타난다. 반면에 직장에서 맺어지고 있는 연계가 정의 중요한 준거로서 밝혀진다. 한편 정은 대인간 신뢰에 매우 강력한 영향을 끼치고 있는 것이 밝혀지고 있다. 또 하나의 중요한 발견은 일반적으로 추론된 것과는 달리 혈연, 학연, 직장연으로 생성된 특정신뢰가 일반신뢰를 저해할 가능성이 없다는 것이다. 행정문화 연구에 또 하나의 중요한 발판을 간 논문이라고 할 수 있다.

원숙연의 "부하에 대한 상관의 신뢰의 영향요인: 상관의 지역주의 성향을 중심으로"〔《한국행정학보》 35권 1호(2001년 봄호)〕는 954명의 중앙공무원을 대상으로 부하에 대한 상관의 신뢰를 분석단위로 하여 상관의 지역주의가 어떠한 경로로 부하에 대한 신뢰로 작용하는가를 분석하고 있다. 연구결과, 상관의 지역주의는 출신지역이 다른 부하에 대한 굴절된 평가와 왜곡된 신뢰로 이어진다는 것이 나타났다. 관료사회에서 아직도 상하간의 신뢰에 지역주의가 작용하고 있다는 것을 밝히고 있는 논문이다.

박종민, "온정주의 정치문화와 권위주의 통치의 정당성"〔《한국정치학회보》 30집 3호(1996년 가을호)〕은 문화와 체제 간의 관계를 실증적인 조사를 통해서 규명하고 있다는 점에서 관심을 끄는 논문이다. 권위주의 문화 속에서 권위주의 체제가 탄생하기 마련이라고 많은 사람들이 쉽게 생각한다. 그러나 반드시 권위주의 문화 속에서 권위주의 체제가 탄생한다는 보장은 없다. 문화와 체제 간의 관계는 일치할 수도 있고, 일치하지 않을 수도 있다. 국가와 국민 간의 관계는 부모와 자식 간의 관계와 같다고 생각하는 온정주의적 문화를 가진 사람들도 정부에 대한 비판에 대해서는 68%가 긍정적으로 받아들인다. 아울러 정부의 지도적 역할에 대해서도 역시 68%가 부정적으로 생각한다. 그런데 여기서 중요한 발견은 온정주의자들이 반온정주의자들보다는 권위주의 체제에 대해서 더욱 우호적이라는 것이다. 여기서 이 논문은 문화와 체제 간의 관계는 일치의 성향이 있다는 것을 밝혀준다.

박종민·왕재선의 "큰 정부 대 작은 정부: 문화론적 설명"〔《한국행정학보》38권 4호(2004)〕은 정부의 규모와 역할을 결정하는 인자로서 정치이념적 요인, 사회구조적 요인 및 문화적 요인을 들면서, 이러한 요인들과 정부의 크기와의 관계를 실증적으로 분석하고 있다. 여기서 얻은 발견은 정부의 크기는 정치 이념적 요인이나 사회구조적 요인보다 문화적 요인에 의해서 결정되는 경우가 많다는 것이다. 논의의 전개나 방법론상에 논박의 여지가 적지 않으나 행정학에서 중요한 이슈의 하나인 공공영역의 규모문제가 문화론적인 시각에서 깔끔하게 다루어졌다는 점에서 기억될 만한 연구라고 할 수 있다.

곽현근, "자기효능감에 미치는 동네효과에 관한 탐색적 연구"〔《한국행정학보》38권 6호(2004.12)〕는 대전광역시 16개의 동네를 샘플로 선정해서 동네의 사회경제적 환경이 개인수준의 사회경제적 지위와는 독립적으로 개인의 효능감에 강하게 영향을 미치고 있다는 것을 밝히고 있다. 빈곤동네에 사는 사람들에게는 자기효능감이 낮게 나타나고, 동네무질서는 개인의 자기효능감 또한 낮게 만들고 있음을 보여준다. 이 논문은 한 개인이 어떤 동네에 사는가에 따라 사람들의 자신감과 효능감이 달라진다는 것을 확인시켜 준다. 논의전개가 치밀하고 응집력이 강한 논문이다. 행정문화 연구에 새로움을 던져 주는 창의적 발상의 논문이라고 할 수 있다.

제 12 장

한국의 행정학과 행정현상

한국의 행정학이 한국의 행정현상을 얼마나 적절하게 설명하고 있
는가의 문제, 다시 말해 한국의 행정학이 한국의 행정현상에 얼마나
가까이 가고 있느냐의 문제는 모든 행정학도들에게 크나큰 관심사가
아닐 수 없다. 현재의 진단으로는 한국의 행정학이 지난 50년 동안 줄
기차게 행정현상을 향해서 다가갔었다. 여기서 다가간다는 말은 한국
의 행정학이 한국의 행정현상을 제대로 설명하지는 못해도 어느 정도
는 설명력을 키워가고 있다는 것을 의미한다. 1950년대와 1960년대의
한국의 행정학은 미국의 행정학을 도입해서 배우는 시기였다. 따라서
이 당시의 한국의 행정학과 행정현상은 서로 떨어져 따로따로 노는 형
국이었다. 그러나 1970년대를 거치면서 '국적이 없는 학문'이니 '내용
과 설명능력이 없는 학문'이니 '허구성으로 가득 찬 학문'이니 하는 자
탄과 자성의 패배의식의 소리에서 '자아준거적 이론의 개발'이니 '사회
과학의 토착화'니 '한국적 이론의 탐색'이니 '학문의 자주성 확립'이니
하는 보다 적극적이고 진취적 자세로의 전환의 계기를 맞게 되었다.
한국행정학의 발달 및 성숙화 과정을 잠깐 살펴보기로 한다.

1. 성숙화의 과정

1) 한국문제의 주제 선정

주제의 선정 면에서 서서히 한국적인 냄새를 풍기기 시작하였다. 다시 말해서 연구의 주제가 외국이론이나 제도의 소개에 머물던 행정학이 1980년대를 전후로 해서 한국의 행정문제로 눈을 돌리기 시작했다. 한국의 행정문제가 한국의 행정학자들에 의해서 공격의 대상이 되고 해결의 실마리를 찾게 되었다는 것이다. 공격과 분석과 처방의 수준이 어느 정도의 깊이를 지녔는지는 우선 제쳐놓더라도 이러한 주제선정의 변화는 한국행정학이 한국의 행정현상으로 달려가는 결정적인 계기가 되었던 것이다.

2) 행정수요에의 순응

한국의 행정학은 행정의 현실적 수요를 인식하고 이를 토대로 해서 연구를 계속하여 왔다. 1970년대에는 발전행정에, 1980년대에는 정책학에, 1990년대에는 지방행정에 연구가 편향되는 경향을 띠었다. 이것은 행정학의 응용성이라는 속성에서 당연한 현상이었다. 물론 이러한 현실적인 수요에 치우칠 때에 보다 근본적인 문제들이 뒷전으로 물러나게 되는 어두운 현상도 나타나게 된다.

3) 방법론상의 세련화 및 접근방법의 다양화

방법론과 접근방법 면에서 살펴보면 초기에는 서술적인 논의나 설명이 연구방법의 주류를 이루었고 통계를 써도 단순통계의 사용에 그쳤으나, 시간이 흐르면서 자료분석에 세련된 여러 가지 통계기법들이

동원되어 논문의 체제나 모양새가 세련되어지고 분석수준이 높아졌
다. 그런데 통계기법들을 이용한 실증조사의 연구물이 학회지나 학술
지에서 선호의 대상이 되다 보니 이러한 방법론상의 하자가 없는 논문
들이 등재논문들의 주류를 이루어 이른바 '빛 좋은 개살구' 식의 논문
들이 범람하게 될 위험성을 갖게 되었다. 현재 한국 행정학계가 이러
한 상황에 처해있다고 할 수 있다.

접근방법에서도 새로운 접근방법들, 그 중 우선 질적인 접근방법으
로서 포스트모더니즘적 접근과 현상학적 접근방법들이 행정문제를 다
루어 설명하고 있다. 그리고 수식을 이용한 접근방법들이 많이 소개되
고 실제분석에도 이용되고 있는데, 공공선택이론, 게임이론, 대리인
이론, 지대추구이론, 비용편익분석이론 등이 그러한 예이다. 적지 않
은 학자들이 행정현상을 수식으로 접근하고 설명하고 있으며 대표적인
사람은 김상헌이다. 김상헌은 연구의 모든 주제를 수식으로 설명하는
한국행정학계의 특이한 존재인데 이러한 접근방법은 지나치게 현상을
단순화시킴으로써 주요 논점을 놓쳐버릴 위험성은 있지만 행정학 연구
의 이론적 수준을 높이는 데 한몫을 단단히 하고 있다고 할 수 있다.
이러한 수식사용의 입장과는 정반대의 입장에서 행정연구를 시도하는
사람들이 있는데 그 대표적인 인물이 윤견수이다. 그는 이야기식(*story
telling*)으로 행정문제를 심도있게 설명하고 있다. 이러한 다양하고 다
채로운 접근방법들이 행정현상의 연구에 동원될 때에 행정학의 학문성
은 더욱 격상된다.

4) 이론과 지식의 축적 현상

행정학에서 이론과 지식의 축적이 서서히 일어나고 있다. 학문으로
서 자리잡고 정착화되려면 이론과 지식이 축적되는 과정을 밟아야 한
다. 이론과 지식의 축적과정은 여러 가지 모습과 형태로 나타난다. 기

존의 이론에 대한 정당성의 확인에서 지식의 축적이 일어나는 것은 말할 것도 없지만, 기존의 이론에 대한 반론과 논박에서도 지식의 축적은 일어난다. 학문은 주장과 반론의 논쟁 속에서 더욱 다져지기 때문이다. 위에서 설명한 접근방법의 다원화도 지식의 축적에 크게 기여한다. 그간에 발표된 논문들을 추적해 볼 때에 동일한 주제를 가지고 비슷한 결론이 나오는 경우도 많지만, 서로 상반되는 결론이 나오는 경우도 적지 않았다. 모두가 다 지식의 축적에 기여하고 있다. 예컨대 행정문화의 연구, 기관평가의 문제, 공공서비스의 민간위탁에 대한 평가문제, 성과급제에 대한 평가 등에서 상이한 결론들이 나오는데 이러한 상이한 결론은 행정학의 학문성을 높이는 데 기여하게 된다.

5) 논문 중심의 연구

연구물이 교과서 중심에서 논문 중심으로 나타나고 있다. 한국의 행정학계는 교과서가 많기로 이름나 있다. 행정학의 모국인 미국보다 교과서의 수가 훨씬 많다. 어느 사회나 교과서는 학문의 수준을 측정하는 데 전혀 고려의 대상이 되지 않는다. 연구서와 학술지에 등재된 논문만이 학문수준을 결정하는 인자가 된다. 그런데 우리 행정학계에는 진솔한 연구서가 많지 않다. 그러나 다행히 1980년대를 지나 1990년대에 들어서면서 학술논문이 연구물의 주류를 이루게 되었다. 여기에는 이유가 있다. 각 대학에서 충원이나 승진 및 승급시에 연구실적물로 학술지에 등재된 논문을 요구하였기 때문이다. 여기에 교수요원이나 교수들은 있는 힘을 다해서 논문을 준비하고 이러한 논문들은 엄격한 심사를 거쳐 등재의 길을 얻었다. 여기서 자연히 논문 중심의 풍토로 변화되었던 것이다. 그런데 앞에서도 지적한 바 있지만 심사제도가 논문의 주제의 의미성, 내용, 논점 등 질적 측면보다는 방법론상의 하자여부에 치우치게 되면 알맹이 없는 풍요 속의 빈곤현상이 나타날 수 있는 것이다. 필자 역시 이 작업을 하면서 몸소 체험한 바 있다.

6) 학자들의 분산화

행정학을 진지한 자세에서 연구하는 사람들이 적지 않다. 필자가 이 작업을 하면서 어림잡아 헤아렸을 때, 30여 명의 교수들은 진솔한 자세로 연구에 심혈을 기울이고 있다는 느낌을 갖게 되었다. 그런데 더욱 다행스러운 것은 이러한 진지한 사람들이 대학별로, 지역별로 골고루 흩어져 있다는 것이다. 특히 고무적인 것은 진지한 자세로 연구한 젊은 학자들이 지방대학에 적지 않게 포진하고 있다는 것이다. 여기서 우리 행정학계는 밝은 미래를 가지고 있다는 것을 확신할 수 있다. 한국행정학의 운명은 학자들의 연구자세에 달려 있다. 행정학의 학문으로서의 위상을 세워 줄 사람은 행정학자밖에 없다. 학문은 목적이지 수단이 될 수 없다.

또 한 가지 고무적인 것은 《한국행정학보》에 기고한 교수들의 박사학위 분포를 보면 국내박사와 해외박사의 비율이 거의 비슷하다는 것이다. 국내박사들의 연구활동이 그만큼 활발하다는 것이다. 이것은 국내에서도 그만큼 훈련을 잘 받고 열심히 계속해서 연구를 하면 누구와 경쟁을 해도 승산이 있다는 것이다. 한국행정학이 힘차게 자라나는 또 하나의 싹을 여기서도 볼 수 있다.

그런데 진지한 자세로 연구하는 학자들 이야기가 나온 김에 한마디하고 싶은 말은 오늘날 우리 행정학계가 이만큼 발전하게 된 데에는 1세대 행정학자들의 역할과 공이 컸다는 것이다. 이 분들은 계몽적 역할을 위시해서 행정학의 학문적 수준을 높이는 데 헌신하신 분들이다. 그리고 학문하는 자세가 진지하였다. 이 중에서도 김운태, 이문영, 박동서, 조석준 등은 80에 가깝고 80을 넘어서도 연구생활과 더불어 정력적인 저술활동을 계속하고 있으니 후학들의 귀감이라고 아니할 수 없다. 후학들이 이 전통을 이어받기를 간절히 바랄 뿐이다.

7) 현장성에 대한 관심 고조

본래 행정은 수직적으로는 위로 국가통치행위에서부터 아래로 쓰레기 청소 문제에 이르기까지, 수평적으로는 복지, 환경, 산업, 과학기술, 교육 등에까지 각 분야별로 퍼져 있다. 1980년대까지만 해도 행정의 연구가 추상적이고 제도적인 문제에 치우쳐 있었으나 1980년대를 기점으로 구체적인 문제, 예컨대 쓰레기 수거, 복지시설 운영, 의료서비스 전달 등에 연구의 관심을 돌리기 시작하여 행정학의 현장성을 드러내기 시작하였다. 이러한 행정학의 현장성은 국민에게 가까이 감으로써 국민에게 우호의 대상이 되게 하고 생활행정학이 다져지는 발판을 마련하게 된다. 행정의 본질이 봉사라고 할 때에 현장이 얼마나 중요한가는 다시 물을 필요가 없다. 미국의 행정학이 계속해서 발전하고 있는 것은 연구의 뿌리와 출발을 현장과 생활에 두고 있기 때문이다. 행정학이 추상성 못지 않게 구체성과 현장성을 강조할 때에 행정학은 뿌리를 더욱 깊게 내리게 되는 것이다.

2. 한국행정학의 과제

그러면 여기서 앞으로 한국의 행정학이 행정현상을 제대로 설명할
수 있는 혼연일체의 경지에 이르기 위해서는 어떤 과제가 남아 있는가
를 살펴보기로 한다.

1) 한국적 행정이론의 개발

이론화의 작업이란 현상을 유형화하고 추상화할 수 있는 능력을 말
한다. 이론화할 수 있는 능력은 한국행정 현상을 설명하는 데 유용한
용어, 개념 및 모형을 개발하고 이러한 것들을 발판으로 현상을 설명
할 때 가능해진다. 발전도상국의 행정현상을 설명하는 이론적 모형 하
면 제일 먼저 떠오르는 것이 Fred Riggs의 살라 모델이다. 이 모델은
합리주의가 뒷받침되지 않는 발전도상국의 행정현상을 설명하는 데 거
울의 역할을 함으로써 우리들의 이론화 작업에 큰 도움과 자극을 준
것이 사실이다.

이러한 작업은 무수한 시행착오의 시도 속에서 오랜 세월을 거치면
서 이루어지게 될 것이다. 조급하게 굴 일은 아니나 그렇다고 마냥 외
국이론에만 기대어 우리의 행정현상을 설명하려는 안이한 자세에만 머
물 수도 없다. 힘들지만 학자들이 국적이 있는 이론을 개발하는 데 심
혈을 기울여야 한다. 여기서 우리가 명심할 것은 이론화 작업이라니까
거창한 이론을 만들자는 것이 아니다. 오히려 거창한 이론화 작업을
처음부터 시도하면 영원히 불가능할지 모른다. 비록 작은 현상이라도
그것을 설명할 수 있는 이론적 모형이면 이론화의 작업은 이루어지고
있는 것이다.

우리의 경우도 이러한 시도가 전혀 없었던 것은 아니다. 이한빈의

302

시관(*time horizon*) 모형이나 이종범 중심의 딜레마 모형은 이론화 작업의 좋은 시도들이다. 우리는 여기서 현재 우리의 행정현상을 설명하는 데 동원되는 외국의 이론모형을 소홀히 하거나 배격하자는 것이 아니다. 단지 별로 설명능력도 없는 모형을 분별 없이 적용하는 자세는 지양하자는 것이다. 그리고 이러한 다양한 모델들이 우리들의 모델 개발에 도움과 자극을 주기 때문에 한시도 소홀히 할 수가 없는 것이다.

2) 한국사회 및 행정의 특이성 발견

앞에서 우리는 국적이 있는 이론개발을 제창한 바 있다. 그런데 국적이 있는 이론이란 당해 국가의 특이성의 존재를 전제로 한다. 자연의 풍토도 나라마다 다른데 하물며 인간이 모여 사는 사회현상은 더욱 말할 것이 없을 것이다. 그런데 여기서 사회현상이 다르다는 것은 주로 삶의 양식인 문화가 다르다는 것을 의미한다. 문화는 삶의 목적도 다르게 한다. 미국 사람들은 자기를 위해서 살지만 한국 사람들은 자식을 위해서 살고 가족을 위해서 산다. 행정이나 정책은 삶의 목적을 중심으로 만들어져야지 다른 지엽적인 것에 초점을 맞출 때에는 작동력을 상실하게 된다.

자식 잘되는 것을 지상의 목표로 삼고 있는 한국 사람들에게 사교육비를 줄이려는 교육정책은 공염불이 되고 만다. 몇 푼 더 받는 경제적 가치보다는 정으로 맺어진 인간관계나 화목을 중시하는 사람들에게 성과급이나 연봉제는 괴롭고 고통스럽기만 하다.

부패문제만 해도 그 존재양식이 나라마다 다르다. 한국의 부패는 일종의 삶의 양식으로 존재한다. 연고주의 문화 속에서는 부패가 때로는 미덕이 되어 부패는 금전을 주고받는 차원을 훨씬 넘게 된다. 한국사회에서 연고관계를 초월해서 살려면 주위로부터 따돌림과 왕따당할 각오와 용기를 가지고 살아야 한다. 한국사회에서 연고관계의 사슬에서

벗어나서 살기란 대단히 어렵고, 그러한 사슬 속에서 살게 되면 알게
모르게 부패의 고리에 묶이게 되는 것이다. 따라서 한국사회의 부패방
지 및 제거문제는 서양에서 발달한 경제적 접근법이나 처벌제도만으로
는 설명이 되지 않는다.

   행정현상만 해도 그러하다. 한국의 행정현상은 인간지배의 현상이
요 권력현상이지 봉사현상이 아니다. 권력현상을 능률과 봉사중심으
로 발달한 관리기술로만 접근하면 그 내용의 본질이 잡히지 않는다.
우선 행정연구는 행정의 탈권력화를 중심으로 연구의 출발점을 삼아야
한다. 우리사회에서 팽배하고 있는 행정편의주의는 서양의 어떤 이론
을 동원해서도 설명할 길이 없다. 부처간의 갈등과 정책의 난립 및 홀
로서기는 봉사논리와 관리기술로는 풀어지지 않는다.

 3) 공공성에 대한 연구

   행정학의 연구대상은 공공행정이다. 따라서 공공성의 정체를 밝히
는 것이 행정학 연구의 제 1의 급선무라고 할 수 있다. 그런데 공공성
에 대한 탐색 연구가 부진하다. 공공성의 개념과 범위는 나라마다 다
르다. 그도 그럴 것이 공공성은 그 나라의 역사적, 문화적, 지리적 환
경과도 직결되어 있기 때문이다. 경제학자들은 공공성의 문제를 시장
의 실패에서 찾는데 이러한 접근은 공공성의 일부만을 설명하지 전체
를 설명하지는 못한다. 공공성의 범위와 규모는 경제적 요인을 넘어서
문화적 전통에 의해서도 크게 영향을 받고 있다. 다 같이 구미의 선진
국이지만 미국과 영국은 발전과 생산과 창조의 원동력을 사적 영역
(*private sector*) 에, 프랑스와 독일은 공적 영역 (*public sector*) 에 두었던
것이다. 쉽게 말해서 역사적으로 영·미 계통은 민간주도로 발전을 이
룩하였을 때에 프랑스와 독일은 국가중심으로 발전을 추진하여 왔다는
것이다. 좋은 예가 교육기관이다. 영·미의 명문대학들은 거의 다 사

립대학들일 때 독일과 프랑스의 대학들은 국립대학들이다.

한국사회에서 공공성의 원천과 규모는 넓고 크다. 자연환경부터가 그러하다. 인구에 비해서 국토가 좁아 자연히 토지문제는 공공성을 띠게 된다. 매년 불어오는 태풍이나 환경의 오염과 파괴, 강대국으로 둘러싸인 안보상의 문제, 남북의 대립상태, 관 의존적 자세, 분열적인 의식구조, 무질서와 방종의 생활자세, 지능적인 범죄의 증가 등 모두가 공공성의 원천이 되는 것들이다.

이러한 상황을 제대로 파악하지 못하고 작은 정부를 주장하는 사람들이 있으니 한심스러운 일이다. 한국사회는 여러 가지 면에서 크고 강하고 봉사를 잘하는 정부를 요구하고 있다. 우리나라 정부의 공무원 규모는 현재 OECD 국가들의 공무원 규모의 3분의 1 수준에 지나지 않고 있다. 그리고 국가는 고용창출의 역할도 해야 하는 것이다.

4) 정치권력과 행정관료와의 관계

한국사회에서 정치권력과 행정관료와의 상생적 관계의 형성이란 대단히 어려운 문제이다. 오히려 독재정권시대에는 별 문제가 없었다. 관료들은 정치권력의 도구나 시녀역할을 충실히 하면 그것으로 족하였던 것이다. 그러나 이러한 시녀나 도구적 관계는 정상적인 관계는 아니다.

민주사회로 들어서면서 양자의 관계는 불협화음과 마찰을 빚으면서 행정운영은 어려움을 겪게 되었다. 정치권력은 행정관료를 생산적으로 장악하고 이끌고 가야 하는데, 용이한 일이 아니다. 특히 권력이 교체되어 새로운 권력이 들어설 때에 양자의 관계는 긴장과 경계의 관계로 나가기 쉽다. 정치권력이 관료들을 개혁의 대상으로 대할 때에 양자의 관계는 상호혐오의 험악한 관계로 발전하기 쉽다. 문민정부 때부터 국민의 정부를 거쳐 오늘에 이르기까지 정치권력과 행정관료와의 관계는 상생의 관계와는 거리가 멀었다. 이들이 불협화음 속에서 행정을 제대로 이끌지 못할 때에 골탕을 먹는 집단은 국민뿐이다. 단순논리로 생각할 때에 국민이 뽑은 새로운 권력이니 관료들은 새로운 권력에 복종하는 것이 당연하다고 생각할 수 있다. 그러나 행정은 그렇게 간단한 것이 아니다. 정책의 연속성, 기존의 보편화된 관행, 직업윤리, 조직의 안전성 등 여러 가지 문제에서 무조건 복종만 할 수는 없는 것이다. 한국사회에서 정치권력과 행정관료 간에 어떻게 하면 상생적 관계를 유지할 수 있을까의 문제는 연구과제라고 생각된다. 물론 여기에 대한 연구가 전혀 없는 것은 아니다. 있지만 아직도 표피적인 분석 수준에 머무르고 있다.

5) 전통적 가치의 발굴과 재해석 모색

우리의 문화유산으로서의 전통적 가치에 대한 본격적인 연구가 절실히 요구된다. 조선조의 관료제는 아직도 여러 가지 면에서 오늘의 행정에 귀감이 되는 것이 적지 않다. 관료제의 위원회적 성격, 기관간의 견제와 균형, 사관제도, 언로의 확보, 선발에서의 지역대표제 등은 오늘의 우리 행정보다 앞서가는 모습이었다. 우리 사회의 많은 부정적 측면을 가부장적 권위구조에서 찾는 경우가 허다하지만, 과연 가부장적 구조가 그러한 만 가지 병폐의 원인이 될 수 있는가? 시대적 상황의 맥락 속에서 여기에 대한 깊은 분석이 필요하다. 본래의 가부장적 질서구조는 자연질서의 원형이 아닌가 생각된다. 폭군적 가부장적 권위구조는 변질된 모습으로 본래의 가부장적 권위구조와는 다르다.

우리의 전통적 문화양상의 주종을 이루는 권위주의나 가족주의는 근대화 작업을 빠른 시일에 이룩하는 데에 결정적 역할을 하였으리라고 생각된다. 아마도 서구의 합리적 사고와 구조의 틀을 가지고는 오늘의 발전된 모습을 가져오기는 어려웠을 것이다. 무엇인가 우리의 전통적 가치에는 숨어 있는 엄청난 힘이 있는데 우리는 아직도 그것을 체계적으로 연구해서 찾아내지 못하고 있는 것이다. 우리의 전통적 가치가 무조건 좋다고 하면 그것은 이론이 아니다. 체계적 연구와 분석을 통해서 논리적으로 설명할 때에 이론이 탄생하게 되는 것이다. 우리 학계는 우리 것을 찾아 이론화하는 수준에는 아직 못 미치고 있다. 표피적 차원에서 논리적 근거도 없이 그냥 우격다짐 식으로 우리 것이 좋다는 자세는 학문하는 자세는 아니다. 청산대상이 되고 있는 권위주의가 과거 30년 동안 발전의 원동력 역할을 한 것이 사실인데 거기에 대한 체계적 분석이 아직도 미흡하다. 아울러 이러한 권위주의가 21세기의 오늘의 한국사회에서도 발전을 이룩하고 유지하는 데 작동력을 발휘할 수 있는가에 대한 분석도 필요하다. 수평적 또는 분권적 차원에서 발달한 미국의 관리기법들이 아직도 한국의 행정에서 불협화음을 내면서 뿌리를 내리지 못하는 것은 우리의 몸에 배어 있는 권위주의 문화 때문은 아닌지 연구는 계속되어야 한다.

한국사회에서 인간생활의 중심을 이루고 있는 것이 '정'이다. 그런데 여기에 대한 분석도 사회과학 전면에서 활발하게 일어날 법도 하지만 아직도 본격적인 연구나 분석이 보이지 않는다. 심리학이나 사회학에서 개괄적이고 단편적인 몇 편의 글은 보이나 심도있는 분석은 나타나지 않고 있다. 행정학에서도 단편적인 연구는 있으나 희귀하다. '정'이라는 것은 같은 동양사회이지만 중국이나 일본에서는 발견되지 않는다고 한다. 우리 사회만의 독특한 심리구조요 문화라고 할 수 있다. 이러한 정은 생활의 바탕을 이루면서 끈끈한 인간관계를 형성시킴으로써 결속력과 안도감을 주는 역할도 하지만, 공·사의 무분별과 맹목적인 생활감정 및 폐쇄적인 모습을 지니고 있어 성숙하고 객관적이고 예측가능한 사회를 이룩하는 데 부정적 역할을 하는 것도 사실이다. 그러나 이러한 '정'이 서구사회의 개관적이고 합리적인 문화와 서로 얽히면서 교호작용을 할 때에 새로운 세련된 모습으로 다시 태어날 수 있는

가능성은 없는지는 홍미와 관심의 대상이 되지 않을 수 없다. 우리의 전통적 가치의 핵심을 이루는 '정'이 문화변형 (*acculturation*) 을 통해서 새로운 모습으로 거듭 날 때에 우리에게는 엄청난 사회자산이 되지 않을까 생각해 본다.

❧ 선행연구에 나타난 참고문헌

강 민. 1978. "한국정치학자들의 정책연구: 경향과 평가,"《한국정치학회보》12: 93~110.

_____. 1979. "공공정책의 구조적 분석,"《한국정치학회보》13: 119~136.

강신택. 1970. "한국행정학사 서설,"《한국정치학회보》4: 135~144.

_____. 1987. "행정학 연구방법의 변천: 과정과 앞으로의 방향,"《한국행정학보》21(1): 3~25.

_____. 1997. "한국예산론 연구서설," 정정길·이달곤 공편,《한국행정의 연구》, 박영사, 309~361.

권경득. 1996. "한국행정학의 연구경향에 관한 실증적 분석,"《한국행정학보》30(4): 139~153.

김광웅. 1979. "사회과학연구방법의 토착화에 관한 소고: 정치학·국제정치학·행정학 분야,"《행정논총》17(2): 146~170.

_____. 1986. "비판행정학,"《한국행정학보》20(1): 81~94.

김번웅. 1987. "한국 행정이론의 토착화,"《행정논집》16: 25~44, 동국대학교 행정대학원.

김병섭. 1995. "한국행정조직 실증연구의 분석,"《한국행정학보》29(4): 1413~1440.

김석준. 1988. "전환기 한국행정학의 새로운 패러다임 모색,"《한국행정학보》22(2): 431~459.

김성배. 1996. "한국의 도시행정론 교과서에 대한 평론,"《한국행정학보》30(2): 173~182.

김신복. 1979. "졸업생이 학계에 미친 영향,"《행정논총》17(2): 69~78.

_____ 외. 2001. "한국 인사행정연구의 경향분석,"《행정논총》39(2): 141~173.

김영민. 1992. "한국 최초의 현대 행정학자 정인흥의 행정사상: 선생의 국가와 관료제의 이론을 중심으로,"《한국행정학보》26(3): 991~1014.

김용학. 1999. "사회과학 토착이론의 가능성: 고려대학교 '딜레마' 연구팀 탐방,"《사회비평》1999 겨울호: 166~175, 나남출판.

김운태. 1969a. "영역과 방법,"《한국행정학보》3: 31~66.

_____. 1969b. "행정대학원이 학계에 미친 영향,"《행정논총》7: 47~66.

_____. 1979. "행정학계에 미친 공헌,"《행정논총》17(2): 35~69.

김웅락. 1992. "정인흥 교수의 학문활동과 한국 행정학에 미친 영향,"《한국행정학보》26(3): 1015~1026.

김인철. 1992. "한국정책학 분야의 연구내용과 그 성격,"《한국행정학보》26(4): 1049~1066.

김정렬·한인섭. 2003. "행정학위기의 실상과 대책,"《한국행정학보》2003 겨울호-37(4): 19~38.

김정수. 1994. "거시행정학의 체계정립을 위한 시론,"《한국행정학보》28(1): 8~14.

김행범. 1995. "실증적 정책집행에 관한 연구,"《한국행정학보》29(4): 1441~1462.

김현구. 2000. "한국행정학의 위기, 어떻게 논의할 것인가,"2000년도 한국행정학회 연례학술대회.

김홍회. 2003. "분열증적인 행정학 이론의 해체와 노무현 '참여정부'의 개혁정책을 위한 담론,"《한국행정연구》2003 겨울호-12(1).

노화준 외. 2002. "1990년대 한국 정책분석 연구동향,"《행정논총》40(4): 189~218.

목진휴·박순애. 2002. "한국정책학회보 10년의 발자취,"《한국정책학회보》11(1): 321~332.

박동서. 1968. "한국행정학의 현황과 역할,"《한국정치학회보》2: 112~136.

_____. 1978. "행정학 연구의 현황과 평가,"《한국정치학회보》12: 63~72.

_____. 1988. "한국행정연구의 사적 변천,"《행정논총》26(2): 220~249.

_____. 1992. "한국행정의 과제와 행정학의 재정향,"《한국행정학보》26(4): 1433~1443.

박문옥. 1969. "한국행정학의 발전과정"《한국행정학보》3: 9~30.

박영희. 1999. "한국 재무행정 분야 연구사,"행정학 편,《학술총람》54집 III, 대한민국 학술원, 524~527.

박정택. 1993. "새로운 국제행정 개념의 탐색,"《한국행정학보》27(1): 255~270.

박통희. 1996. "한국행정학의 조직론 교과서에 대한 평론: 적실성 제고를 위한 요건을 중심으로," 《한국행정학보》 30(4): 189~201.

백완기. 1978. "한국행정학의 학문성 정립문제: 과학주의의 입장에서," 《한국정치학회보》 12: 73~91.

_____. 1987. "한국적 행정이론의 성립가능성," 《한국정치학회보》 21: 153~174.

송희준. 1992. "한국정책연구의 내용과 성격," 《한국정책학회보》 1: 63~84.

신무섭. 1996. "한국행정학의 연구경향과 과제: 한국행정학보를 중심으로," 《한국행정학의 회고와 전망》, 40주년 행정학회 학술대회, 57~80.

_____. 2001. " 한국재무행정 연구의 공헌과 과제," 《21세기 한국행정 및 행정학의 비전》, 동계학술대회 발표논문집, 305~331.

안병만. 1986. "행정학보 속에 나타난 한국행정학의 변화," 《한국행정학보》 20(2): 359~384.

안병영. 1979. "한국의 행정현상과 행정학 연구의 주체성," 《한국정치학회보》 13: 49~66.

_____. 1982. "행정이론의 토착화: 정부용역학의 극복," 《월간조선》 7월호: 314~342.

_____. 1991. "이문영 지음, 《자전적 행정학》," 《한국행정학보》 25(3): 1055~1058.

_____. 1994. "한국행정론에 관한 저서들에 대한 서평," 《한국행정학보》 28(1): 339~343.

유민봉. 1996. "한국의 인사행정론 교과서에 대한 서평: 새로운 내용체계의 모색," 《한국행정학보》 30(3): 187~197.

유종해. 1984. "한국행정학의 반성과 과제의 전망," 《한국행정학보》 18(2): 549~555.

유 훈. 1979. "서울대학교 행정대학원 20년의 성장과 1980년대를 향한 전망," 《행정논총》 17(2): 1~11.

_____. 1982, "정인흥 교수를 추모함," 《한국행정학보》 16: 5~11.

윤재풍. 1998. "한국에서 행정연구의 역사적 변천에 관한 시론," 한국행정학회 하계학술대회 발표논문, 1~17.

_____. 1999. "행정학이론," 행정학 편, 《학술총람》 54집 III, 대한민국 학술원, 349~354.

이달곤. 1997. "지방행정 연구의 실증적 분석," 정정길·이달곤 공편, 《한국 행정의 연구》, 박영사, 363~402.

_____. 2000. "지방행정 교과서 분석과 지방정부론을 위한 제언," 《한국행정 학보》 34 (3) : 429~449.

이문영. 1963. "한국에 있어서 행정학연구 현황," 《법률행정논집》 4: 267~ 279, 고려대학교 법과대학.

이승종. 1996. "한국의 지방행정론 교과서에 대한 평론: 새로운 내용체계의 모색," 《한국행정학보》 30 (3) : 199~210.

이시원·정준금. 1996. "한국의 정책결정에 관한 실증적 연구의 동향분석," 《한국행정학보》 30 (2) : 65~80.

이윤식. 1989. "방석현 저, 《행정정보체계론》 (법문사, 1989) ; 안문석 저, 《정보체계론》 (법문사, 1989) 의 서평," 《한국행정학보》 23 (2) : 933~ 938.

이종범. 1977. "행정학의 토착화에 관한 논거," 《한국행정학보》 11: 198~ 223.

_____. 1979. "한국행정학 연구의 방향과 과제," 《한국정치학회보》 13: 67~ 79.

이한빈. 1970. "법학에서 행정학으로: 해방 후 한국행정학의 수립과정에 관 한 고찰," 《한국행정학보》 4: 321~344.

정용덕. 1996. "한국행정학 발전의 동인," 《한국행정학보》 30 (4) : 1~17.

정성호. 2001. "한국행정학의 근대성: 담론분석," 《정부학 연구》 7 (2) : 41~ 65.

정승건. 2000. "발전주의와 신자유주의를 넘어서: 한국행정개혁이론의 탐 색," 《한국행정학보》 34 (2) : 39~59.

정정길. 1979. "한국에서의 정책연구," 《한국정치학회보》 13: 137~152.

조석준. 1985. "조직론의 주제와 Book References," 《한국행정학보》 19 (2) : 7~18.

_____. 1999. "조직론," 행정학 편, 《학술총람》 54집 III, 대한민국 학술원, 434~436.

주상현. 2002. "한국행정학 연구경향의 실증적 분석: 최근 7년간 (1995~ 2001) 한국행정학보 기고논문을 중심으로," 《한국행정학보》 36 (3) : 39~56.

하태권. 1995. "한국 인사행정의 실증적 연구에 대한 고찰: 연구경향과 연구
　　　결과를 중심으로," 《한국행정학보》 29 (4) : 1463~1484.

____. 1999. "한국 인사행정 분야 연구사," 행정학 편, 《학술총람》 54집
　　　III, 대한민국 학술원, 523~524.

한국행정학회. 1996. 《한국행정학회 연혁: 1956~1996》.

____. 2002. 《회원명부 2002》.

홍성걸·김종범. 2001. "정책학 연구: 과거, 현재, 그리고 미래," 2001년도
　　　동계학술대회 발표논문집: 《21세기 한국행정 및 행정학 비전》, 33
　　　3~353.

찾아보기

(인 명)

318

320

322

찾아보기

(사 항)

332

ㄹ

334

344

348

356